# Lectures Françaises

## LECTURE COURANTE-LECTURE EXPLIQUÉE



## COURS ÉLÉMENTAIRE ET MOYEN

par RENÉ BAZIN
de l'Académie Française

publié avec la collaboration pédagogique
de   P. DUFRENNE
Inspecteur de l'Enseignement primaire

MAISON ALFRED MAME ET FILS

# LECTURES FRANÇAISES

## COURS ÉLÉMENTAIRE ET MOYEN

# LECTURES FRANÇAISES

**COURS PRÉPARATOIRE.** — Morceaux choisis et annotés, par **P. Dufrenne**, Inspecteur de l'Enseignement primaire.

**COURS ELÉMENTAIRE ET MOYEN.** — Lecture courante, Lecture expliquée. — Par **René Bazin**, de l'Académie Française; publié avec la collaboration pédagogique de **P. Dufrenne**, Inspecteur de l'Enseignement primaire.

**COURS MOYEN ET SUPÉRIEUR.** — Lecture courante, et morceaux choisis d'auteurs classiques. — Par **René Bazin**, de l'Académie Française; publié avec la collaboration pédagogique de **P. Dufrenne**, Inspecteur de l'Enseignement primaire.

# LECTURES FRANÇAISES

Lecture courante — Lecture expliquée

## " IL ÉTAIT QUATRE PETITS ENFANTS "

Par René **BAZIN**

DE L'ACADÉMIE FRANÇAISE

I

## COURS ÉLÉMENTAIRE ET MOYEN

*Publié avec la collaboration pédagogique*

De P. **DUFRENNE**

INSPECTEUR DE L'ENSEIGNEMENT PRIMAIRE

TOURS

MAISON ALFRED MAME ET FILS

AGENCE A PARIS. — 6, RUE MADAME (6e)

# PRÉFACE



Enfants de nos écoles de France, terre légère,
ouverte au vent porteur de graines, terre précieuse, où commence à germer l'avenir encore
tremblant, j'ai écrit ce livre pour vous. Si je suis
vieux à présent, j'ai été jeune; je me souviens
des campagnes où je fus d'abord élevé, et des
villes où j'ai vécu. Ayant ainsi connu bien des
gens et plus d'un pays, j'ai choisi, pour les faire
revivre devant vous, des parents et des enfants
qui furent mes amis. Je voudrais qu'ils devinssent
les vôtres. Quel meilleur présent peut-on vous
faire que de vous introduire dans une famille
honorable, laborieuse et bien en équilibre, où l'on
s'aime, où l'on est joyeux, et de vous dire : regardez ces personnages du livre, ils ont marché droit
et courageusement dans la vie, ils se sont soute-
nus dans les difficultés; si l'un ou l'autre s'est
trompé, ç'a été de bonne foi, par esprit d'aventure
ou par entêtement, sans que l'intention fût mauvaise. Vous pouvez les fréquenter et vous instruire

à leur exemple. Dans l'épreuve ordinaire, vous les trouverez, comme les meilleurs d'entre les hommes, non pas parfaits, ni sans gémissement, mais enfin sans lâcheté, et si un jour, dans le récit que vous allez lire, la plus grande preuve de dévouement leur est demandée à tous, aux femmes comme aux hommes, vous reconnaîtrez leur bonne race, et la force des âmes élevées noblement.

O mes petits, grandir ensemble, jouer ensemble, pleurer parfois, près du père et de la mère, apprendre ce qui est nécessaire pour bien vivre, travailler déjà, amasser, dans son tendre cœur d'enfant, ce trésor d'espérance et de bravoure où toute créature doit promptement puiser, je vous le dis, c'est de quoi remercier Dieu, et les parents, et les maîtres, et d'autres encore, pendant le reste de votre vie. L'histoire que voici commence dans cette joie, que je souhaite à chacun de vous. Je l'avais d'abord intitulée : « La maison pleine »; un peu plus tard : « Histoire de trois petits gars et d'une petite fille »; puis le premier vers de la légende de Saint Nicolas a chanté dans mon souvenir, et, ne changeant qu'un mot, j'ai écrit sur la page blanche : « Il était quatre petits enfants. »

René Bazin.

# AUX MAITRES

La nouveauté pédagogique des livres de lecture que nous présentons aux maîtres et aux maîtresses des écoles primaires — en outre de l'incomparable valeur que leur confère le récit que M. René Bazin a bien voulu écrire spécialement pour les écoliers de France — vient de **la réunion, dans le même volume** et en vue de la commodité et de l'économie, **d'un texte de lecture courante et de morceaux détachés pouvant servir aux exercices de lecture expliquée.**

Les bons maîtres savent qu'il y a deux sortes d'exercices de lecture : ceux de **lecture courante** et ceux de **lecture expliquée,** et ils savent faire aux uns et aux autres une place dans leur programme et dans l'emploi de leur temps. Il faut apprendre aux enfants à s'instruire, par l'analyse d'un texte court et bien choisi, mais il faut aussi les habituer à lire un récit continu, comme nous souhaitons qu'ils fassent plus tard, pour leur agrément et pour leur consolation, et comme ils feront si nous avons su leur en inspirer le goût.

Nous n'avons pas prétendu suivre, par le choix de nos textes expliqués, le cours de morale, non plus que celui de grammaire dans nos explications grammaticales. **Une leçon**

**de lecture doit demeurer une leçon de lecture,** c'est-à-dire qu'elle doit apprendre à lire et à comprendre ce qu'on lit, simplement.

Les « **questions et exercices** » qui suivent chacun de nos textes ont donc essentiellement pour objet — qu'ils portent sur le vocabulaire ou sur la grammaire, ou qu'ils fassent appel au jugement et à l'intelligence de l'enfant — d'amener l'élève à mieux comprendre et goûter, dans son sens général et dans le détail de l'expression, ce qu'il a lu, — et ainsi, d'ailleurs, à le mieux lire.

P. D.

*Le* Cours moyen et supérieur *comprendra* la suite du récit de M. René Bazin *et, en plus, comme celui-ci,* des textes détachés pouvant servir aux exercices de lecture expliquée, *mais* uniquement choisis dans les œuvres des auteurs classiques français, *de manière à donner aux élèves de l'école primaire un premier aperçu de notre littérature nationale.*

Les éditeurs.

# LECTURE COURANTE

## " IL ÉTAIT QUATRE PETITS ENFANTS [1] "

PAR

### RENÉ BAZIN

DE L'ACADÉMIE FRANÇAISE

I

LE PASSAGE DU GUÉ

« Donne-moi ta menotte, Vincent?

— Et moi aussi, maman?

— Oui, ma petite Jeanne, toi aussi, donne-moi la main pour traverser la Cendrine. »

La mère prit donc les deux mains tendues, l'une à sa droite, l'autre à sa gauche, continua un moment de marcher dans l'herbe haute, et arriva au bord de la rivière. Pour passer l'eau, en cet endroit peu profond, il y avait d'abord trois pierres blanches qui émergeaient, formant une ligne, puis, cinquante centimètres plus loin, dans le courant, un gros rocher plat comme une table, enfin, un peu plus loin, encore trois petites pierres blanches comme les premières.

« Attention, les enfants! Avançons tous la jambe gauche, et ne tombons pas dans la Cendrine! »

Trois jambes gauches se tendirent ensemble, et les voyageurs montèrent chacun sur sa pierre blanche, la maman tenant bien serrées les mains des deux petits.

« A présent, avançons la jambe droite, et sautons sur la table de pierre! »

Ils sautèrent tous trois, presque aussi légèrement, car la mère était jeune encore. Quand ils furent rendus là, au milieu de la rivière, ils firent une halte, la roche étant large, et regardèrent à leurs pieds la nappe d'eau luisante et bleue, où tremblaient des feuilles de nénuphars, amarrées par leurs tiges au fond de la Cendrine, des roseaux plats comme des épées, des feuilles de sagittaires imitant la forme d'un fer de lance, et de longues lanières brunes, herbes couvertes de limon, qui n'avaient pas la force de se dresser vers la surface et, obéissantes au courant, pliaient entre deux eaux. Un martin-pêcheur, un éclair bleu, glissa tout près de Vincent.

« Oh ! le joli ! dit Jeanne. Pourquoi ne l'as-tu pas pris, Vincent ? Nous avons un sansonnet en cage : ils se seraient entendus. »

Déjà l'oiseau était loin et, posé sur la rive, attendait le fretin.

« Allons, un dernier pas, les enfants, et nous aurons passé la rivière, comme les grands, sans avoir besoin d'un pont. »

Vincent, Jeanne et leur mère avancèrent cette fois le pied gauche, touchèrent à peine les trois dernières pierres blanches, et de là, bien ensemble, abordèrent la terre ferme.

Pour marquer la victoire, et avant de lâcher les deux petites mains, la maman fit sauter trois fois Vincent et Jeanne dans le sentier qui traversait le pré. En sautant, il faut croire qu'ils heurtèrent un caillou et que le bruit fut entendu, car voici Courard, le chien de la maison, le chien noir et gris, au poil épais comme celui d'un manchon, aux yeux bleu clair, aux oreilles droites, Courard, le toucheur de bœufs et le gardien des moutons, qui arrive, bondissant, jappant, retombant, au hasard de la joie, parmi le foin nouveau de la prairie, où s'ouvrent déjà les premières marguerites.

« Derrière, Courard! Derrière! A-t-on vu! Tu vas perdre notre herbe! »

Comme Courard n'obéissait pas à la voix de la maman, Vincent, de son bras levé, le menaça :

« Derrière, polisson! »

Et le chien, prenant la file et se plaçant le dernier, après la mère, après Jeanne, après Vincent, se mit à trottiner, sage en apparence, mais saisi à tout moment d'une furieuse envie de galoper, qui le faisait tendre le museau et lécher la petite main pendante de Vincent Fruytier, son maître de neuf ans et demi.

Au delà du pré et de deux champs encore, sur la terre montante, on apercevait les toits rouges de la ferme et, en arrière, les gros noyers en boules. L'air était doux, le sentier tournait, comme doit faire un bon sentier ; au-dessus de ses épines et de ses branches sans feuilles, le prunellier de la haie voisine tendait au ciel ses couronnes blanches ; on entendait rappeler les cailles arrivées depuis une semaine ; dans les fossés, les brins d'osier étaient rouges ; toute la jeune herbe et tous les rejets des arbres luisaient, transparents, éclairés en dedans par la lumière de la sève nouvelle.

« Je vois papa! » dit Jeanne, le doigt tendu.

A deux champs de là, en effet, et à droite de la ferme, un homme était debout, tête nue, les jambes cachées par des herbes. Il aiguisait sa faux, dont le manche était piqué en terre, et qui brillait comme un croissant de lune, quand la pierre, promenée sur un côté du tranchant puis ramenée en dessous, présentait la lame au soleil.

« Oui, dit la mère, il va couper notre seigle vert. Partout ailleurs, les vesceaux et les seigles sont encore à moitié dans le fumier; mais, à la Genivière, nous sommes toujours en avance.

— Pour sûr! cria le petit Vincent. N'est-ce pas, Courard, que c'est beau, la Genivière? »

Le chien, interpellé, comprit que la permission lui était redonnée de galoper à sa fantaisie. Il s'élança à travers le pré, bondissant de toute la puissance de ses reins et de ses pattes ensemble détendus, sauta une haie, puis une autre, et regagna la ferme.

La mère revenait du bourg, où elle avait été engager deux couturières, pour faire un corsage d'été et des tabliers d'enfants. Elle rentrait dans son domaine, et son royaume en vérité, car elle était reine chez elle. Quand on fut parvenu, par les sentiers, à l'entrée de la cour, elle poussa de la main la barrière, qui n'était pas ouverte assez largement, et que les charrettes, le soir, auraient pu érafler. Les enfants s'échappèrent. Elle s'avança, au contraire, à petits pas, inspectant d'un regard circulaire les écuries, la grange, le poulailler, et, seulement quand elle eut vu que tout semblait en ordre, elle écouta son cœur qui aimait la maison, et monta les trois marches posées en avant de la porte, les trois marches d'ardoise, tous les jours martelées par vingt paires de sabots.

**A expliquer :** des feuilles de nénuphar *amarrées* par leur tige au fond de la Cendrine. — Un martin-pêcheur, *un éclair bleu glissa.* — Toute la jeune herbe et **tous** les rejets des arbres luisaient, transparents, *éclairés en dedans par la lumière de la sève nouvelle.*

**Questions et exercices :** 1. Pourquoi dit-on que la maman écouta son cœur qui aimait la maison, *seulement quand elle eut vu que tout semblait en ordre?* — 2. Trouvez d'autres détails qui montrent aussi que cette maman était une bonne ménagère.

# II

## LA GENIVIÈRE

Tous ceux qui visitèrent la Genivière en ont gardé le souvenir, et sans doute plus d'un a regretté de n'y pas vivre. C'est une ferme, ni trop grande, ni trop petite, assez étendue pour qu'une famille nombreuse y puisse vivre abondamment, avec ses troupeaux de bœufs, de vaches, de chevaux, de moutons, et tout le reste de la ménagerie qui peuple ces arches de Noé partout posées dans nos campagnes : les lapins, les oies, les poules, et le sansonnet enfermé dans sa cage d'osier, près de la porte d'entrée, et qui siffle quand le jour est beau, et ne cesse de sauter d'un barreau à l'autre, faisant luire à chaque mouvement un arc-en-ciel sur ses plumes noires.

Vous voulez savoir où se trouve la Genivière? Je vous le dirai : à peu près à mi-distance entre le village de Trois-Épines et celui de Marcheprime, sur une terre un peu montante, bien faite et bien unie, que barre, au nord, une forêt. Elle est là, dans sa plaine, comme une petite barque au flanc d'une vague immense; elle est blanche de murailles; elle a pour voiles cinq grands noyers aux frondaisons toutes rondes; et, sans doute, elle ne bouge pas, n'avance ni ne recule, mais le bruit des flots l'enveloppe en vérité, si la tempête souffle sur les futaies. Devant elle, on peut voir, pendant tout le printemps et la moitié de l'été, de longues pentes d'orge et de froment, des champs entiers d'avoine et de blé noir que la moindre brise émeut et ride, comme elle fait çà et là en courant sur la surface des eaux. Après cela, mes enfants, trouverez-vous le village de Trois-Epines ou celui de Marcheprime, en consultant la carte de France? Je n'en suis pas sûr. Consolez-vous : la Genivière n'est qu'une ferme de chez nous, pareille à beaucoup d'autres, et celles que vous connaissez lui ressemblent toutes un peu[1].

On entre dans une cour longue : d'un côté sont les bâtiments d'habitation, l'écurie, les étables ; de l'autre, les toits à porcs, les niches à lapins, le poulailler, et une grange où l'on dirait que le foin ni la paille ne diminuent jamais, tant il y en a toujours ; au fond une longue douve ferme la place, abreuvoir et vivier qu'alimente une source invisible luttant malaisément contre le soleil.

J'ai dit qu'une forêt tendait au nord la haute draperie de ses futaies. Elle n'est pas toute proche, mais bien à la distance où, dans les jours de lumière, les arbres commencent à paraître bleus. C'est déjà une protection ; comme dit maîtresse Fruytier, elle casse le plus gros du vent, et ne laisse venir jusqu'aux fenêtres et aux tuiles de la ferme que des débris de tempête. Encore les premiers habitants de la Genivière avaient-ils renforcé cette première défense contre la dure saison. Le long des murs de l'habitation et des étables, à dix mètres environ, ces anciens précautionneux et qui pen-

---

[1] On sait fort bien qu'il y a, au sortir de Bordeaux, vers les Landes, un Marcheprime : mais ce n'est pas de celui-là qu'il s'agit. R. B.

saient à leurs petits-fils avaient planté cinq noyers. Ah!
mes enfants, que ces noyers-là faisaient donc honneur
au vieux laboureur qui avait choisi, dans la pépinière,
cinq jeunes baliveaux n'ayant encore la peau rugueuse
de leur espèce que dans la partie voisine des racines,
tout lisses, au contraire, dans la partie haute, et tendre,
et d'un vert pointillé de jaune! Quelle taille avaient
prise ces plants d'il y a deux siècles, quelles maîtresses
branches grosses comme le corps d'un homme, et tor-
dues, et mousseuses! L'ombre qu'ils faisaient au-dessous
d'eux empêchait l'herbe d'y pousser, ce qui était
commode, en automne, quand les noix tombent, et
que leur brou éclate sur le sol : on ne perdait pas un
fruit. Les enfants le savaient bien! Pendant un mois,
on en voyait toujours quelqu'un rôder sous les noyers,
et si c'était un garçon, il rentrait avec sa culotte élargie
par deux poches gonflées.

On vivait paisiblement à la ferme de la Genivière,
que Nicolas Fruytier, le père, avait reçue en héritage,
et déjà quelque peu arrondie. Elle était d'une dizaine
d'hectares quand il en devint le propriétaire. Depuis
lors, s'il avait acquis deux ou trois lopins à sa conve-
nance, il s'était appliqué surtout à prendre à bail
quelques champs des environs, et à former ainsi une
exploitation d'honnête importance, capable de nourrir
une famille et même de l'enrichir. Quatre enfants s'y
amusaient soir et matin, et commençaient d'y travailler
aux champs. C'étaient : Maximin, Pierre, Vincent et
Jeanne. Le premier était un blond aux yeux bleus, le
second tout rousseau d'yeux et de cheveux, le troisième
un brun aux yeux noirs, et la dernière une petite blonde
au visage rousselé, aux yeux d'un vert tendre, exactement celui des premières pousses d'avoine. Maximin,

à l'heure où je commence à raconter ce qu'ils étaient et ce qu'ils devinrent, avait treize ans, Pierre douze, Vincent un peu plus de neuf et Jeanne six. Jusqu'à présent, malgré la différence des âges, les quatre enfants de la ferme de la Genivière avaient surtout joué ensemble ; mais, à la campagne, les tout jeunes eux-mêmes trouvent à se rendre utiles, à aider les parents. A peine éclos, ils sont les associés de la ferme. N'ont-ils pas à faire la récolte des œufs ? Et qui ne sait, parmi eux, que les poules choisissent souvent, pour y pondre, des retraites invraisemblables ? N'y a-t-il pas des bêtes à garder ou à conduire au pré ? les commissions à faire dans les bourgs ? la brouette de feuilles de choux à pousser jusqu'à la niche aux lapins ? à dérouler peu à peu la grande corde, quand la mère, les jours de lessive, la suspend aux fourches dégarnies ? les pommes de terre à peler pour la soupe ? Et dès que l'on grandit un peu, garçon ou fille, ne va-t-on pas dans les blés en herbe, avec les femmes, pour sarcler ? N'est-on pas admis à toucher les bœufs du bout de l'aiguillon, et à crier : « Rougeaud, Caillard, Noblet, Maréchaux ! » ou bien à marcher près du cheval de flèche et à le faire tourner au bout du sillon nouveau ?

On se portait bien, on travaillait tant qu'il fallait, tant qu'on pouvait, à la Genivière ; mais les dimanches et la pluie faisaient des vacances aux fermiers, parfois même la gelée ou la neige. Maître Fruytier ne se tenait pas pour battu pour un jour ou deux de mauvais temps. Il avait cent petits ouvrages à faire, des vitres à remettre, des tonneaux à échauder ou à soufrer, des tas de grain à vanner, des manches à tailler et à polir pour les pelles et les fourches : car un bon fermier doit connaître plusieurs métiers. Mais enfin, lorsqu'il avait

passé la revue de toutes les chambres, écuries, étables, bergerie, boulangerie et grange, de tous les greniers et réduits, il pre-
nait des bottes d'osier coupées à cette intention et trempées se-lon l'usage, et, s'installant dans la grande salle, près de sa femme qui pestait con-tre les raclures et copeaux dont il allait parse-mer la pièce :

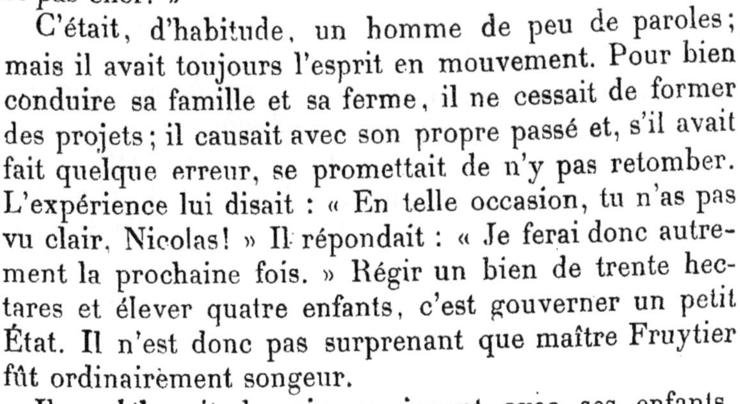

« Marie, di-sait-il, je te fe-rai un panier comme les Parisiens n'en ont pas : tout léger, tout solide et pas cher. »

C'était, d'habitude, un homme de peu de paroles ; mais il avait toujours l'esprit en mouvement. Pour bien conduire sa famille et sa ferme, il ne cessait de former des projets ; il causait avec son propre passé et, s'il avait fait quelque erreur, se promettait de n'y pas retomber. L'expérience lui disait : « En telle occasion, tu n'as pas vu clair, Nicolas ! » Il répondait : « Je ferai donc autre-ment la prochaine fois. » Régir un bien de trente hec-tares et élever quatre enfants, c'est gouverner un petit État. Il n'est donc pas surprenant que maître Fruytier fût ordinairement songeur.

Il se délassait, le soir, en jouant avec ses enfants,

quand le repas était fini. Mais ce n'étaient guère que des récréations d'hiver; en été, il n'en prenait point, car le soleil, si longtemps suspendu dans le ciel, retenait dans les champs ce grand travailleur, qui, pour se coucher, attendait d'en recevoir l'exemple.

« Tant que le soleil travaille, disait le chef de la ferme, moi, je travaille aussi. Est-ce que je n'ai pas l'hiver pour me reposer de l'été? »

Le dimanche, au bourg de Trois-Épines, après la grand'messe, il allait prendre un verre de vin blanc avec ses amis, les écoutait, la tête un peu penchée vers la poitrine, et l'on voyait, dans ses yeux clairs, un petit sourire qui ne s'allongeait presque jamais.

« Ah! qu'on a du mal à te faire parler, toi, Fruytier! disait maître Maizeret, le plus gros fermier de la commune.

— C'est que je dis trop de paroles pendant six jours, répondait l'autre. Une femme et quatre enfants, il y a de quoi s'user les dents avec la langue! »

L'excuse n'était pas vraie. Chez lui, sauf de rares moments, il parlait peu, comme je l'ai dit. Sa femme se chargeait d'expliquer beaucoup de choses aux enfants, et, tant qu'ils furent petits, ils eurent recours à elle. Bien des fois par jour ils l'interrogeaient. Elle avait une manière de répondre qui les satisfaisait, car elle était avenante, d'esprit clair et modeste.

« Je ne sais pas tout, mes chéris, » disait-elle.

Elle savait les choses de sa religion et de son état, ce qui est déjà beaucoup; elle en devinait d'autres, et s'en remettait, pour le reste, tantôt au père, tantôt à l'instituteur ou au curé de Trois-Épines, répétant :

« Vous demanderez cela à ceux qui ont étudié; moi, je suis surtout sur la terre pour vous aimer et pour faire vos cœurs. »

Pas plus que le père, on ne la voyait inoccupée ; son domaine était la maison et la cour de la ferme, et presque tous ses devoirs l'appelaient, à des heures régulières, tantôt ici et tantôt là. Il n'entrait pas une charrette, un passant, même un chien, sur le terrain de sa juridiction, dans l'espace compris entre la grande barrière, la maison, les étables, la basse-cour et la grange, sans que maîtresse Fruytier apparût sur le seuil de l'habitation. Si c'était un homme qui passait, elle demandait : « Que voulez-vous? » Si c'était un chien, elle disait : « Va-t'en chez toi! » Quand c'etait une petite fille du bourg ou des fermes voisines, elle proposait : « Veux-tu rester? Je n'ai pas trop de quatre enfants, Marinette, ça fera cinq, dis, veux-tu? » Et Marinette comprenait que c'était là une plaisanterie, mais qu'on avait bon cœur à la Genivière de Trois-Épines.

Cette mère encore jeune avait un visage agréable à regarder, des joues pleines, des yeux qui souriaient même quand elle était fâchée, un front tranquille et sans rides, qu'encadraient des cheveux châtains bien tirés et lissés, et déjà clairsemés, qu'elle couvrait d'un mouchoir blanc, lorsqu'elle faisait son ménage, pour que la poussière ne les gâtât point. On avait la même impression, en l'apercevant, qu'on éprouve devant un paysage modéré dans ses lignes, dont on dit : « Comme il est reposant! » La bonne humeur était en elle, et c'est une forme de la paix. Elle ne se plaignait pas de travailler, mais la moindre minute de tranquillité lui semblait un bienfait inestimable. Ses amies lui demandaient parfois :

« La Fruytière, vous avancez à tout, vous êtes adroite dans le ménage et la ferme.

— Pas plus que d'autres.

« — Oh! si. Vous avez un secret?

— Peut-être.

— Peut-on savoir?

— Rien ne m'ennuie de ce que je fais. »

Et c'était vrai, car elle ne se hâtait point en certaines parties de son ménage, comme on le voit faire à d'autres femmes, qui aiment à cirer le bois de leurs armoires, mais se dépêchent de cuisiner, ou de laver la vaisselle, ou de balayer le carreau de leur chambre, et qui soupirent si on vient les déranger pendant qu'elles ravaudent un bas.

Deux choses, pourtant, lui plaisaient avant tout : une petite et une grande. La petite, c'était de donner le grain à la volaille, qu'elle appelait la poulaille, parce que, disait-elle, cela ne vole pas. Deux fois le jour elle s'avançait à cinq pas de la porte, sur le terrain cailouteux qui descendait, et, toujours du même ton, de la même voix haute qu'elle avait exercée comme les marchandes des quatre saisons, les marchandes de poisson ou d'oublies, elle criait :

« Eh! la petite poulaille, accourez, accourez; v'là le bon grain! »

Alors quelle précipitation! Quelle avalanche! Que d'ailes et de pattes en mouvement! Que de becs tendus, ouverts, criant :

« Nous voici, maîtresse Fruytier, nous tous, les coqs, les poules, les oies, les dindons, les canards, les pigeons, même les deux pigeons culbutants qui passent leur journée à faire des sauts périlleux au-dessus des cinq grands noyers! Répandez le grain pour nous remercier d'avoir avalé tant d'insectes nuisibles : araignées, charançons, hannetons, fourmis et mouches de cent espèces, vos ennemis! Nous avons le gosier tout rapé par leur sang,

leurs écailles, leurs griffes et leurs poils. Vive le froment roux! Voyez, nos yeux suivent vos mains qui
plongent dans votre tablier relevé ; nous sommes droits
sur nos pattes, le cou en avant, prêts à nous élancer ;
nous allons faire la course au grain qui vole et roule
entre les pierres ; nous nous battrons un peu, pour

rire ; nous nous pousserons du poitrail et de l'aileron ;
nous nous disputerons le froment, l'avoine, le millet,
le blé noir dont vous avez fait, pour nous, un si délec-
table mélange dans votre poche de toile... Ah! vous
ouvrez enfin votre poing fermé! Voici la grenaille qui
pleut! Augmentez la pluie, maîtresse Fruytier, que cela
devienne une averse! Nous avons l'estomac complaisant
et toujours affamé. Foi de dinde, de poule, de cane et
de pigeonne, nous pondrons, pour vous récompenser, plus
d'œufs que n'en pondront les volailles de vos voisines ! »

Maîtresse Fruytier ne distribuait pas la nourriture

seulement à ce petit peuple emplumé, c'était même, vous le devinez, la moindre de ses occupations. Dans la maison, elle était cuisinière aussi bien que lingère, ravaudeuse et femme de ménage. Tout son monde avait bon appétit. Elle faisait une soupe abondante, toujours servie à l'heure et toujours fumante, que suivaient, sur la table, un plat de viande ou d'œufs, un autre de légumes ou de laitage. Son triomphe était la préparation des galettes dorées, par quoi elle achevait son travail les jours où elle boulangeait, et si les enfants s'étaient montrés sages. Évidemment le fond de ce régal était la pâte de pain, que Marie Fruytier avait pétrie, tournée, battue, pliée, saupoudrée d'assez de sel et de farine pour que le goût du froment fût pleinement épanoui sans être dominé ; mais la galette avait la chair plus jaune et plus onctueuse que le meilleur pain, elle sentait la crème fraîche, elle offrait aux yeux une croûte dorée, bombée, légèrement illustrée de quelques dessins tracés en pleine pâte par l'habile fouacière, et qui eût appris à lire aux enfants, s'ils n'avaient déjà su. Car, aux jours de fête, la galette portait selon les dates : « Vive Pierre ! » ou « Vive Max » ! — Maximin étant trop long, — ou « Vive Vincent » ! ou « Vive la petite Jeanne » ! Quand c'était la fête de la mère, un des fils était admis à dessiner lui-même l'inscription, et d'ordinaire il écrivait : « Vive maman mignonne ! »

Ce qu'elle était pour ses quatre enfants, — et peut-être bien pour son mari, — je le dirai aisément. Cela se connaissait à beaucoup de preuves et à beaucoup de petits signes : elle était l'admirée, l'amie respectée, la confidente, le soutien dans le chagrin, l'associée en toute joie, la gardienne devant laquelle le grand malheur, celui qui sépare, n'osait pas paraître : elle était tout.

A cause de ce grand rôle qu'elle avait dans la ferme, et aussi parce qu'elle parlait beaucoup plus nettement que le père, c'était Marie Fruytier qui, le soir, portes closes, récitait la prière, à l'heure où s'envolait du toit la dernière fumée. Les enfants formaient une ligne, devant la cheminée; derrière eux s'agenouillaient la mère et le père, qui devenait un autre homme quand il priait, tout grave et pénétré. Autant la mère disait vite les phrases dont elle n'oubliait cependant pas une syllabe, autant il répondait avec lenteur, et sa grosse voix, lâchée par les petites qui finissaient plus tôt, sonnait toute seule à la fin sous les poutres de la salle. Il arrivait, parfois, que la plus jeune des enfants, bercée par le bruit et se croyant déjà dans la chaleur du lit, à cause des cendres et des braises toutes proches, s'assoupissait. Alors la mère, sans l'éveiller, sans interrompre la prière, passait le bras derrière le dos de Jeanne, et la soutenait endormie.

Au dehors même de la ferme, on l'aimait. Elle sortait peu, et, à cause de cela, et de la sûreté de ses avis, et de sa franchise, et de la petite fortune aussi qu'elle avait, ses visites faisaient honneur à ceux qui les recevaient. On la savait discrète et compatissante. Comme il n'est pas besoin d'avoir des grades pour avoir de l'esprit, il lui arrivait de dire des choses profondes, qui demeuraient dans la mémoire. Elle ne s'en doutait guère. C'est ainsi qu'un jour, étant allée chez une fermière de Trois-Épines, celle-ci lui dit en plaisantant :

« Marie, vous n'avez pas mis votre robe des dimanches pour venir me voir! Ce n'est pas bien! »

Maîtresse Fruytier répondit, avec un bon rire :

« Ne vous plaignez pas : j'ai aussi mon cœur de tous les jours. »

Une autre fois, comme les enfants étaient couchés et dormaient déjà, Nicolas Fruytier, qui avait vendu des bœufs dans la journée, à la foire de Marcheprime, comptait son argent sur la table de cerisier. En posant le dernier franc sur les piles de grosses pièces, à côté des billets de banque :

« Je suis content, dit-il. Tout va bien chez nous. C'est bon d'être heureux : qu'en penses-tu, Marie ?

— Sans doute, répondit-elle ; mais ça donne bien du mal... »

**A expliquer :** Elle est là, dans sa plaine, *comme une petite barque au creux d'une vague immense.* — que la moindre brise *émeut* et ride. — Une longue *douve...* qu'alimente une source invisible *luttant malaisément contre le soleil.* — Des *débris de tempête.* — Il *causait avec son propre passé.* — J'ai aussi *mon cœur de tous les jours.*

**Questions et exercices :** 1. Montrez comment la ferme de la Genivière était bien située et bien garantie contre le froid. — 2. Cette famille était-elle heureuse ? — Quelles étaient les qualités du fermier ? de la fermière ? — A quoi s'occupaient les enfants ? — 3. Quelles étaient les deux occupations qui plaisaient le plus à maîtresse Fruytier ?

## III

NE croyez pas que les Fruytier vé-cussent entre eux seulement et sans voir leurs semblables. Dans les pays mêmes où il n'existe pas de chemins, il y a des passants. Et la Genivière avait ses chemins et ses sentiers, qui venaient de loin et lui amenaient des visites. Le commerce, l'amitié, le hasard, faisaient s'arrêter devant la cour plus d'une charrette traînée par des bœufs, plus d'une carriole tirée par un cheval, plus d'un bicycliste et plus d'un piéton. Nicolas Fruytier, tout laborieux qu'il était, ménager de son temps, de la fatigue de ses bêtes et de la ferrure de leurs pieds, ne détestait point d'atteler Noireau, ou la vieille jument, pour se rendre au marché de Marcheprime. On le reconnaissait de loin, sur le champ de foire, à la carrure de ses épaules, à une certaine audace dans la démarche, dans le regard, dans la voix, qui faisait de lui un personnage. En vérité, c'était son honnêteté, sa franchise, sa robuste santé, c'étaient les hectares de bonne terre qu'il avait au soleil, et le plaisir qu'il éprouvait de se promener les mains dans les poches, c'était tout cela que traduisait son attitude parmi la foule régionale. Le plus souvent, on lui donnait du « Monsieur ». Il faisait bon compte en répondant, et savait se souvenir à propos des dernières rencontres.

« Ah! parbleu, disait-il, je me rappelle vous avoir
vu à la Saint-Martin, il y a deux ans; vous étiez devant
l'enseigne du *Lever du jour;* mais vous ne m'aviez pas
donné votre secret de ne point vieillir : je deviens gris
et vous restez noir. »

Sans en avoir l'air, il s'enquérait du prix des choses,
mais seulement des excellentes, ayant coutume de dire :

« Je veux bien payer, mais pour être bien servi;
chez moi, tant que j'y serai, il n'entrera pas un couteau
de poche qui ne soit de la belle fabrique, pas un mouton qui n'ait la laine toute blanche. »

Dans les grandes occasions, maîtresse Fruytier
accompagnait son mari. Pour la décider à faire le
voyage, il fallait des raisons, presque des événe-
ments. N'avait-elle pas trop de choses qui la rete-
naient à la Genivière? Elle luttait toujours avant
d'accepter une partie de plaisir, de crainte de manquer, en suivant ses goûts, à ses devoirs de maman,
de maîtresse de maison, de surveillante générale, en
somme, de providence. Mais quand on l'avait décidée,
de quel cœur elle prenait sa demi-journée de vacances!
Bien entendu, elle emmenait avec elle un ou deux
enfants, d'habitude les plus petits, et, les tenant par
la main, quoiqu'ils fussent d'âge à se tirer d'affaire,
elle se promenait, endimanchée et épanouie, dans les
rues de Marcheprime ou de la ville qui est plus loin.
Son mari allait en avant, et se détournait pour lui dire
de temps à autre :

« Tiens, Marie, voilà-t-il de jolies dorures! Regarde
donc ! »

Elle aimait assez les dorures, c'est-à-dire les broches,
les bagues, les chaînes de montre exposées dans les
boutiques des bijoutiers; mais elle faisait exprès de

ne pas s'arrêter trop longtemps devant ces trésors-là, pour qu'on ne crût pas qu'elle en avait envie. Elle leur souriait seulement, comme à des nuages, ou comme à de petites filles toutes frisées qu'elle voyait passer dans des voitures basses. Puis elle reprenait son chemin sur le trottoir. En revanche, elle admirait longuement les étalages des bazars. Les exclamations de ses enfants la remplissaient de joie. Ils désiraient tout : les poupées, les toupies, les bilboquets, les mirlitons, les trompettes, les jeux de l'oie, les boîtes de perles, tout, jusqu'aux panoplies et aux costumes de soldats ou de cantinières dressés sur des cartons dorés.

« Mes petits mignons, c'est trop cher, » disait la mère, en tournant la tête du côté de Nicolas Fruytier, qui savait bien comment cela finirait.

Car il est de tradition que chacun ait « sa part de foire », les présents et les absents. Et les deux parents, après un peu d'hésitation et quelques haussements d'épaules, pour montrer qu'on se sent faible et déraisonnable, entraient dans la boutique. Ils en sortaient avec des jouets choisis dans la boîte à treize sous, et qui mettaient, au retour, la Genivière en fête.

Les visites aux parrains ou marraines des enfants, fermiers ou fermières qui demeuraient presque tous dans la paroisse et sous l'onde des mêmes cloches; quelques courses avec le père derrière le bœuf ou la vache qu'il fallait livrer à l'acheteur; une grande journée de charroi à travers la forêt, quand Nicolas Fruytier allait prendre, à la fin de l'hiver, sa provision de bois achetée aux adjudications des coupes; les veillées auxquelles Maximin et son cadet tout au moins commençaient d'être admis; les fêtes religieuses du bourg de Trois-Épines : telles étaient les occasions où les fils et la fille de maître

Fruytier et de sa femme prenaient connaissance des visages, des voix, des routes qui n'étaient point ceux de la Genivière. Tout cela formait l'objet de leur amour, à quoi ils rapportaient ce qu'ils pouvaient deviner du reste du monde. A l'école, par exemple, ou dans les livres, si une forêt était nommée, vite ils pensaient aux futaies proches de chez eux ; s'il était fait mention d'un palais, ils agrandissaient, en imagination, leur maison, leurs étables, leur grange, leur cour et leur étang ; et si la gloire était chantée des plus belles cathédrales de France, de Notre-Dame de Paris, ou de Notre-Dame de Chartres, ou de la basilique de Reims, ou de celle de Rouen, ou de l'abbaye de Saint-Michel-du-Péril, l'image leur venait à l'esprit d'une autre église de Trois-Épines, qui était plus haute que la vraie, qui avait deux flèches plus élevées, des sculptures plus nombreuses, des vitraux plus anciens, et des enfants de chœur parmi lesquels ils ne reconnaissaient point leurs camarades.

Cher monde coutumier, qu'ils connaissaient dans le détail, qu'ils chérissaient de toute leur âme et qui leur apprenait à comprendre et à aimer toute la France ! C'était un monde vivant, mené avec sagesse et patience. Pour Maximin, pour Pierre, pour Vincent et pour Jeanne, comme pour les parents, le travail avait commencé dès l'enfance ; il était varié, mesuré par le jour ; il tenait dans la même pensée, sur la même ferme et sous le même ciel tous ceux de la même famille. Il ne se passait point de semaine qu'il n'y eût, à la Genivière, quelque menu incident qui suffisait à occuper ces quatre jeunes têtes. N'était-ce rien, en effet, que l'annonce qu'une couvée avait réussi ? ou qu'un chevreuil avait été vu, broutant dans le grand pacage, au bord de la forêt? ou que le chien Courard s'était battu la nuit dernière et qu'il avait l'oreille en sang? Contre quel ennemi avait-il lutté, ce chien brave étendu ce matin devant sa niche? Quel danger, grâce à lui, s'était écarté de la ferme endormie? Les enfants, pour le remercier, lui je-taient des mor-ceaux de pain sec, qu'il dédaignait de manger et qui for-maient couronne, autour de lui, dans la poussière. Peut-être pensait-il :

« Drôles de petits amis! Ils veulent me récom-penser! Ils ne savent pas que j'ai tout simplement été rossé par Pari-sien, le grand chien

de garde de la ferme de la Coudre, une bête vraiment sauvage, qui s'est jetée sur moi, dans le chemin, tandis que j'allais la saluer en gambadant, comme cela se doit entre chiens bien élevés! »

**A expliquer :** Le *commerce*, l'*amitié*, le *hasard* faisaient s'arrêter devant la cour... — Il faisait *bon compte en répondant.* — Chez moi... il n'entrera *pas un mouton qui n'ait la laine toute blanche.* — Qui de-meuraient... *sous l'onde des mêmes cloches.*

**Questions et exercices :** 1. A quelles occasions le fermier quit-tait-il la Genivière? Et la fermière? Et les enfants? — 2. Montrez que Marie Fruytier n'était pas envieuse. — 3. Citez quelques incidents de la vie à la Genivière. — 4. Pourquoi le chien pensait-il : « *Drôles de petits amis!* »

IV



Mon Dieu, comme il faisait chaud cette année-là ! Dès le mois d'avril, où il pleut souvent d'habitude, les jours furent sans pluie et les nuits sans rosée. Les fleurs en profitèrent pour s'épanouir plus tôt que de coutume. Le gros vieux poirier du jardin devint tout blanc, le pêcher tout rose, longtemps avant Pâques. Maximin, revenant de l'école avec Pierre et Vincent, rapporta un soir une gerbe de coucous et de tulipes lie-de-vin, premier bonjour de l'herbe nouvelle des prés, qui ne cessent plus de fleurir jusqu'à l'heure où ils sont fauchés. Quand il entra dans la grande chambre, en secouant ses sabots, à cause de la terre qui s'y trouvait collée, la mère était penchée au-dessus du feu ; elle faisait frire des tranches de lard pour le dîner ; elle travaillait entre les deux témoins de ses moindres mouvements, la petite Jeanne, assise à droite de la cheminée dans un fauteuil d'enfant, et le chat, assis à gauche et qui frisait ses moustaches. Les trois petits gars entrèrent à la file.

« Tenez, maman, dit Maximin, voilà un bouquet pour vous.

— Comme il est beau, mon mignon! Attends que le dîner soit cuit; dès que j'aurai lâché la poêle, je prends le bouquet et je t'embrasse. »

La graisse crépitait; Jeanne et le chat avaient tourné la tête; les trois écoliers attendaient; la mère toujours penchée agitait son poêlon; la flamme éclairait tout le monde.

La fermière de la Genivière se détourna lorsque la viande fut cuite. Elle considéra ses fils avec une tendresse que les six petits yeux, deux bleus, deux roux, deux noirs comprirent parfaitement, et elle embrassa tour à tour l'aîné, le second, le troisième de ses enfants; puis, prenant les fleurs qu'elle disposa dans un verre à pied, sur la table, elle dit :

« Mes chéris, mon Pierre, mon Maximin, mon Vincent, et toi aussi, Jeanne, vous serez un jour comme les prés, et vous fleurirez. »

Les garçons se mirent à rire à gorge déployée. On entendait leurs voix inégales dont une seule était grave.

« Quand est-ce que nous fleurirons? demanda Maximin.

— Le jour où vous aurez choisi votre métier. Ce jour-là vous serez en bouton, et l'on pourra dire, à peu près, de quelle couleur sera la fleur. »

Ils regardèrent, par la porte, le poulailler, le hangar, la pointe immobile des arbres qui dépassaient les toits et révélaient au delà les champs accoutumés. Les deux plus jeunes surtout ne comprenaient pas bien. Ils furent sérieux au moins une demi-minute, se demandant ce que cela signifiait, et si vraiment ils seraient un jour giroflée ou topinambour. La maman avait l'air d'être si sûre de ce qu'elle disait !

**A expliquer :** une gerbe de coucous et de tulipes, *premier bonjour* de l'herbe nouvelle des prés. — La pointe des arbres qui dépassaient les toits et *révélaient* au delà *les champs accoutumés.*

**Questions et exercices :** La maman est-elle contente quand ses enfants lui apportent un bouquet ? Pourquoi ?

# V



Comme elle entrait dans sa huitième année, vers le milieu de l'été, alors que les enfants ne vont pas tous à l'école, Jeanne, grande déjà comme une fille de neuf ans, reçut de sa mère un ordre qui l'obligea à changer de jeux. Les foins étaient rentrés depuis la veille, lorsque maîtresse Fruytier, après la tartine du matin, lui dit :

« Tu vas aller au pré garder les vaches.

— Et Pierre?

— Il a demandé à suivre le père; il dit qu'il est un homme à présent.

— Oh! un petit, maman! Nous nous sommes mesurés : j'ai un centimètre de plus que lui... Alors je serai toute seule avec les bêtes?

— Tu auras Courard avec toi.

— C'est une bête, puisque c'est un chien.

— Il a de l'esprit autant que toi !

— Oh ! il faudrait voir !

— Si les bœufs veulent passer dans le **pré du voisin**, tu enverras Courard, qui saura les ramener.

— Oui, maman.

— Fais attention aux serpents : il y en a, des fois, près de la mare.

— Oui, maman.

— Et si tu étais en danger, crie comme je fais pour annoncer le dîner aux hommes : Ouh ! ouh ! oh là hou ! J'aurai toujours l'oreille de ton côté.

— Oui, maman : Hou ! hou ! oh là hou !

— C'est cela. Va, ma fille, et emporte ta baguette. »

La plus jeune de la maison se plaça donc en face de la grande porte de l'étable, sa baguette de houx à la main. Les vaches, les génisses, les veaux, les quatre grands bœufs défilèrent devant elle, comme une troupe devant le général. Quand tout fut en bon chemin, Jeanne se mit à l'arrière, accompagnée de Courard, qui sautait à sa gauche, à sa droite, devant elle. Il aboyait de plaisir, ouvrant une large gueule frangée de poils gris. C'était sa manière de chien de s'exprimer. Sans doute beaucoup de ces cris de joie, que les murs de la ferme renvoyaient en échos, ne signifiaient point autre chose que ceci :

« Ah ! ma petite maîtresse, que c'est amusant d'aller aux champs ! »

Mais d'autres, moins sonores, et qu'il appuyait d'une caresse de ses yeux demi-clos, voulaient dire :

« Vous me laisserez galoper partout, n'est-ce pas ? Si je sens la voie de mon lièvre habitué, vous savez bien, le grand aux oreilles noires qui gîte dans les betteraves, j'aurai la permission de le suivre jusqu'au moulin ? Peut-être même plus loin ? Vous êtes une petite personne qui n'a pas l'air méchant. Et je puis bien, en tout cas, mordiller la jambe des bœufs ou des vaches, pour entretenir mes crocs ? »

Du moins, Jeanne comprit que Courard lui tenait ce langage-là. Elle le découragea tout de suite, étendit la main qui portait le bâton, et cria :

« Derrière, Courard, et pas de bêtises ! C'est moi, Jeanne Fruytier, qui commande la troupe ! Jeanne de huit ans bientôt ! Jeanne ! »

Il ne fit point de résistance, ni même de grimace, et se mit à suivre sa maîtresse, qui criait maintenant d'une voix de loriot, toute claire et qui va loin :

« La Blanche ! attends-moi donc !... Et toi, Gentille, est-ce que je t'ai permis de brouter dans le fossé ? »

Elle eut besoin de toutes ses forces pour ouvrir la barrière du grand pré. Les bêtes se pressaient en arrière, attirées par l'odeur et la vue des touffes d'herbes fauchées, écheveaux de tiges coupées ras, décolorées, aux trois quarts mortes, mais entre lesquelles se levait déjà la pointe tendre de l'herbe nouvelle. Dès que l'entrée fut libre, elles se précipitèrent dans le grand carré vert entouré de talus. Chacune chercha la meilleure place, où la pâture était plus épaisse et plus fraîche. Pour Jeanne, la gardienne, elle alla s'étendre sur la pente d'un talus planté d'arbres, d'où elle considéra son troupeau et son pré. Elle se sentait un personage dans une fête donnée pour elle. N'était-ce pas pour Jeanne que le ciel était aussi bleu et le soleil aussi doux ? Ces tourterelles qui chantaient sitôt posées, sur le chêne là-bas ou sur les ormes les plus proches ; ces grives arrivées de la veille, pressentant que les cerises allaient gonfler leurs bouquets, les prunelliers leurs petites billes vertes, le pauvre pied de ronces ses mûres encore laineuses, ces grives habituées à choisir de hauts perchoirs, et qui sifflaient à la pointe des peupliers, n'avaient-elles pas appris que Jeanne Fruytier prenait aujourd'hui la garde des grosses bêtes? On le pouvait penser, car, depuis qu'elle était là, étendue à moitié et la tête appuyée sur son coude, les colombes n'avaient pas cessé de roucouler, les grives de caqueter, et de même le coucou de répéter son cri. En entendant celui-ci dès la barrière du pré, Jeanne avait ri et dit tout haut :

« J'entends bien, père coucou ; mais je n'ai pas peur : j'ai deux sous dans ma poche ; j'en aurai toute l'année. »

Une seule chose troublait la gardienne : son troupeau avait ses têtes folles et ses aventureux. Une jeune taure, qu'elle appelait Noisette, s'écartait lentement, sournoisement, des bonnes grosses vaches laitières qui n'aimaient pas à faire des pas inutiles. Elle, au contraire, le mufle collé à terre, mais l'œil au loin, s'avançait à sabots prudents vers un point où il y avait une brèche dans la haie. Deux fois déjà Jeanne avait couru, sa baguette à la main, et ramené vers le milieu du pré Noisette bondissante. Mais les bœufs aussi lorgnaient la brèche ; peut-être apercevaient-ils, au delà de cette haie, quelques lignes de choux verts, dont les feuilles avaient un reflet violet et des arêtes de couleur mauve. Les plus jeunes, Rougeaud, qui portait haut les cornes, et Caillard, toujours se fouettant les reins avec sa queue, toujours inquiet et tourmenté d'une mouche imaginaire, tentaient de gagner, petit à petit, le passage dangereux. Jeanne ne bougeait pas. La chaleur était grande. Le chien, immobile aux pieds de sa maîtresse, et non pas couché, mais assis, les oreilles droites, le nez dans le vent, dans l'attitude enfin d'un bon chien de berger en service de guet, commençait à donner des signes d'impatience, en observant que Rougeaud allait commettre un délit de vagabondage. Ses yeux bleu pâle et blancs interrogeaient ceux de la bergère et semblaient lui dire :

« Maîtresse, vous ne le voyez donc pas ?

— Mais si, chien, je le vois.

— Faut-il mordre ? »

Du bout de sa petite main, qu'elle remuait à peine, juste pour que Courard pût comprendre, elle répondait :

« Pas encore !

— Mais enfin, maîtresse, voilà ce grand encorné qui fait semblant de brouter l'herbe du talus, et qui s'avance vers la brèche !

— Il n'est encore qu'à trois ou quatre pas du mauvais passage, mon bon Courard.

— Le voici sur le talus ! Il a commencé de descendre !… Il a les deux pieds de devant sur la pente, de l'autre côté, et la croupe en l'air !

— Va, mon Courard, ramène-le ! »

Il avait suffi, pour dire tout cela, du geste menu de cinq doigts roses. En un instant, Courard fut près de la haie, la sauta, apparut, la gueule ouverte, devant le front de Rougeaud, qui recula, en roulant ses yeux et orientant ses cornes à droite et à gauche, selon que le chien avait l'air d'attaquer d'un côté ou de l'autre. Trois minutes plus tard, Courard, content de lui et flatté par la main de Jeanne, s'asseyait de nouveau à son poste, près de sa maîtresse, et reprenait la surveillance du troupeau rassemblé. Les tourterelles, que la course de la bête aux poils gris avaient effarouchées, se remettaient à roucouler ; la grive sifflait sur le peuplier ; le coucou voyageait, en marquant d'un refrain chacune de ses stations, pour que le monde n'en ignorât point ; un loriot passait, et l'éclatant cueilleur de cerises, plus jaune que l'or et aussi rare, chantait d'une voix pure un solo magnifique, et disparaissait, comme les grands maîtres, toujours attendus ailleurs.

La matinée fut vite écoulée. Avant midi, le frère aîné, qui savait que sa sœur, pour la première fois, allait aux champs, vint la remplacer.

« Tes bêtes n'ont pas été méchantes, petite?

— Non, ma foi!

— Le chien n'a pas levé son lièvre?

— Pas même un lapin.

— Quelle bergère tu fais, ma Jeannette!

— Je me le disais! Mais explique-moi, Maximin, toi qui sais tant de choses, pourquoi notre chien Courard, pourquoi surtout le bœuf Rougeaud, qui est énorme, obéissent à une petite fille comme moi?

— Parce que, si tu es plus petite, tu es aussi plus fine qu'eux.

— Ah! je sais : parce que j'ai une âme!

— Tout juste. A présent, ma Jeanne, cours à la Genivière. Maman a trempé la soupe, et toute la maisonnée est à table. »

En galopant, sautant, volant presque, Jeanne traversa tout le pré jusqu'à la barrière. Les bœufs, les vaches, les génisses la suivaient des yeux comme une apparition.

Elle pénétra dans la salle de la Genivière. La famille commençait à dîner; le père, selon son droit, était assis au haut bout, face à la porte, pour voir le premier qui entrerait. Il vit sa fille, s'arrêta de peler une pomme de terre cuite sous la cendre, et demanda :

« Eh bien! et les bêtes?

— Je suis grande, papa; elles n'ont pas fait de bêtises! »

**A expliquer :** tourmenté *d'une mouche imaginaire.* — Commettre un *délit de vagabondage.* — Un *solo.* — comme les grands maîtres, *toujours attendus ailleurs.*

**Questions et exercices :** 1. Montrez de quelles qualités fait preuve la petite Jeanne dans le cours de ce récit. — 2. Quelle était cette fête à laquelle assistait la petite Jeanne et qui était comme donnée pour elle? — 3. Expliquez la réponse de Jeannette : « Parce que j'ai une âme ! »

## VI

## L'ÉCUREUIL

ᴸᴱˢ deux plus jeunes garçons de la Genivière, Pierre et Vincent, viennent de partir pour l'école. Il est de bonne heure, et cependant, comme il fait chaud déjà ! Les deux petits gars sont vêtus, pareillement, d'une blouse légère et d'une culotte, qui ne sont pas sans blessures anciennes, mais où l'on ne trouverait pas une déchirure qui n'ait été recousue, pas un trou qui ne soit bouché par une belle pièce neuve. Ils ont sur la tête des bérets, un peu usagés, mais bien brossés, et d'où s'échappent, ici ou là, des mèches brunes qui sont de Vincent, des mèches blondes qui sont de Pierre.

Les écoliers, avant de quitter la ferme, se sont présentés devant leur mère, bien droits, pour l'examen. Ils font ainsi tous les jours, toutes les fois qu'ils doivent aller au bourg, et la mère, d'un coup d'œil, les a examinés ; puis elle a prononcé la formule attendue : « Vous êtes beaux ! » et ils sont partis.

Sur la route, ils ont commencé par enlever leurs sabots qu'ils portent dans leurs poches. Ils marchent en causant, sans se presser et l'œil à l'aventure. Voilà que huit heures sont passées.

L'horloge qui bat dans le chocher de Trois-Épines ne s'arrête pas. Mais eux, il s'arrêtent en route, ils regardent. Est-ce une première feuille rousse qui tombe? Est-ce un écureuil qui descend en spirale, suivi de sa queue ballante, le long du tronc de châtaignier? C'est un écureuil! Je vois sa tête en bas, ses yeux ronds, les deux pinceaux de poils allongeant ses oreilles, ses bras qui portent le poids de son corps et que l'effort a gonflés. Sans doute il descend pour choisir, sous l'arbre, une châtaigne veinée de brun, le talon encore blanc et poudré de farine, une belle châtaigne qu'il saisira dans ses doigts longs et qu'il emportera entre ses dents, pour la croquer là-haut, sur la cime du châtaignier, morte et fourchue, vraie chaise à écureuil ou perchoir à oiseau. Le voici près du sol. Il étudie les environs, tournant la tête dans tous les sens avant de sauter sur l'herbe. Mais qu'a-t-il entendu? Des pas sur la route? Il se retourne bout pour bout, et remonte plus vite qu'il ne descendait. Car il a vu deux gamins se rendant à l'école, des ennemis nés, des lanceurs de cailloux : Pierre et Vincent.

Déjà les deux petits gars ont jeté leurs cartables et grimpé sur le talus du champ.

« Il tourne, Pierre; va de l'autre côté. Le vois-tu qui tourne autour du tronc? Il s'aplatit contre la branche : jette ta pierre ! »

La pierre fut jetée, passa entre les feuilles, dégringola

le long du tronc, rebondit contre un nœud et tomba à terre.

« Il repart, Vincent! A toi! »

Le choc de la pierre, faisant sonner comme une calebasse le tronc creux de l'arbre, avait effrayé l'écureuil, qui montait, les griffes enfoncées dans l'écorce, renversant la tête, tantôt du côté de Vincent, tantôt du côté de Pierre. A quelques centimètres de lui, la seconde pierre, lancée par Vincent, plus adroit que son frère, frappa le châtaignier. Et les deux frères ne virent plus rien.

« Il est touché! Victoire! » cria Vincent.

Pierre, moins enthousiaste, ferma à demi ses petits yeux roux, les protégea contre le soleil de ses deux mains touchant son front et, ayant considéré une petite touffe de feuilles, plumet sans tige, épanoui en plein corps d'une branche maîtresse :

« Il est là, ton écureuil, Vincent; tu l'as raté, tout comme moi!

— Montre? » dit Vincent accourant.

On le voyait, en effet, le petit animal, aplati contre le bois; du moins on voyait la lisière de son ventre blanc qui débordait la courbe de l'écorce et qui battait de fatigue et de peur.

L'aîné des deux frères aurait voulu s'en aller; l'heure de la classe était presque venue. Il essaya d'entraîner Vincent.

« Viens-t'en, mon gars Vincent; tu ne l'attraperas pas!

— A savoir!

— Qu'en ferais-tu? C'est un petit fricot!

— Avec des pommes de terre autour, maman saura le grossir

— Elle ne sera pas contente, si tu manques l'école à cause de lui. Ça, c'est encore plus sûr! »

Sans répondre, le cadet des Fruytier se baissa, ramassa une poignée de terre et de cailloux, la jeta en l'air et couvrit de ce gravier et de cette poudre l'écureuil, qui bondit et se mit à dégringoler, comme s'il voulait se jeter à la tête des enfants.

Déjà Vincent s'était écarté de l'arbre. Mais au moment où il se rapprochait, honteux de ce premier mouvement et le pied déjà levé pour écraser le gibier, si l'écureuil se mettait à courir sur l'herbe, celui-ci, arrivé à l'endroit où les premières branches partaient du tronc, disparut.

« Où est-il à présent? demanda Pierre.

— Je le sais, » répondit Vincent.

En même temps il lançait en l'air ses deux sabots, et, étreignant le tronc de l'arbre de ses deux mains, posant les orteils sur les moindres bosses du tronc et dans les fentes de l'écorce, il s'éleva de trois mètres au-dessus du sol.

« Voilà! voilà! Il y a un trou, là, au-dessus. C'est le nid. Donne-moi une baguette?

— Non, je n'ai que le temps d'aller au bourg. Viens-t'en, gars Vincent. »

L'autre était de ceux qui n'écoutent les avis qu'un peu tard. Une ardeur vive le tenait de se hausser jusqu'à l'ouverture et d'essayer d'apercevoir, au fond de l'arbre, l'écureuil et le nid, peut-être une provision de noix, de noisettes et de châtaignes, tout un trésor qu'il s'imaginait déjà bien rangé par espèces, en pyramides distinctes, comme chez l'épicier du bourg. Un effort de ses genoux et de ses mains l'éleva encore d'un pied, jusqu'au bouquet de feuilles qui coiffait une verrue du vieil arbre, à la naissance des branches maîtresses. Le trou, noir et rond, était à gauche de ces brindilles. Vincent approcha d'abord ses yeux et les écarquilla ; mais l'ombre était complète, pas une fente ne crevait le bois, à mi-hauteur ou en bas, et n'éclairait les parois de la caverne. Il écouta et n'entendit rien. Alors, se croyant assuré que l'écureuil était là, et ne voulant pas descendre sans en avoir la preuve, il mit ses lèvres et le bout de son nez dans l'ouverture ronde de l'écorce, et cria de toutes ses forces :

« Écureuil ! sors de là ! Écureuil ! Hou ! hou ! hou ! »

Ah ! mes enfants, si vous aviez vu ce Vincent rejeter alors sa tête en arrière, écarter son corps de l'arbre, sauter à terre et courir vers Pierre !

« Au secours, Pierre ! Je suis piqué !

— Où ça ?

— A la bouche. Tiens, ici.

— Mais non, tu n'as rien.

— Je l'ai senti ! C'est un serpent, bien sûr !

— Grand nigaud. regarde-le ton serpent qui s'envole. »

Et Pierre, saisissant par les épaules son frère épouvanté, le faisant se retourner, lui montra le creux de l'arbre d'où s'échappait un gros oiseau, qui plongea d'abord presque jusqu'à l'herbe, pour se relever d'un battement d'ailes et s'enfuir d'un vol en festons jusqu'aux arbres plantés de l'autre côté du champ.

« Un pivert ! dit Vincent humilié. Je lui ai fait peur, il a voulu sortir, il m'a piqué le nez ou la bouche, je ne sais pas bien, mais je l'ai senti, va ! »

En même temps, Pierre découvrait l'écureuil accroché à la fine pointe de l'arbre et qui ne se cachait plus, et qui regardait ses ennemis d'un air de dire :

« Venez donc me chercher à présent ! Ni vos pierres ni vous ne monterez où je suis. »

La bête était si tranquille, qu'elle ne se cachait plus, et se faisait de l'ombre avec sa queue.

Pierre avait ramassé son cartable, et de même Vincent, et, ayant dévalé le talus l'un près de l'autre, ils allaient aussi vite qu'ils pouvaient sur la route du bourg. Vincent n'était pas fier.

« Dis, Pierre, que vas-tu dire à M. l'instituteur ?

— La vérité...

— Que nous avons chassé le chat-écureuil ?

— Sans doute, et j'ajouterai même que si nous sommes en retard, c'est que je n'ai pu t'empêcher de monter à l'arbre. Qu'est-ce que tu voudrais dire, toi ?

— Je ne sais pas, répondit Vincent avec humeur. Tu n'inventes jamais rien, toi ! »

Puis, ayant réfléchi :

« Ça n'est pas la peine que toute la classe connaisse notre écureuil. Ils viendront chasser notre gibier. Tu vois bien que tu es sot.

— Et toi, Vincent, qu'est-ce que tu es ?

— Pas si bête que toi.

— Non, pas si franc ! »

Ils arrivèrent tout rouges devant la porte de l'école, la poussèrent plus violemment que jamais vent de tempête n'avait fait, entrèrent dans la cour, puis dans la classe, et furent appelés naturellement par l'instituteur, qui était dans sa chaire. Trente camarades écoutèrent l'interrogatoire ; le mot « écureuil » réjouissait leurs esprits vagabonds. L'air déconfit de Vincent les amusait aussi.

« M'sieu ! souffla l'un des plus petits élèves, faut le punir, Vincent : il a mis son frère en retard. »

M. Chavagne frappa de la main le pupitre, leva les yeux sur l'assemblée, obtint le silence aussitôt, et prononça le jugement :

« Je ne punirai pas le grand, parce qu'il est resté pour accompagner son frère, qui est un peu jeune encore, cela se voit...

— T'as de la chance, Pierre ! murmurèrent deux ou trois voix.

— Et je ne punirai pas le petit, parce qu'il n'a pas menti. Il a un peu hésité, je le sais bien ; il ne s'est pas accusé assez franchement : mais enfin il n'a pas menti. Reprenez vos places, les Fruytier ! »

Le soir, quand on fut de retour à la maison, l'aventure fut contée à la mère dans les moindres détails, pendant qu'elle surveillait la marmite pendue à la crémaillère.

Vincent, pour se bien faire voir, répétait :

« Je n'ai pas tout à fait menti ; j'en ai eu bonne envie ; M. Chavagne a été content... »

La mère, maîtresse Marie, s'arrêta un moment de tournevirer dans la salle, entre l'armoire, la table et le foyer, et elle dit, son regard très doux posé sur les deux écoliers :

« Ne mentez pas, aimez à dire vrai. Moi, je tiens à la vérité comme à une parente. »

**A expliquer :** vous êtes beaux. — Un écureuil qui descend *en spirale, suivi de sa queue ballante.* — Il se retourne *bout pour bout.* — La lisière de son ventre blanc .. *qui battait de fatigue et de peur.* — Tout un trésor qu'il s'imaginait déjà bien rangé, par espèces. — Un vol *en festons.* — *l'air déconfit de Vincent.* — Tournevirer.

**Questions et exercices :** 1. Si vous aviez été à la place des petits Fruytier, vous seriez-vous arrêté pour chasser l'écureuil ? — 2. Que pensez-vous du jugement prononcé par M. Chavagne ? — 3. Expliquez ce que dit la maman : « Je tiens à la vérité comme à une parente. »

# VII



### L'HISTOIRE DU LOUP

N autre jour, les classes étant finies et les vacances commencées, Vincent avait été envoyé pour ramener des moutons qui pâturaient dans les Terres-Noires.

« Prends bien garde de ne pas les faire galoper, avait dit la mère : les brebis ont des agneaux, et les agneaux sont tôt fourbus ! »

Vers l'heure du souper, comme il ne rentrait pas, elle dit à son mari :

« Si tu allais sur le chemin? Peut-être verrais-tu la poussière de notre fils et du troupeau? »

Le père sortit de la maison, et alla jusqu'à la barrière de la cour ; mais il ne vit rien.

Que faisait ce Vincent dans le champ des Terres-Noires? Adroit à tout travail, et, bien entendu, à tout jeu, il s'était arrêté, à l'angle de la pièce, devant une touffe d'épis de blé que les faucheurs aussi bien que la machine avaient oublié de couper au temps de la moisson.

« Quelles jolies flûtes j'en peux fabriquer ! pensa le gamin. La plus longue sera pour faire danser les brebis, la seconde pour faire danser les grands agneaux, et la troisième pour faire danser les nouveau-nés. »

Dans l'enthousiasme où le mit une si belle idée, il oublia entièrement qu'il n'avait point été envoyé pour s'amuser, et qu'on attendait, à la Genivière, le troupeau et le berger. Il tira de sa poche un couteau dont la lame avait été, par lui, si souvent aiguisée sur la meule, — vous savez bien, la meule ronde, suspendue entre les montants d'une vieille échelle et qui gémit en tournant, — si bien fourbie et appointie, qu'elle ressemblait à celle d'un grattoir, coupante des deux côtés. En un instant il eut cueilli les trois tiges qu'il avait choisies. Une à une il les prit, les coupa de longueur, et fit une entaille, à deux centimètres d'un des nœuds de chaque brin, soulevant l'écorce avec soin, et conduisant la fente jusqu'à cette rondelle par quoi sont séparés les étages de la plante. De la sorte, il eut bientôt trois chalumeaux munis chacun d'une languette, qui vibrerait au souffle des lèvres. Il essaya le plus grand, qui rendit un son grave ; le second, dont le son était déjà plus aigu ; quant au troisième, il avait la voix si haute, si haute, qu'on eût dit celle d'un merle enrhumé.

« A présent, fit-il en s'avançant vers les brebis, entrez en danse, mes belles ! Je vais vous jouer *Au clair de la lune !* »

Il souffla dans son chalumeau, marquant bien la mesure, à deux pas d'une lourde brebis qui broutait des touffes de plantain et de pissenlit. Elle n'en parut point remuée.

« Tu dois être vieille ! Je m'approche pour que tu m'entendes. Écoute bien ! » .

Mais il n'eut pas plus tôt repris son air, en se penchant, qu'elle secoua les oreilles, arracha brusquement la touffe d'herbes entamée, et se tourna bout par bout. Il ne vit plus que deux pattes maigres, une queue courte et le gros pardessus ouaté qui tressaille et qui roule sur le dos des moutons.

« Tu n'aimes pas la musique? Tes agneaux vont l'aimer : ils ont l'air plus intelligent que toi! »

Deux agneaux, déjà grands, broutaient non loin de la mère, et, plus souvent qu'elle, levaient le nez. Ils aperçurent Vincent qui marchait vers eux, et s'éloignèrent, la tête de côté, regardant par-dessus l'épaule ce fâcheux

petit gars. Vincent pressa le pas; ils maintinrent la distance. Il commença de courir; ils se mirent au galop. Tournant autour des mamans brebis, ils les entraînèrent avec eux; petites bêtes et grosses bêtes, se croyant menacées, se lancèrent à toute allure et dévalèrent la pente des Terres-Noires. Vers le milieu du champ, il y avait une forte rigole. Affolées, elles sautèrent le ruisseau.

« Bravo! cria Vincent. Bien sauté! Autant! »

Il voulait répéter l'exercice. Mais un agneau tout petit avait dû, en retombant, se fouler une patte Il continuait la course sur trois pattes. Vincent, tout déconfit, dut ralentir le train, s'approcher en douceur de la bête blessée, la prendre par surprise et la porter, couchée sur son bras gauche, appuyée contre sa poitrine.

« A présent, pensait-il, que va dire papa? »

Maître Fruytier. pour la seconde fois, s'était mis en route et, ne s'arrêtant point, comme la première, à la barrière de sa cour, il descendait à fortes enjambées vers la pâture des Terres-Noires. A mi-distance, il fronça le sourcil, apercevant l'agneau dans les bras du berger.

« Dis donc, Vincent, est-ce qu'il est malade? »

Les flancs de la petite bête battaient vite.

« Mets-le sur les pattes, que je voie. »

Le blessé, mis à terre, fit trois pas, et roula.

« Tu les as galopés? »

L'enfant se recula, levant le coude, de peur d'une taloche. Il réfléchit une petite seconde, et répondit piteusement :

« C'est le loup!

— Tu me fais rire, gars Vincent! Le loup est venu?

— Oui, papa, de la forêt.

— Il était gros, je parie?

— Comme un poulain.

— A-t-il mangé un agneau?

— Que non! Il a eu peur de moi. Mais les bêtes ont eu peur de lui. Je ne pouvais les arrêter. »

Le père, hochant la tête, se rapprocha un peu :

« C'est très bien, Vincent, d'avoir chassé le loup. Dis-moi, si tu l'avais rattrapé, que lui aurais-tu fait?

— Je l'aurais tué, papa!

— Pas la peine, dit Fruytier, en empoignant le gamin par le milieu du corps, des loups comme ceux-là, quand on les tient, voilà ce qu'il faut leur faire... »

Et la famille assemblée sur le seuil de la ferme, et qui prêtait l'oreille, entendit comme le bruit d'un battoir qui frappe le linge, puis des cris aigus, puis la voix du père qui demandait :

« Recommenceras-tu à faire le loup?

— Non, papa! Non, papa! »

Deux minutes plus tard, le troupeau rentrait à la ferme. Le maître de la Genivière marchait en avant; après le dernier agneau venait Vincent, qui tournait la tête du côté opposé à la maison et, de la main gauche, se frottait le bas du dos.

**A expliquer :** Les agneaux sont tôt *fourbus*. — la meule ronde... qui gémit en tournant. — *ralentir le train*. — prendre *par surprise*.

**Questions et exercices :**
1. Comment le jeune berger a-t-il été amené à mentir? — 2. En quoi son mensonge est-il amusant? — 3. Avez-vous déjà menti? — 4. Pourquoi ne faut-il jamais mentir?

# VIII

## LE BATTAGE DES GLANES

UAND il avait fini de battre les gerbes de ses champs, avoine, orge et froment, Nicolas Fruytier demeurait dans son aire, et, avec toute sa famille, battait les glanes des glaneuses. Son père et sans doute ses grands-pères avaient fait ainsi. C'était une charité ancienne, et que nul n'ignorait.

Le dimanche qui précédait le jour choisi où devaient passer, sous les palettes en mouvement de la machine, toutes les gerbes du domaine de la Genivière, le garde champêtre, monté sur une marche le long du mur de l'église, annonçait que les glanes recueillies dans la commune pourraient être apportées tel jour chez maître Fruytier, qui se chargeait d'en livrer aussitôt le grain et la paille « aux personnes récoltantes ou à leurs enfants, selon ce qui avait lieu en ladite ferme depuis longtemps ». Alors, vers l'heure où les meules de paille commençaient à s'élever et à faire le gros dos par-dessus les haies, on voyait se diriger du côté de la ferme, par les chemins ou les sentiers, des groupes de pauvres gens portant des épis de blé. Quelquefois ils tiraient une petite charrette à bras, dans laquelle la

récolte avait été entassée; d'autres cachaient leurs
glanes dans des sacs; d'autres n'avaient qu'une grosse
gerbe mal liée, qu'ils tenaient couchée dans leurs bras.
Tout ce monde demeurait en bordure éloignée, tant
que la fumée du moteur montait entre les arbres,

tant que le ronflement des cylindres et les coups de sifflet faisaient trembler l'air, et tenaient à distance les
moineaux, les rouges-gorges et les roitelets, toute la
troupe stupéfaite des habitués du grenier et du poulailler de la Genivière. Un grand rugissement de la bat-
teuse annonçait la fin du travail. Aussitôt, la procession
commençait des mères et des jeunes filles qui avaient,
pendant des semaines, courbées sur des chaumes,

ramassé des épis déjà picorés par le bec des poules et celui des perdrix. Fruyier, ayant dit adieu aux travailleurs qui l'avaient aidé à battre sa récolte, se campait droit au milieu de son aire. Il avait autour de lui sa femme et ses enfants, et, à chaque nouvelle glaneuse qui apparaissait, il criait son bonjour :

« Ah ! voilà la mère Barnabé. Cours vite, mon gars Maximin, elle en a lourd dans sa poche ; va chercher ses épis, et épare-les dans l'aire... Bonjour, Valentine. Je ne vous avais pas vue depuis l'an dernier ! Apportez-vous une jolie glane ?... Et vous, la petite Dorothée, qui avez le poupon sur l'épaule gauche et votre glane sur l'épaule droite, quel est le plus lourd ? C'est le poupon, je parie ! Venez... Et toi, Pierre, prépare son airée. »

Il appelait « airée » la place que chaque paquet d'épis glané devait occuper sur l'aire. Il fallait bien prendre garde qu'ils ne fussent pas emmélés, ni même trop voisins. Car la jalousie éclate vite, et piaille sitôt née. Voyez toutes ces femmes assises sur les talus qui bordent l'aire de deux côtés : elles sont là dix, douze, quinze, et je ne compte pas la marmaille attachée à leur jupe ou courant sur les chemins. Jeunes ou vieilles, causant ou silencieuses, l'une qui nourrit son enfant, l'autre qui tricote pour ne pas perdre de temps, l'autre qui a l'air de dormir, — la plus vieille, — ayant posé sa tête sur son bras, elles coulent un regard, de temps à autre, vers la partie de cette grande cour nivelée où le grain saute pour elles hors des épis frappés. Aucune d'elles ne possède un morceau de terre ; elles ont travaillé sur le bien des autres, mais plus ou moins vite, plus ou moins bien, dans des champs plus ou moins bons, et les récoltes sont inégales. Les gerbes de la mère Barnabé, celles de Valentine, celles de

Dorothée et celles des autres glaneuses ont été déliées
et disposées sur la terre en autant de petits cercles qu'il
y a de pauvresses assemblées chez maître Fruytier. Les
tiges de froment ou d'orge font le cercle, les épis tournés vers le centre, et, sur chacun de ces soleils de
paille, de ces lunes ou de ces étoiles, la lame du fléau
s'abat en mesure. Fruytier a son fléau qu'il manie sans
hâte et sans effort apparent; Maximin a son fléau qui
tape dur; Pierre et Vincent se sont armés d'un bâton.
La mère elle-même a voulu faire sa charité, comme elle
dit; elle est sortie de la maison, son royaume habituel,
et elle manie adroitement un fléau tout léger, qui ne
sert qu'une fois l'an, son fléau du temps de sa première
jeunesse; elle lève en l'air la fine lame de frêne, qui
tournoie et retombe sur la paille. Toute la semence
s'échappe des gaines qui l'enveloppent; toute pointe de
tige n'est plus bientôt qu'un petit escalier de bois,
qu'une spirale de niches vides, d'où les grains sont partis.

Alors, une par une, les récoltes des glaneuses sont
mises en tas; un des petits Fruytier râtisse soigneusement, avec une raclette, la terre de chaque airée, puis
verse tout, le grain et la poussière, dans le moulin à
vent. On met un torchon blanc sous le versoir du moulin; on met Pierre, qui est patient et fort, près de la
manivelle, et tourne, tourne, et chante et souffle, mon
beau moulin! La glaneuse voit son lot de froment pur
grossir sur le linge blanc. Elle s'avance; elle a apporté
un gros sac de toile. Maître Fruytier lui-même y serre
la récolte; mais il a près de lui un sac de son
propre blé; il y puise avec un sabot, et double ainsi,
pour chaque femme, le produit des journées de glane.

« Au revoir, monsieur Fruytier; bien le merci. A l'an
qui vient!

« — Si je suis en vie, ma petite mère, et vous aussi! Le bonjour chez vous! »

Et le soleil qui s'en va éclaire, jusqu'aux villages prochains, les femmes de la glane.

Dans l'année que je raconte, Vincent, qui était encore freluquet, se montra pour la première fois d'une incroyable ardeur. Pour lever le fléau que lui prêtait sa mère, pour lui faire décrire une belle roue en l'air et le laisser retomber, bien à plat, sur l'airée, il fut le plus habile de la bande. A lui seul, il battit le lot d'épis de la mère Barnabé et celui de trois autres glaneuses. Le père en ressentait une joie qu'il ne dit point d'abord. Mais, sur le tard, comme les enfants allaient se coucher, il dit à la mère, désignant ce Vincent :

« Je le crois adroit comme pas un. Il fera un fermier meilleur que Pierre, et pourtant, Pierre, il me ressemble !

— Ne t'y fie pas trop, répondit la mère tout bas; c'est un petit rêvasseux : je lui crois de l'ambition

— A la Genivière, ma bonne femme, il y a place pour plusieurs hommes. »

Mais elle répondit, en nouant son bonnet pour la nuit :

« Est-ce qu'on sait? Les enfants, c'est comme les puits : il y a bien de l'ombre dedans; on ne voit pas tout. »

---

**A expliquer** : Le ronflement des cylindres et les coups de sifflet... *tenaient à distance* les moineaux, les rouges-gorges, les roitelets, toute la troupe *stupéfaite* des habitués du grenier et du poulailler de la Genivière. — La jalousie *éclate vite* et *piaille sitôt née*. — Les tiges de froment font le cercle, les épis tournés vers le centre, et, sur chacun de ces *soleils de paille,* de ces *lunes* et de ces *étoiles*. — Toute pointe de tige n'est plus qu'un *petit escalier de bois,* une *spirale de niches vides*.

**Questions et exercices** : 1. Montrez en quoi le père Fruytier est un homme juste. — 2. Montrez en quoi les Fruytier, — le père, la mère, les enfants, — sont charitables.

# IX



L'année continua d'être sèche : après des mois de
printemps sans giboulées et sans orages même, août,
septembre passèrent, et pas une goutte de pluie ne vint
rafraîchir la terre. De quelque côté que le vent souf-
flât, et vînt-il de l'ouest ou du sud-ouest, qu'en plus
d'un pays de France on appelle galerne, aucun nuage
ne levait ses tours à l'horizon. A peine quelques flocons
de vapeur, pas plus gros que le bonnet de Jeanne,
essayaient-ils de traverser l'espace au-dessus de la Genivière. Ils arrivaient, montaient mollement, tout ronds,
tout blancs, criblés de lumière, et fondaient dans l'azur.
Le regain ne poussait point dans les prairies ; les feuilles
pendaient le long des rameaux, ou devenaient jaunes
avant l'heure ; les mares tarissaient, l'eau diminuait
dans les puits et, pour abreuver leurs bêtes, chevaux,
vaches, brebis, bien des fermiers devaient aller, deux

fois le jour, remplir un gros tonneau dans l'étang de
Marinval, lui-même presque desséché et qu'enveloppait
la puanteur des joncs pourris. A la Genivière, heureusement, il y avait un bon puits et même encore une
mare au milieu de la douve. La dernière poule d'eau du
pays s'y baignait au crépuscule.

Bien des fois le père s'était plaint de ce rude été.

« Je ne peux semer du blé dans une terre aussi dure,
disait-il, et nous voici au commencement d'octobre !
Tout le fourrage vert a péri, et la moitié de mes betteraves, et mon champ de maïs ; les choux, si je les
pique, ne prendront pas racine. C'est la misère à peu
près certaine, pour les bêtes et pour nous.

— Il faudrait prier, répondit la mère. Dieu veut
qu'on demande.

— Je ne m'y oppose point, ma femme.

— Il a dans la main toute la mer pour arroser notre
ferme.

— Je le sais bien.

— Et celles de nos voisins par-dessus le marché.

— Ils sont malheureux comme nous. Pauvres gens !
Quand je les vois charroyer l'eau dans des futailles à
vin, je n'ose leur dire bonjour : ces vendanges-là me
feraient pleurer ! »

Le père regarda les quatre petits qui étaient à table
devant lui, et qui avaient des figures tristes, parce qu'il
parlait de sa misère et de celle des fermes.

Le lendemain, il se leva de grand matin, fit lever ses
fils et, avec cet air grave qu'il avait quand il parlait des
moissons en souffrance, il dit :

« Pierre, et toi, Vincent, vous êtes bien jeunes ; mais
il faut bien que vous m'aidiez dans les jours de misère.

« — Oh! oui, papa.

— Je vous donnerai la Blanche, et vous conduirez le rouleau.

— Le gros en bois?

— Oui.

— Qui a un gros ventre et deux bouts pointus?

— Je n'en ai pas d'autre.

— Chouette, alors! fit Pierre. Moi, je tiens la jument.

— Moi, dit Vincent, je jetterai des pierres aux bergeronnettes, s'il en vient. »

Tous trois, ayant mangé la soupe, ils gagnèrent le grand champ de chez Chupé, où le père avait décidé de faire les premiers labours. Ils y trouvèrent Maximin, dans le coin du nord, près de la charrue, à laquelle était attelé Noireau, le cheval jeune de Nicolas Fruytier. Tout près, attelée aussi, la Blanche, la vieille Blanche attendait l'heure de tirer le rouleau, qu'elle avait amené là, sur l'herbe, au bord de la haie. La vieille bête baissait la tête, fermait à demi les yeux, tâchant de prendre un à-compte de sommeil; elle avait compris que les premiers : « Hue! dia! » ne seraient pas pour elle.

En effet, le père et l'aîné, l'un tenant la charrue et l'autre excitant Noireau, partirent les premiers à l'attaque de la terre. Celle-ci résistait, durcie par tant de soleil qui l'avait foulée. Pourtant le bon Noireau, tous ses muscles tendus et les naseaux tout rouges, tirait si fort, que le soc pénétrait sous cette écorce sèche, la soulevait, et que l'épaule du versoir la couchait en grosses mottes, d'où s'élevait une fumée de poussière.

Les petits gars, à côté de la Blanche, regardaient l'attelage aller et venir dans cette brume. Et quand le père arrivait près d'eux, toujours grave et attentif, avant de tourner avec la charrue et d'entamer la terre pour le sillon nouveau, il hochait la tête deux ou trois fois, sans parler, vers les futurs laboureurs, ses enfants, en signe d'amitié. Eux, ils voyaient bien que sa figure était rouge et en sueur. Car le soleil chauffait dur à présent. Jeanne était venue les retrouver : assise sur le bout du rouleau, elle répondait, baissant la tête en mesure, à chacun des signes du père, et l'on devinait qu'elle avait le cœur apitoyé. C'était déjà une petite femme.

Quand il eut fait une douzaine de sillons, le père arrêta Noireau qui soufflait, lui aussi, et vint vers les enfants demeurés au coin de la pièce.

« Hop! les petits, à l'ouvrage! Toi, Pierre, tu conduiras la jument par la bride, et toi, Vincent, si elle est paresseuse, tu la réveilleras d'un coup de fouet; mais n'en faut pas trop, des coups de fouet! »

Il mit la Blanche lui-même au commencement du premier sillon et commanda :

« Hue! la vieille bête et les petits garçons! »

Le gros rouleau de bois commença d'écraser les mottes, et la poussière de s'élever en arrière. Voyant cela, Vincent se mit à crier :

« Moi aussi, je fais mon nuage! »

— Tais-toi dans le travail! » répondit son frère.

Pierre et Vincent marchaient en trébuchant sur le sol défoncé. Une fois même le premier, qui tenait la bride, roula tout de son long, et le cadet, accouru au secours, arrêta la jument :

« Oh! oh! la Blanche! oh! »

La brave bête tourna la tête du côté gauche pour se renseigner. Et quand ses gros yeux bruns, entourés de cils blancs, gênés par les œillères et regardant de côté, eurent aperçu le petit gars étalé, elle poussa un hennissement comme pour dire :

« Voilà une bonne occasion de me reposer! »

Aussitôt elle baissa le cou, les naseaux touchant presque les mottes, et tous les muscles de ses jambes, que l'effort du travail gonflait encore et qui soulevaient la peau, se détendirent et se remirent en place. C'était une bête que la longue habitude de travailler avec les hommes avait un peu dégrossie.

Pierre s'était relevé; il battait de ses deux mains ouvertes le fond de son pantalon, puis les genoux tout blancs de poussière. Vincent l'aidait, tapant aussi aux mêmes places, et de bon cœur. Les bergeronnettes en prirent peur, et firent dans les airs, autour de l'attelage, trois ou quatre vols en festons, voulant sans doute encadrer de guirlandes ce coin de paysage.

On repartit après quelques minutes. La chaleur avait changé en pommes rouges les joues des deux garçons; la fatigue rendait muet même celui qui aimait tant à parler et chanter  Au bout des sillons, dans l'ombre courte de la haie, Jeanne s'était endormie.

Ainsi une grande heure passa. La matinée était dans sa pleine ardeur; les mouches et moucherons dansaient en tourbillon autour des hommes et des bêtes en sueur et sonnaient la charge contre eux. D'un geste, comme la charrue arrivait à l'extrémité du champ où Jeanne dormait, le père arrêta ses deux fils et la Blanche. Il ne dit pas une seule parole d'abord; mais, tremblant de lassitude, laissant Noireau avec Maximin à l'ombre étoilée d'un cormier, il vint vers l'enfant endormie. Les deux petits gars s'étaient placés, fiers d'avoir eu tant de mal, à sa droite et à sa gauche. Lui, il caressa la tête de onze ans, puis celle de dix ans, et boutonna sa chemise qui était trempée de sueur.

A côté de Jeanne, ils s'assirent tous les trois sur l'herbe, le père et les deux fils.

« Je n'en peux plus, mes gars, » dit Nicolas Fruytier.

Au son de la voix, Jeanne s'éveilla, et elle sourit en se redressant. Mais aussitôt après elle s'écria, changeant de visage :

« Oh ! papa qui est triste ! »

Les petits, tous les trois ensemble, regardèrent celui qui n'était jamais triste, même quand une vache mourait, même quand les moutons se vendaient mal au marché. Il essuyait la sueur de son front avec son coude poilu.

« Je n'en peux plus, mes enfants, et Noireau **est** comme moi : il n'a jamais vu la terre si dure ! »

Il ajouta, montrant du bras la terre labourée par lui et roulée par les enfants :

« Si je sème là-dedans, rien ne poussera.

— Dommage de perdre du bon grain, dit gravement le petit Pierre, qui avait le cœur tout rural.

— Oui, nous serons ruinés, si ça ne change pas. »

Les enfants ne surent que répondre. Pierre et Vincent, ayant un peu baissé la tête, comme si on leur avait demandé de réciter une leçon qu'ils ne savaient pas, demeurèrent d'abord immobiles et tout muets. Puis, ayant remarqué que des fourmis couraient sur le sol, Vincent prit un brin de chaume et s'amusa à les faire monter au mât de cocagne. Pierre, d'abord, lui fit signe de ne pas continuer, car il ne convenait pas de s'amuser quand le père était malheureux. Puis il se mit à rire silencieusement, à cause du mauvais tour que Vincent jouait aux fourmis, tournant le brin de paille au moment où elles arrivaient au sommet, et les obligeant à recommencer l'ascension. Il finit même par prendre tant d'intérêt au jeu, qu'il saisit un tuyau de chaume, lui aussi, pour faire grimper les fourmis, les fourmis savantes, comme ils disaient tout bas.

Jeanne s'était levée pendant ce temps ; elle s'approcha de son père et, de sa main terreuse et douce quand même, elle caressa les joues du maître de la Genivière menacée.

Lui, cependant, il ne souriait pas, et ne serrait pas l'enfant dans ses bras, comme il le faisait si volontiers d'habitude. Mais, les yeux errant sur l'étendue à moitié défrichée et à moitié jachère encore, sur laquelle l'air ardent tremblait et tressautait depuis la pointe des mottes jusqu'à la cime des arbres lointains, il secouait la tête, comme s'il répétait : « Nous sommes ruinés, si ça ne change pas ! »

Alors Jeanne, le cœur gros, joignit ses mains habituées à ce geste béni, et dit à demi-voix, les yeux levés, ses yeux clairs :

« Mon Dieu, donnez-nous de la pluie, pour que papa ne soit plus triste ! »

Elle chercha dans son esprit s'il y avait quelque chose à dire encore. Elle ne trouva pas : seulement deux grosses larmes coulèrent de ses paupières, et elle se détourna, mécontente de voir jouer ses frères pendant qu'il y avait de la peine à côté d'eux.

Le fermier, ses fils et Jeanne rentrèrent à la maison bien avant midi. Nicolas Fruytier ne parla point durant le dîner, et, aussitôt après, il alla s'étendre et dormir dans la grange.

De même, le soir, quand il revint de son champ, il resta silencieux et ne mangea presque pas. Chacun, dans la maisonnée, gagna tristement son lit. La chaleur était lourde, presque autant qu'à midi.

Les parents, cette nuit-là, ne dormirent guère. Ils s'éveillaient, ou l'un, ou l'autre, écoutant si le vent se levait, croyant, par moments, que des gouttes de pluie avaient frappé les tuiles du toit. Mais ce n'était qu'une illusion.

Cependant, un peu après quatre heures du matin, l'orage commença de gronder au loin.

« S'il pouvait venir ! » dit maître Fruytier, qui passa son pantalon et alla ouvrir la porte.

Un souffle de vent entra dans la pièce, et fit claquer les rideaux du lit : il avait le goût de la poussière. Des éclairs coupèrent en deux ou trois morceaux des nuages noirs au-dessus de la grange ; mais la nuit devait les recoudre, car, à la lueur d'un quartier de lune, ils paraissaient, aussitôt après, comme une tenture de deuil, avec une frange d'argent vers le haut. Les crapauds chantaient dans l'étang.

« Femme, dit Fruytier, nous sommes sauvés : l'orage vient pour de bon.

— Si ça se pouvait !

— Je suis sûr de la pluie. Elle envoie la poussière en avant : je ferai mes semailles dans la fraîcheur ! »

La pluie commença presque aussitôt à tomber, d'abord à grains écartés et lourds, puis à grand déluge et grande presse, et l'on sentait passer les gerbes d'eau et de vent qui cognaient sur les tuiles de la ferme et les faisaient sonner. Le bruit de la pluie, du vent et du tonnerre devint si fort, que les quatre enfants s'éveillèrent. Le jour naissait. Ils vinrent, l'un après l'autre, en chemise, dans la salle, à moitié par peur, à moitié pour dire leur joie d'entendre enfin la pluie tomber

« Il pleut! disait Pierre. Entendez-vous, papa, maman, il pleut!

— Et une rude pluie, reprenait Vincent; la terre sera trempée. »

Ils écoutèrent, ravis, la pluie «s'établir», comme disait maître Fruytier, devenir lente, régulière et meilleure pour les champs.

Le grand Maximin, regardant alors Jeanne encore tremblante et appuyée au lit, près de la mère, dit de sa voix attendrie :

« Oui, il pleut, nous ne serons pas ruinés. Mais c'est les larmes de Jeanne qui ont commencé : le bon Dieu les attendait pour avoir pitié de nous. »

**A expliquer :** Aucun nuage ne *levait ses tours* au-dessus de l'horizon. — Les petits gars... regardaient l'attelage aller et venir, *comme dans une brume.* — Les mouches et moucherons dansaient en tourbillons autour des hommes et des bêtes en sueur et *sonnaient la charge contre eux.* — Les deux petits gars, ... *fiers d'avoir eu tant de mal.* — *L'air ardent tremblait et tressautait.* depuis la pointe des mottes jusqu'à la cime des arbres lointains. — Des éclairs *coupèrent ... des nuages noirs.*

**Questions et exercices :** 1. Que pensez-vous des petits garçons qui jouaient avec des fourmis pendant que leur père était triste? — 2. Cherchez dans ce récit tous les détails qui montrent que la petite Jeanne avait bon cœur.

# X

## MONSIEUR CHAVAGNE

Le lendemain, qui était un jeudi, — jour où l'on cuisait le pain à la Genivière, — maîtresse Fruytier surveillait le four. Toute rouge de fatigue et de chaleur, elle s'était assise sur un tas de vieux sacs à blé, le long du mur et le plus loin possible de la gueule du four. Celle-ci était fermée par une plaque de tôle mi-circulaire et munie d'une poignée. L'odeur de la pâte levée, qui commençait à se dorer en dessus, emplissait la petite boulangerie, attenante à la chambre des garçons, et où tant d'autres femmes, avant la fermière d'aujourd'hui, avaient guetté la minute précise où le feu a rendu sain et parfait le pain de la famille, œuvre du père qui a tout semé, œuvre de Dieu qui a fait pousser et mûrir le froment, œuvre du père et du fils qui ont moissonné, œuvre du meunier qui a écrasé le grain, œuvre de la mère qui a pétri la farine, y a mêlé le levain et, dans la grotte de briques chauffées, a déposé une à une, sur la pelle de bois, les grosses mottes de six livres de pâte, puis, retirant la pelle, d'un coup sec les a placées en bel ordre entre les braises écartées et qui forment couronne.

En vérité, elle était si lasse, maîtresse Fruytier, qu'elle ne pensait à rien, si ce n'est à la peine qu'elle avait eue et à celle qu'elle aurait bientôt pour défourner le pain cuit. La porte était ouverte ; un pas d'homme sonna dans la cour. Maximin parut entre les deux linteaux de pierre de l'ouverture, écorchés et salis par le frottement des mains et des fagots d'épines.

Il arrivait des champs ; il savait qu'il trouverait la mère, à cette heure-là, dans la boulangerie, et d'abord il la regarda, avec le sourire d'une âme qui n'a rien à cacher. Marie Fruytier s'y reconnut toute, comme dans le miroir de sa chambre, et elle sourit également.

« Que me veux-tu, mon Maximin ? »

Il s'assit à côté d'elle.

« Maman, je voudrais suivre les cours du soir que fait M. Chavagne.

— Et tu viens me demander ça, à moi ? Je ne peux dire qu'une chose : demande-le à ton père ; ça lui appartient de commander. »

L'enfant était à l'âge où déjà les jugements du cœur ont de la fermeté. Il ne se troubla point. Il répondit :

« Si vous êtes seulement d'accord avec moi, je n'ai pas peur : il dira oui. »

Elle continua de sourire. Cependant, pour ne pas trop montrer qu'il avait raison, elle s'essuya le visage avec le bas de son tablier de travail, car la chaleur était grande, et le vent qui soufflait dehors n'avait plus la force d'entrer.

Marie Fruytier laissa retomber l'étoffe. Elle avait, comme son fils, un esprit vif et, à la moindre occasion, lancé vers l'avenir.

« Tu cherches, à ce que je vois, mon Maximin, à en savoir plus long que nous?

— Si je peux, maman.

— A devenir un jour le premier cultivateur de Marcheprime?

— Je ne dis pas non. Déjà, dans le pays, la Genivière a du renom. Le père connaît bien son métier.

— Oui, donc, et moi le mien. Tu feras peut-être mieux que nous. Ça sera notre joie. Je parlerai au père. A présent, laisse-moi défourner mon pain; à l'odeur je sens qu'il est cuit... »

Dans l'après-midi, Maximin, ayant fait un brin de toilette, se rendit au bourg de Trois-Epines pour rendre visite à l'instituteur.

Au moment où il allait quitter la Genivière :

« Emporte donc la galette que j'ai enveloppée dans du papier, dit la mère. Tu la donneras à M<sup>me</sup> Chavagne. C'est une bonne petite femme, et qui ne fait point d'embarras. »

Il portait donc un paquet tournillant au bout d'une ficelle, et qui sentait si bon, que trois pirons le suivirent à l'odeur, en ouvrant le bec, jusqu'au tournant du chemin.

Il prit d'abord le sentier à travers le jardin et la pièce des Terres-Noires, puis il sauta sur la route de Marcheprime à Trois-Epines. Après deux kilomètres, quand il entra dans le bourg, le bruit de ses talons frappant les pavés lui revint en échos de chacune des façades des maisons, et c'était vraiment le seul bruit humain qui s'élevât de ce lieu habité. Les bêtes elles-mêmes demeuraient silencieuses, les vaches dans les étables, les merles dans leurs cages, les coqs dans les basses-cours : il n'y avait de vie qu'un peu au-dessus de la rue, à cause des hirondelles, qui volent en rond avec de petits cris, et des gros bourdons, lancés tout droit, au contraire, et qui passaient, ronflants comme de petites automobiles, pour aller piller les dernières roses trémières du jardin de M. l'adjoint.

L'école des garçons, à Trois-Epines, est bâtie sur la place, au milieu du bourg et à gauche de la mairie. Maximin ouvrit la porte. Elle était vieille; elle était couleur de boue depuis le ras du sol jusqu'à cinquante centimètres au-dessus, par suite de la déplorable habitude qu'avaient prise les enfants, arrivant du dehors, le matin ou le soir, de pousser tout simplement, du bout de leurs sabots, les cinq planches assemblées qui fermaient le domaine de M. Chavagne. L'habitude de souffrir peut rendre injuste à la longue. Cette porte maltraitée avait pris le parti de grincer, elle se plaignait de tout le monde, des bons et des mauvais, toutes les fois qu'elle tournait sur son pivot. Elle grinça donc lorsque Maximin entra dans l'école, et l'instituteur fut averti. M. Chavagne travaillait dans le jardin, qui s'étendait au delà de la cour de récréation, et n'en était séparé que par un mur très bas.

« Ah! mon cher Maximin, que je suis content de vous voir! Qu'avez-vous donc à me demander? »

M. Chavagne n'avait guère plus d'une trentaine d'années; mais déjà l'expérience lui avait appris qu'un homme en place est plus souvent abordé pour les services qu'il peut rendre que pour ceux qu'il a déjà rendus. C'est pourquoi il disait au jeune homme comme à d'autres, du plus loin qu'il l'apercevait : « Qu'avez-vous à me demander? » Cependant, il n'ignorait pas que ce jeune fils de la Genivière était un garçon de beaucoup de cœur et capable de reconnaissance M. Cha-

vagne avait le goût du jardinage. Bêcher, planter, sarcler, tailler, le reposait d'avoir tant parlé ; il aimait
la solitude de cet arpent de terrain que bornaient, de
trois côtés, des murs moussus, avec leurs treilles de
chasselas, et, du quatrième, la cour poussiéreuse et les
bâtiments de l'école. Il entendait sonner tous les quarts
d'heure, dans la tour de l'église, et ce rappel de la fuite
du temps l'excitait à reprendre la pelle, la bêche ou le
sécateur, s'il s'était donné un moment de loisir ; parfois,
il voyait apparaître, à la fenêtre du premier étage,
M<sup>me</sup> Chavagne, qu'il avait épousée deux ans plus tôt,
ménagère blonde, aimable et toujours en mouvement.
Elle demandait, par-dessus les poiriers : « Ça va-t-il,
Julien ? — Mais oui, et toi ? — Parfaitement ! » Que
faut-il de plus ? N'est-ce pas la réponse attendue, quand
les navires se rencontrent sur la mer : « Tout va bien
à bord. » Ces mots-là, répétés, font les belles traversées.

M. Chavagne était une homme heureux que les
fermes, juges difficiles, aimaient pour l'application qu'il
mettait à bien instruire les trente gamins de l'école,
pour la sûreté de son caractère, pour le sens commun
dont témoignait sa conversation, et pour le sentiment
d'honneur qui l'animait, si, par hasard, quelqu'un osait,
devant lui, dire du mal de la France.

Au moment où Maximin Fruytier traversait la cour
et se dirigeait vers lui, M. Chavagne, nu tête, en gilet
de tricot et les pieds chaussés de sabots, liait, avec
des brins de raphia, des touffes de céleri, dont il protégerait ensuite toute la partie basse en élevant à droite et
à gauche deux talus de sable fin. Il se redressa pour
accueillir son ancien élève, et dans ses yeux, et sous
la moustache qu'il portait courte et taillée en brosse, un

sourire parut où il y avait du cœur, où il y avait de
l'esprit. La figure large de l'instituteur en fut illuminée.
Il s'avança au-devant de Maximin. Un gros écheveau de
raphia sortait, à gauche, de la poche de son pantalon, et
pliait au mouvement
de la marche.

« Qu'avez-vous
de nouveau ? reprit
M. Chavagne en ser-
rant la main du jeune
homme. Vous gran-
dissez tous les jours.
En vérité, nous sommes
presque de même taille
à présent.

— Oh ! peu de chose,
répondit l'autre, un
peu intimidé en ten-
dant son paquet. Je
voulais vous demander
de suivre vos cours du
soir, et vous donner
une galette que ma-
man envoie à M^me Chavagne.

— Vous autres de la Genivière, vous ne ressemblez à
personne !

— Et pourquoi donc ? demanda le jeune garçon, qui
se retira un peu.

— Ne vous écartez point... Je ne vous dis pas de sot-
tise, au contraire. . Vous êtes d'une bonne famille,
Maximin, et plus polie que tout le reste de la commune
ensemble. Vous avez le droit de suivre un cours du
soir, l'entrée est libre pour mes anciens élèves : et cepen-

dant vous voulez obtenir ma permission, vous me faites visite, et votre mère envoie à ma femme un petit souvenir d'amitié. C'est tout à fait bien, et rare, croyez-m'en...

— On est anciens, » répondit vivement le jeune homme.

Aussitôt, d'avoir ainsi jugé sa famille et exprimé une fierté secrète, il rougit. M. Chavagne le remarqua :

« Ne rougissez pas, dit-il. L'or aussi est ancien, et la France n'est pas d'hier. Venez causer avec moi. Prenons l'allée des secrets. »

Côte à côte, au milieu du jardin, ils se mirent donc à marcher dans une allée maigre de sable, abondamment pourvue d'herbe et de séneçon, qui formait promenoir entre deux rangs de poiriers. Ils causèrent des années d'école, de la culture, des méthodes nouvelles qu'on pourrait essayer, et des leçons d'histoire et de géographie dont l'ancien élève gardait le souvenir.

L'aîné de la Genivière avait retrouvé toute sa liberté. Bien accueilli, soutenu par une sympathie vraie, il laissait voir, mieux encore que dans sa famille, un esprit curieux et ordonné et un cœur tout noble. M. Chavagne admirait, dans son élève d'hier, ce commencement de sagesse et cet élan d'une jeunesse intacte. Il marquait son contentement par de petites exclamations, qu'on eût pu entendre du jardin voisin :

« Bien !... Très bien !... Jolie idée !... Vous serez un brave homme, Maximin, et un brave tout court... Tâchez de suivre mes leçons du soir aussi régulièrement que la terre vous le permettra... »

Il accompagna son visiteur jusqu'à la porte de l'école.

« J'aurai plaisir à vous revoir parmi mes auditeurs... Nous autres, et tous ceux qui enseignent, nous avons part dans le mérite de nos élèves. Préparer un homme à être un bon serviteur du pays : c'est servir avec lui.

— Au revoir donc, monsieur Chavagne !
— Au revoir ! »

.  .  .  .  .  .  .  .  .  .  .  .  .  .  .  .  .

Rentré chez lui, Maximin se hâta de reprendre ses habits de travail, et, tandis qu'il se dévêtait dans sa chambre, il racontait à sa mère, assise et tricotant dans la salle à côté, la visite qu'il venait de faire à M. Chavagne.

« Maman, je vous assure, je n'invente pas : il a dit que la famille n'avait pas sa pareille à Trois-Epines...

— Il est trop honnête, vraiment. L'as-tu au moins remercié ?

— Comme de juste.

— Mais il ne faut pas prendre les compliments pour du catéchisme, mon grand !

— Je sais bien.

— Il y a du bon monde dans la paroisse, et plus qu'on ne croit, et qui nous vaut. La vérité, c'est qu'il n'y a pas plus heureux que nous. »

La petite Jeanne n'était jamais loin de sa mère. Elle jouait à la poupée près de la porte, à l'endroit où l'ombre de la treille fait des mailles sur le seuil. Entendant les derniers mots, elle y trouva un je ne sais quoi dont elle fut émue, et, pour montrer qu'elle était en effet une petite fille heureuse, elle vint se faire caresser, la poupée sur le bras.

« Pourtant, dit-elle, en mettant sa tête sur l'épaule de Marie Fruytier, on a des malheureux coups, maman ! Papa a dit que c'en était un grand, la semaine dernière, quand la vache Caillette a péri.

— Sans doute, mais pas assez pour tuer le bonheur.

— Et si le chien mourait ?

— Ce serait pareil.

« — Et si moi je mourais?

— Je te verrais en paradis.

— Mais votre bonheur, tout de même, il serait perdu? »

La mère eut un saisissement. Elle serra contre sa poitrine la tête blonde, puis l'écarta :

« Va t'amuser, ma petite Jeanne, va dehors... Ne dis pas ces choses-là. »

Marie Fruytier se remit à tricoter. Maximin partit pour les champs. De temps à autre, quand elle avait beaucoup agité ses aiguilles et fait beaucoup de points, elle soupirait. Puis elle levait les yeux vers l'ouverture de la porte. Jeanne était là, occupée d'inventer des jeux où l'on est seul, assise dans un fauteuil de bébé, le corps penché, berçant un paquet de guenilles. Et quand elle avait contemplé un moment cette future petite mère, la mère d'à présent souriait, et, sur son visage, on voyait de nouveau son âme heureuse.

Chaque semaine, depuis lors, Maximin Fruytier vint à Trois-Épines, pour assister aux cours du soir que faisait l'instituteur son ami. Il repassait de la sorte bien des leçons à moitié oubliées, en apprenait de nouvelles; mais il se gardait de raconter, le lendemain, que M. Chavagne avait étudié le règne d'Henri IV ou les colonies françaises d'Afrique. La Genivière ne lui eût pas donné la réplique. Quelquefois cependant, il se trahissait, employait des mots qui, sans doute, n'avaient jamais sonné entre les murs de la ferme. Un matin de décembre et au lendemain d'un jour tiède encore, la maison s'éveilla dans le brouillard glacé. Les trois garçons, qui s'habillaient dans leur chambre, frappèrent à la porte de droite et, ayant entendu la voix claire de Madame Marie qui répondait : « Entrez, » pénétrèrent tous ensemble dans

la grande salle où couchaient les parents. Le père n'était
déjà plus là. La mère allumait le feu.

« Oh! maman, faites un grand feu, dit Vincent : je
gèle!

— Donnez-moi mes gros bas de laine! » demanda
Pierre.

Maximin, liseur de livres, ajouta, pour faire rire ses
frères :

« En effet, le froid reprend son empire. »

Maîtresse Fruytier se détourna, aussi vivement que
s'il lui eût manqué de respect :

« Comment dis-tu? »

Le grand blondin ne répéta point.

« Te voilà encore qui ne parles plus comme nous
autres! Où as-tu pris ces mots-là?

— Dans Lamartine. »

Elle comprit, à la mine, à la voix, que son fils n'avait
pas eu l'intention de se moquer.

« La Martine, dit-elle, en levant les épaules, il y avait
dans ma jeunesse une fille de ce nom-là : mais tu ne l'as
pas connue. C'est encore M. Chavagne qui t'a appris cela?

— Mais oui.

— Alors il n'y a rien à dire : il est là pour ton bien,
et j'ai confiance en lui. »

Elle n'était ni contente ni fâchée, elle était comme
les jeunes mères qui considèrent le visage d'un nouveau-
né, et qui disent : « A qui ressemble-t-il? Je ne recon-
nais ni le père ni moi. »

Maximin était, d'ailleurs, considéré dans le pays
comme « un homme de dessus les champs », destiné à
la vie rurale. Ce grand blond, élancé et solide, excellait
à la course, à lancer la boule dans les concours de
Trois-Epines, à monter à la pointe des arbres pour gau-

ler les châtaignes ou dénicher les pies ; ses yeux bleus avaient le regard du chef, le regard assuré et candide, annonciateur d'une âme où la peur ne loge pas ; les habitants parlaient de lui avec confiance, et disaient : « La Genivière, un jour, aura un fameux chef. »

**A expliquer :** Il la regarda *avec le sourire d'une âme qui n'a rien à cacher.* — *L'habitude de souffrir peut rendre injuste à la longue.* — *« Tout va bien à bord. » Ces mots-là, répétés, font les belles traversées* (sens propre, sens figuré). — *soutenu par une sympathie vraie.* — Tâchez de suivre mes leçons du soir *aussi régulièrement que la terre vous le permettra.*

**Questions et exercices :** 1. Pourquoi Sébastien adresse-t-il sa demande à sa mère, et pourquoi celle-ci le renvoie-t-elle à son père ? — 2. On dit dans ce récit que « *M. Chavagne... avait appris qu'un homme en place est plus souvent abordé pour les services qu'il peut rendre que pour ceux qu'il a déjà rendus* ». Est-ce vrai ? Qu'est-ce que cela prouve ? — A qui devez-vous de la reconnaissance ? — 3. « *On est anciens,* dit avec fierté le fils des Fruytier. — *L'or aussi est ancien, et la France n'est pas d'hier,* » répond l'instituteur. Pourquoi le fils Fruytier est-il fier d'être *ancien ?* — Quel rapport voyez-vous entre la famille Fruytier, l'or et la France ? — 4. Pourquoi la mère est-elle inquiète en entendant que son fils ne parle plus comme elle ? — 5. A-t-elle confiance en M. Chavagne ? Montrez-le.

# XI

## LES OIES SAUVAGES

Même si la douceur des jours se prolonge et lentement s'épuise, même si nous ne sentons pas encore le
passage de l'été à l'automne, les feuilles et les oiseaux
nous avertissent qu'il est venu.

Un soir de la fin d'octobre, les quatre enfants, avec
leur père, étaient allés couper du regain dans un pré
bas. Pour mieux dire, Vincent et Jeanne avaient regardé,
une heure durant, le père, Maximin et Pierre travailler.
Ah! qu'ils travaillaient bien, ces aînés de la ferme!
A côté du père, Maximin, aussi grand que lui, donnait de longs coups de faux dans l'épaisse toison courte
que les premières pluies et la tiédeur des après-midi
d'arrière-saison avaient fait se lever dans la prairie. Le
père fauchait d'un geste plus serré et plus lent; mais
son corps, balancé en mesure, était animé d'un mouvement si précis et si régulier, qu'on aurait pu le com-
parer à celui d'une machine bien montée. On sentait
que l'habitude le guidait et que l'effort, moins rude que
celui du jeune homme, aurait pu durer bien des heures.

Avec la lame d'acier glissant dans l'herbe, le fermier suivait les moindres pentes du terrain. Il élevait ou abaissait la pointe, imperceptiblement, pour que partout les touffes d'herbe fussent coupées à la même hauteur ; jamais l'instrument ne butait contre une pierre ou une taupinière, tant cette main, qu'on eût pu croire lourde et malhabile, parce qu'elle était épaisse et crevassée, avait de légèreté, au contraire, et d'adresse. Pierre râtelait le regain coupé ; il le rassemblait en tas, promenant dix fois de suite le rateau sur la même place, afin de ne pas perdre un brin de fourrage, et, aidé quelque peu par Jeanne et par Vincent, chargeait la récolte dans un tombereau. Entre les brancards du chariot, le cheval dormait, et on eût pu le prendre pour une statue de pierre, si parfois la peau du ventre ne s'était plissée et si la queue n'avait balayé le poil.

Le soleil venait de se cacher derrière les haies, du côté de Marcheprime ; la fauchaison était finie ; Maximin avait déjà la faux sur l'épaule gauche, Pierre se baissait pour ramasser une dernière poignée d'herbe échappée au rateau, quand le père fit signe :

« Ne bougez pas ! Écoutez ! »

Ils écoutèrent tous, et entendirent, du côté du sud, un grand bruissement d'ailes et le papotage de forts oiseaux qui grasseyaient : « Crouâ, crouâ, crouâ. » Presque aussitôt, passant au-dessus du rideau de peupliers de la rivière, une troupe d'oies sauvages traversa le ciel de la prairie. Elles volaient serrées l'une contre l'autre, juste à la distance qu'il fallait à chacune pour étendre ses grandes rames de plumes, et leur bande formait un dessin très net, un arc, étroit d'abord, et qui s'élargissait en arrière, comme la gueule fermée d'un poisson. Toutes ces bêtes à l'essor, le cou tendu, grises, excepté sur la tranche que blanchissait encore la lumière du soleil, avançaient avec une vitesse telle, qu'en deux secondes elles furent rendues au bout du pré, en trois secondes au bout des champs de la ferme, et qu'on ne distingua bientôt plus qu'un petit nuage plat filant au-dessus des ruches de la Genivière, au-dessus du jardin, de la maison et des grands noyers, vers la forêt où il y avait des étangs. Mais le père avait eu le temps de montrer aux enfants le manège des éclaireurs de la troupe. Lorsque ces perce-vent, ces oies de tête qui font le dur métier d'ouvrir aux autres la route de l'air, se sentent épuisés, ils se laissent tomber d'un mètre environ au-dessous de la troupe en voyage, et vont se placer à l'arrière, dans le sillage. Pour récompense, ils ont chance de recevoir au passage quelque fiente sur le dos. Mais la forme du groupe n'est pas changée, de nouveaux volontaires comblent les vides, et réparent la ligne de vol.

Maximin est émerveillé :

« Comme ça voyage ! dit-il.

— Des feignants ! » répond Pierre.

Nicolas Fruytier a protesté tout de suite :

« Mais non, ce ne sont pas des feignants, les oiseaux ! Ça travaille douze heures de suite. »

Jeanne, que ses frères appellent maintenant Peupliette, parce qu'elle commence à s'effiler et qu'elle se tient très droite, demande, voyant que les oies ont disparu :

« Où vont-elles, papa ?

— Gagner leur vie.

— Comme nous ?

— Un peu.

— Elles s'arrêteront?

— Quand elles auront trouvé l'eau et l'herbe qui leur conviennent.

— Quelle eau? Quelle herbe?

— Nous ne savons guère.

— Jamais de confitures?

— Si, des boutons d'or et des pousses de roseaux, ma Peupliette. »

Le père, après un moment, dit encore, les petits ayant toujours la tête levée :

« Faites comme les oiseaux, qui ne se quittent pas, et qui s'entr'aident. »

**A expliquer :** Du *regain*. — *le papotage* de forts oiseaux. — toutes les bêtes à *l'essor*. — le *manège* des éclaireurs de la troupe. — ces *percevent*.

**Questions et exercices :** 1. Quelles sont, d'après ce texte, les qualités d'un bon faucheur d'herbe? — 2. Quelles leçons nous donnent ici les oies sauvages?

# XII



Quand une maison est connue pour être charitable, les clients ne lui font pas défaut. Ceux de la Genivière venaient par le chemin qui tourne et s'en allaient de même. C'était, en général, tout ce qu'on savait d'eux. Leur nom? Leur âge? Leur métier, s'ils en avaient un? Nul ne s'enquérait de ces choses. Mais la gardienne, la mère, apparaissait quand le visiteur, ayant frappé du doigt le bois de la porte, disait « Y a-t-il du monde? » Elle ouvrait à moitié, elle répondait : « Attendez un petit peu; j'ai les mains sales, je ne peux pas toucher le pain; » ou encore : « Patientez, que j'aille voir ce qui reste dans ma huche. » Le plus souvent, elle passait dans une petite pièce voisine, l'arrière-cuisine, où il y avait une fontaine et un torchon souvent renouvelé. Car elle tenait, de ses aïeules et de son cœur, une sorte de respect pour le pain, provision de vie, où demeure enfermé tant de travail de l'homme et tant de travail de Dieu. Puis, ayant soulevé le couvercle de la huche, elle

tirait du meuble un pain de douze livres, toujours enveloppé d'une serviette, l'appuyait contre sa poitrine, et
coupait une tranche épaisse et longue, qu'elle tendait au
mendiant :

« On n'est pas bien riche, disait-elle; mais c'est de
bon cœur! »

Seulement quand elle avait donné l'aumône, elle
regardait la figure du quêteur. Celui-ci ne remerciait
pas toujours. Il demandait parfois :

« Vous n'auriez pas du fricot avec le pain? »

Alors elle revenait à la huche, et prenait une tranche
de lard, ou une cuillerée de graisse blanche, ou un
rillaud coiffé de sa couenne rousse, qu'elle ajoutait à sa
première aumône. Si l'homme avait une physionomie
paisible, une douceur dans les yeux, s'il remerciait
Marie Fruytier de sa générosité, lui disant, par exemple :
« Vous êtes bien honnête, madame, » elle répliquait
d'habitude : « Priez pour moi. » Admirable ménagère! Comme elle est bien de la tendre France, qui
grogne un peu d'avoir tant à faire, mais qui fait quand
même sa journée et le mieux du monde! Songez au
grand tracas que lui causaient les mendiants.

Levée avant le soleil, Marie Fruytier devait s'occuper
tout de suite et jusqu'au soir du bien de chacun, y compris celui des bêtes. Faire les lits des enfants et le sien;
allumer le feu dans la grande salle et pendre la marmite à la crémaillère; éplucher les légumes, tailler le
pain pour la soupe du matin, laver les assiettes;
« balayer la place; » chasser les araignées qui bâtissent
leur toile en un quart de jour aux angles des murailles;
boucher les trous des souris; puiser de l'eau à la pompe,
qui est bien à trente mètres de la maison; prendre les
vases de fer-blanc et l'escabeau à trois pieds, et s'en

aller dans l'étable traire les vaches, puis revenir dans
la laiterie et passer le lait à l'écrémeuse pour faire le
beurre ; appeler la volaille éparpillée dans la cour, et
dans l'aire, et dans le chemin, pour lui jeter la première
ration du menu grain qu'il a fallu prendre dans le grenier, là-haut, et rapporter dans un large paillon ; faire
le tour du jardin, où il y a de l'herbe haute en toute
saison, à cause du voisinage d'une source, et distribuer
la pâture aux lapins, qui remercient du bout de leur
nez mobile ; reprendre, sur la table de la chambre des
petits, tout un paquet de bas, de culottes, de chemises
qui ont des trous, et s'asseoir près de la fenêtre pour
continuer le ravaudage ou la couture ; se lever bientôt pour
aller chercher la provision de haricots ou de pommes de
terre qui sera servie au dîner de midi ; se remettre à
cuisiner... En vérité, tout le jour se passait ainsi.

La fermière devait bien calculer et ne s'arrêter
jamais, pour faire tenir tant de choses dans les heures
d'une journée. Lorsqu'elle apercevait donc un de ces
coureurs de routes qui allait l'obliger à interrompre
son travail, elle sentait l'impatience la gagner. Mais
vite elle la réprimait, et rien, dans ses paroles, son
visage ou son geste, ne laissait deviner la victoire sur
elle-même. Le soir seulement, et surtout dans la saison d'été, où la longueur du jour allonge pour chacun
la durée du travail, elle s'asseyait, en attendant les
hommes, encore penchés parmi les foins ou les froments coupés ; elle laissait tomber ses bras le long de
son corps, et soupirait :

« Chère misère de la vie, que je suis donc lassée ! »

Par là elle entendait, — n'avait-elle pas raison ? —
que la vie est lourde parfois, mais que nous l'aimons
quand même.

C'étaient de courtes défaillances. Au bout de la cour, le bruit d'une charrette et celui d'une voix d'homme s'élevait : « Hue hô!... Dia! dia!... Oh là!... » Un enfant accourait, sautait les trois marches du seuil, et criait : « Bonsoir, maman chérie! » Elle était déjà levée; tout le courage était revenu. Elle embrassait Maximin, Pierre ou Vincent, et bientôt la petite Jeanne, moins rapide à la course, et qui tendait ses mains pour que sa mère la soulevât.

Nicolas Fruytier n'aimait guère que sa femme lui annonçât : « J'ai fait entrer un mendiant dans la grange pour la nuit. » C'était là une des charités habituelles dans nos fermes françaises, au temps où les moyens de voyager étaient moins nombreux, les voyageurs aussi. A la Genivière, l'usage n'avait pas été abandonné, grâce au tendre cœur de la mère Fruytier. Son mari avait beau dire : « Tu verras qu'un de ces gens-là, un jour, fera un mauvais coup! » elle répondait : « Laisse-moi recevoir encore celui-ci, qui a des souliers tout percés; nous ne pouvons pas le renvoyer, par la nuit et par la pluie qu'il fait! » Et l'homme accordait la permission.

Cependant, vers la fin de l'année et à l'heure où les hommes ne se trouvaient pas à la maison, il vint à la Genivière un grand gars efflanqué, beau parleur, beau flâneur et d'humeur mécontente. Après avoir mangé le pain que lui donna maîtresse Fruytier, bu un verre de vin dont il ne remercia point :

« La patronne, dit-il, vous êtes riches?

— En vérité, non, tout le monde travaille chez nous, voilà tout!

— Moi, je suis en chômage; il faut que **vous** me logiez.

— Pour une nuit, je le veux bien ; pour deux, cela ne se peut. »

Il se mit alors à injurier les paysans et à menacer Marie Fruytier, si bien qu'elle aurait eu grand'peur, si l'heure n'avait été proche où le harnais rentrait avec le chef.

Le coureur de chemins passa la nuit dans la grange, couché parmi le foin ; mais le jour n'avait pas commencé encore de se couler dans le ciel, et les étoiles étaient brillantes comme à minuit, lorsque le père, tout à coup réveillé par une grande lueur, cria :

« Le feu chez nous ! »

L'un après l'autre, pieds nus dans leurs sabots, boutonnant leurs pantalons ou les manches de leurs chemises,

le père et les trois fils accoururent, et il s'éleva des clameurs dans la nuit finissante. L'air, depuis des heures
déshabitué du bruit, portait les appels aux voisins. Les
fermes s'éveillaient, des hommes sortaient des chambres,
et, apercevant par-dessus les arbres le rose qui domine
le feu, et que traversent des colonnes de fumée noire,
ils secouaient les dormeurs de chez eux : « Les Fruytier
brûlent. Allons à leur secours ! » En moins d'une demi-
heure, il y eut bien cent personnes rassemblées dans
l'aire, où brûlait la paille. L'eau, puisée dans la mare
avec des seaux d'écurie et des pots à lait, était amenée
par une longue chaîne de bras jusqu'auprès du foyer de
l'incendie, et Nicolas Fruytier la lançait dans les flammes
qui la buvaient, l'engloutissaient, la rejetaient en vapeur
blanche mêlée à la fumée. Des femmes travaillaient,
d'autres pleuraient. L'ardeur du feu, qui dévorait les
tiges mortes du blé, était si grande, que toutes les
souches de chênes et d'ormes limitant les champs voisins
apparaissaient, tirées de l'ombre, aussi jaunes qu'en
automne. Certes, les pauvres Fruytier ni les gens des
environs ne s'épargnaient ; mais que pouvaient-ils contre
une masse enflammée, où le vent s'enfonçait, creusait
des cheminées par où il s'élevait secrètement jusqu'au
faîte, et d'où il s'échappait, ardent, chargé de débris
rouges, que la vague d'air froid saisissait alors et incli-
nait vers l'ouest en panache de feu ?

Le second fils des Fruytier, à peine éveillé, avait
sauté sur sa bicyclette et couru au bourg, afin de donner l'alerte. Les pompiers vinrent, noyèrent les cendres
de la meule de paille, et vers neuf heures du matin seulement la ferme fut rendue à ceux qui l'aimaient, à la
paix habituelle, au travail qu'il fallait continuer.

Maître Fruytier avait assuré sa récolte. Mais il

dut racheter des fourrages à un prix fort élevé, et quelques jours après que la nouvelle meule fut dressée dans l'aire, à quelques pas de la place noircie où la paille de la Genivière avait brûlé, il dit à sa femme :

« Marie, c'est le mendiant qui a fait ce mauvais coup ; j'ai perdu l'argent de beaucoup de mes journées. On ne sait pas qui on reçoit, quand on ouvre sa grange au passant du chemin : tu renverras désormais ceux qui demanderont à loger chez nous, tu entends? »

Elle fit signe qu'elle entendait, mais ne promit rien. Et son mari comprit qu'elle ne voulait point s'engager, et qu'elle était charitable jusqu'à tout pardonner, car il ajouta :

« Si je reprends un de ces gueux-là dans ma grange, je te battrai d'abord, et lui après! »

Comme elle ne manquait pas de répartie, elle répondit :

« Tu lui donneras ainsi le temps de se sauver. »

Les semaines se passèrent, Fruytier oublia sa colère. Cependant, lorsqu'il sortait de l'écurie, après avoir donné l'avoine aux chevaux, il lui arriva plus d'une fois de tirer le verrou, long de deux pieds, qui fermait la porte de la grange, et de pencher la tête à l'intérieur de cette chambre à foin, pour s'assurer qu'un homme n'y dormait pas avec le trèfle, le sainfoin, la luzerne et l'herbe des prés bas.

Un jour qu'il n'avait pas fait ainsi sa ronde, car il pleuvait dru et il avait envie de se mettre à couvert, il se hâtait de regagner sa maison, courant, roulant sur ses fortes jambes. Il s'écartait un peu des murs, à cause des filets d'eau qui coulaient des tuiles, droits comme des cordes de violon, et qui chantaient chacun sa partie, haute, ou basse, ou moyenne, en touchant la pierraille du sol. Dans la salle où sa femme mettait le couvert, il entra brusquement.

« Quel temps à ne pas mettre un chien dehors! »

Marie Fruytier s'était reculée, sa pile d'assiettes serrée entre les bras.

'« Tu as peur de moi, Marie? »

Il s'attendait à la voir rire; mais elle était blanche de visage.

« Oui, dit-elle, parce que j'ai reçu un pauvre.

— Dans la maison?

— Non, dans la grange.

— Est-ce que je l'avais défendu, oui ou non?

— Tu l'avais défendu; mais il y a eu quelque chose de plus fort que toi.

— Par exemple!

— Et que moi : c'est le commandement qui nous dit d'avoir pitié les uns des autres.

— Est-ce qu'ils ont pitié, eux, Marie?

— Si tu l'avais vu, trempé; il a marché deux heures sous la pluie.

— Et moi, pendant deux heures, j'ai travaillé sous la pluie : c'est plus dur! Il va encore mettre le feu, celui-là! Je ne veux pas! »

Marie posa la pile d'assiettes sur une chaise, elle s'avança, et, mettant la main sur le bras de son mari, comme on fait aux enfants qui s'emportent, elle dit, les yeux graves, mais le cœur battant :

« Si tu le renvoies, tu me feras plus de peine que je ne puis le dire : cela n'est pas digne de toi. Déjà on dit dans le pays que les Fruytier repoussent les pauvres de Dieu, et j'en ai honte. Une famille comme nous, la plus ancienne d'ici!

— Donne-lui du pain, donne-lui du vin, Marie : mais qu'il s'en aille !

— Eh bien ! va ouvrir la porte, jette-le sur les routes : il sera mort demain matin, et ça sera ta faute ! »

L'homme allait sortir quand les enfants, qui ne se doutaient de rien, rentrèrent. Et comme ils sautaient autour de Nicolas Fruytier, afin de l'embrasser, ils dépensèrent ainsi le temps de la colère. Le père n'alla pas jusqu'à la grange pour chasser le pauvre.

Or, à quelque temps de là, le fermier de la Genivière s'en fut au marché du bourg de Trois-Épines. Longtemps avant la fin du jour, il rentra, la mine si épanouie, que maîtresse Fruytier, qui le guettait par la fenêtre, le voyant balancé dans la carriole neuve, bien assis, les genoux écartés, le corps penché un peu en arrière, les joues rosies par le vent, peut-être aussi par la vapeur d'un petit coup de vin qu'il avait bu, courut se placer sur le seuil, au moment où la voiture passait devant.

« Eh ! mais, Nicolas, tu n'as plus de marchandises dans ta carriole ?

— J'ai tout vendu !

— Les huit poulettes ?

— Sitôt vues, sitôt enlevées !

— Les trois gorets ?

— Vendus cent francs pièce !

— Et l'échantillon d'avoine, qu'en a-t-on dit ?

— Qu'il était de première, qu'on m'achetait toute ma récolte, et que je livrerais mes deux cents boisseaux jeudi soir. Et tope là ! le marché a été vite fait. Marie, la journée a été bonne, et rien que le prix de notre avoine va payer le loyer de nos champs.

— Jeudi soir ? dit le cadet des fils, qui sortait de

l'étable, sa fourche sur l'épaule ; jeudi soir, cela peut aller en effet. Nous avons vanné la moitié de l'avoine, Maximin et moi ; en deux jours on vannera le reste, et tout sera mis en sac jeudi matin. »

Il prit les guides que le père avait laissées glisser sur la croupe de Noireau. Maître Fruytier entra dans la maison, et sa femme l'embrassa, pour lui montrer le contentement qu'elle avait. Elle plia soigneusement la couverture de laine brune, serra le panier aux poulettes dans un coin de la pièce, puis elle dit, tandis que l'homme enlevait la veste des dimanches pour reprendre les habits de travail :

« Mon Nicolas, je sais qu'on ne doit pas faire le bien par intérêt, et que la récompense n'est pas promise pour tout de suite : mais je ne peux pas m'ôter de l'idée que si la journée a été bonne, et plus que bonne, nous le devons au pauvre que tu as laissé dormir dans la grange. »

**A expliquer :** Quand une maison est connue pour être charitable, les *clients* ne lui font pas défaut — Car elle tenait de ses aïeules, *et de son cœur,* une sorte de respect pour le pain. — un *rillaud* coiffé de sa couenne rousse. — Distribuer la pâture aux lapins, *qui remercient du bout de leur nez mobile.* — L'air, *depuis des heures déshabitué du bruit,* portait les appels aux voisins. — L'eau était amenée,... et Nicolas Fruytier la lançait dans les flammes, *qui la buvaient, l'engloutissaient...*

**Questions et exercices :** 1. Qu'est-ce que donnait aux pauvres maîtresse Fruytier ? — Comment le leur donnait-elle ? — Y a-t-il plusieurs manières de donner ? — 2. Pourquoi la fermière a-t-elle fait une *bonne* action en abritant le pauvre une nuit qu'il pleuvait ? — Pourquoi cette action est-elle *belle ?* — 3. Marie Fruytier a-t-elle fait le bien par intérêt ? — Qu'est-ce qui prouve que non ?

# XIII

## LA GRANDE NOUVELLE

Les jours passent, ils forment des mois dont les années sont faites. Quatre années se sont ainsi écoulées ; les parents ont vieilli ; les enfants ont grandi ; Maximin a près de dix-huit ans, Vincent quatorze.

Dans la dernière année, celui-ci s'est rapidement développé. Non pas qu'il soit très grand, on devine qu'il n'atteindra jamais la taille de Maximin ; mais il a pris de la force et une physionomie décidée qui fait penser aux gens :

« Ce petit pourrait bien devenir quelqu'un. »

C'est un nerveux. Sur son corps mince, il porte une tête menue aux cheveux bruns tout frisés ; les joues sont pâles ; pour un rien les lèvres plient, s'allongent ou font la moue ; il parle bien, et les yeux sont guetteurs autant que ceux d'un passereau. Les camarades et les voisins aiment à l'écouter quand il raconte des histoires. On dit de lui :

« Qu'il est drôle, ce Vincent ! »

La mère, qui le connaît mieux, songe :

« Il est facilement triste, au contraire, parce qu'il a trop d'idées. »

Elle entend par là trop d'imagination. En vérité, de ses trois fils, il est celui qui lui ressemble le plus. Impressionnable comme elle, généreux, lent à se remettre d'une émotion, combien de fois l'a-t-elle vu, pour un reproche du père, pour une mauvaise note donnée par M. Chavagne, pour un sillon de blé versé par l'orage, pour moins, accourir à elle tout en larmes.

« Il pleure comme une fille, » disait alors Pierre.

Le père disait de même. Elle, la mère, elle prenait le grand enfant dans ses bras, et, lui cachant la tête pour qu'il n'eût point de honte :

« Pleure tout ton saoul, mon Vincent, murmurait-elle ; ça ne fait de mal à personne, et ça fait tant de bien au cœur ! Je sais ce qu'il en est ! »

Le père d'ailleurs a bon espoir. Depuis qu'il a quitté l'école, Vincent travaille avec les hommes. Vrai, l'équipe est belle : Nicolas Fruytier, Maximin, Pierre, Vincent. Et il a du goût pour la terre, ce pouillard de la compagnie ! A la dernière moisson, dans le champ de chez Chupé, il a dressé une meule de gerbes aussi vite, aussi bien qu'un vieux métivier. Et quand on a dû couper les épines, l'hiver, au bout de la pièce du Petit-Beau-Bélier, il fallait le voir tailler à coups de serpe dans le fourré de méchant bois d'acacias et de prunelliers, y faire son passage, l'élargir, coucher à terre, sans s'arrêter, les baliveaux, et puis le roncier, grimper sur les débris en tas, y mettre le feu et s'y tenir debout, un moment, victorieux, levant ses mains ensanglantées.

Pourtant il n'a pas l'endurance de ses frères, ni leur

calme, ni leur méthode. Un chant d'oiseau le distrait ; quand il casse une motte, il poursuit le mulot qui s'échappe, il reste à rêvasser appuyé sur sa bêche plus de temps qu'il n'en faut pour reprendre le souffle ; on le surprendrait, à l'aube, longeant la lisière de la forêt, pour lever les collets qu'il a tendus la veille, bien que le père ait souvent défendu le braconnage. Et tandis que les autres, aux jours des grands travaux, font la sieste, couchés dans la grange ou sur l'herbe, lui, retiré dans une soupente où personne n'a le droit d'entrer, il essaye de construire des cages en fil de fer, de sculpter, pour Jeanne, une tête de poupée, de raboter des planches et même de façonner un joug, en creusant et modelant une branche de poirier mort qu'il a prise au bûcher.

Un jour d'hiver que les toits sonnaient sous la pluie, que les gouttières trop pleines chantaient *miserere*, que les champs et leurs feuilles, jusqu'à cent lieues à l'entour, buvaient la vie en silence, Vincent le frisé alla trouver sa mère Marie, qui faisait cuire une chaudronnée de pommes de terre pour les cochons. En voyant la porte qui s'ouvrait et Vincent qui entrait, elle fut saisie d'un pressentiment :

« Ah ! dit-elle, te voilà tout pâle encore : de quel secours as-tu besoin ? T'a-t-on frappé ?

— Non.

— Grondé peut-être ?

— Pas plus : j'ai une nouvelle qu'il faut que je vous dise. »

Elle avait laissé tomber dans le feu la baguette avec laquelle, tout à l'heure, elle tournait la pâtée ; elle ne la relevait pas ; elle attendait que parlât son fils, debout devant elle à contre-jour, et qui la regardait d'un air de la plaindre déjà.

« Mais, dis donc, Vincent !

— Maman, il ne faut pas vous faire trop de peine : je voudrais m'en aller.

— T'en aller, mon Vincent ! Où seras-tu comme ici ?

— Mon idée, à présent que j'ai mes quatorze ans, c'est d'entrer en apprentissage.

— Chez qui, grand Dieu ?

— Chez le forgeron d'ici, chez celui de Marcheprime, où vous voudrez. Je veux être mécanicien. »

En disant cela, Vincent, qu'émouvait le visage douloureux de sa mère, tournait la tête vers la cour, et Marie Fruytier ne voyait plus que le profil anguleux de l'enfant, et les épaules encore si faibles, et la pluie qui tombait au delà. Elle se pencha, elle dit, et son âme passait dans ses mots :

« As-tu pensé ?... C'est la maison de chez nous que tu vas détruire... Tout allait bien ! Qu'as-tu à vouloir t'en aller de nous ? Moi, je te répondrais non... Mais je ne suis qu'une femme. Va dire la même chose à ton père. L'entends-tu qui casse du bois dans le bûcher ? »

Le petit avait mis la main sur son cœur. La voix de la mère se fit caressante.

« Pourquoi hésites-tu ?... Mieux vaut tout de suite. Va, mon petit, va !... »

Subitement il prit sa résolution, s'élança dehors, traversa la cour au galop, sous l'averse, et entra dans le bûcher, qui était un appentis faisant suite à la grange. Le père se mit à rire en le voyant apparaître et se faufiler entre les troncs d'arbres couchés, parmi les planches et les pieux rassemblés sous le toit.

« Tu as donc peur de la pluie, gars Vincent, que tu cours comme un lièvre ?

— Écoutez bien, papa, je suis venu pour une chose grave. »

La bonne face de Nicolas Fruytier s'épanouit davantage.

« Pas possible, conte-moi ça !

— Je veux être mécanicien. J'ai quatorze ans ; je vous demande la permission de faire mon apprentissage... »

Le père, en manches de chemise et la chemise formant bourrelet autour de la ceinture, était assis sur le tronc d'un cerisier ; il avait dans la main gauche le manche de sa masse de fer, et devant lui une culée énorme de chêne, toute hérissée de racines, et dans laquelle, en ligne, trois coins d'acier étaient plantés. Aux premiers mots de Vincent, il se dressa, il devint tout rouge de visage, tendit ses deux poings et ouvrit si large sa bouche, qu'on voyait le trou de sa gorge.

« F...-moi le camp, moucheron ! F...-moi le camp ! »

Le cri était si fort, qu'il passa par-dessus le toit, par-dessus la cour, et fut entendu des deux frères aînés, de Jeanne qui triait des fèves dans la boulangerie, et de la mère qui enlevait sa chaudronnée de dessus le feu. Il était si terrible aussi, que Vincent se sauva, traversa le jardin, gagna la pièce du Petit-Beau-Bélier et se cacha dans un fossé à moitié plein d'eau, où il y avait un reste de hutte pour l'affût. Aussitôt après, on entendit un autre bruit, celui de la pesante masse qui enfonçait les coins dans la culée de chêne. Les coups, frappés avec une violence extrême, ne se ralentirent point jusqu'à ce que le bloc de bois et de racines éclatât en deux parts, qui firent trembler le sol en roulant. Alors Nicolas Fruytier, tourné vers le champ du Petit-Beau-Bélier, cria pour la seconde fois, et il dit :

« Voilà comment je forge, moi, moi, moi ! »

Des premiers mots à ceux-ci, la colère n'avait pas diminué.

Cependant, avec les semaines, le maître de la Genivière s'apaisa. Sa femme lui disait quelque petite chose,
quand elle le pouvait, en faveur de Vincent. Il écouta
bientôt des phrases entières, et finit par déclarer :

« Nous pensons la même chose, ma pauvre Marie ;
c'est la manière qui n'est pas la même. J'ai averti le fils
rudement, comme il fallait. Il ne me reprochera pas de
n'avoir dit que la moitié de mon avis. Après cela, s'il ne
change pas d'idée avant le mois d'avril, je le laisserai
aller. »

Il fit plus. Comme Vincent persistait dans le projet
d'apprendre le métier de mécanicien, le père, sans l'en
prévenir, se rendit au bourg de Marcheprime, et, s'étant
approché de M. Garcin, un charron très habile et bien
achalandé qui prenait le frais devant l'atelier, il lui
demanda :

« Prendriez-vous un apprenti, monsieur Garcin ?

— Ça dépend : non, s'il est bête ; non, s'il craint sa
peine ; oui, dans le cas contraire.

— C'est mon fils, répondit Fruytier en marquant un
peu d'humeur. Peut-être on vous a rapporté que je l'ap-
pelais moucheron ?

— Oh ! pas le moins du monde !

— Ne prenez pas cela au sérieux, en tous cas. Ce sont
des jugements que l'on fait dans les familles, pour empêcher les gars d'être trop avantageux.

— J'entends bien.

— Alors je l'amènerai ?

— Si vous voulez, on verra le moucheron. »

Ils se quittèrent là dessus. L'hiver fut calme à la Genivière et semblable aux hivers passés. La belle équipe
travaillait : Maximin était, à l'ordinaire, grave et bon ;
Pierre, uniquement occupé de la promesse des champs ;

Vincent, aussi libre d'esprit, en apparence du moins, que si le temps, voyageur aux pieds de feutre et qui ne fait point de halte, avait pris du repos. Hélas! avril vint. Chacun le redoutait, chacun aurait voulu que mars allongeât ses jours et durât une année. C'était en avril que la Genivière devait perdre son chanteur et son rieur. Vers le milieu, les enfants virent bien, aux yeux de la mère, au silence du père pendant les repas, que Vincent n'avait pas cédé et qu'il allait partir.

Il partit un lundi. Maître Fruytier avait donné ses ordres le dimanche soir. De bon matin, le lendemain, il trouva la carriole attelée dans la cour. Noireau, ayant mangé double ration d'avoine, ne tenait pas en place, et, de ses sabots de devant, frappait les cailloux comme un cantonnier jeune. Vincent, qui l'avait attelé, passa devant lui, leva la main pour commander : « N'avance pas, ne recule pas, Noireau! » puis, à grandes enjambées, se dirigea vers la maison. Là se trouvaient la mère, Maximin, Jeanne en larmes. Il les embrassa rapidement, pour ne pas faiblir, et prit une poche à blé bien ficelée par le haut, — tout son bagage, — qu'il porta jusqu'à la voiture et plaça à l'arrière, là où les femmes s'asseyaient quand on allait ensemble aux foires. Son frère, en ce moment, sortait de l'étable, ayant encore à la main la fourche avec laquelle il venait d'enlever et de mettre en tas, devant la porte, le fumier de la nuit. Quel sombre visage il avait! Quel chagrin en lui! Quelle stupeur aussi! Quitter la ferme où tout était assuré pourtant : le pain, le vin, la paix, la tendresse qu'il faut pour vivre! En se balançant sur ses jambes, il s'approcha de la carriole, mais sans aller jusqu'à Vincent. Son cœur lui représentait ce départ comme un abandon du devoir.

« Allons, dit-il, bonne chance dans la mécanique! »

— Comme tu dis ça !

— Comme je peux.

— On n'a pas la même idée.

— Bien sûr !

— Mais je t'aime bien, je te regrette beaucoup, Pierre ! »

Et ce fut Vincent qui fit le dernier pas, et qui embrassa son aîné.

« Je n'irai pas souvent te voir dans les villes, reprit celui-ci. Il y a du travail à la Genivière ; il y en avait pour nous tous... Enfin, puisque tu aimes ton nouveau métier, il faut espérer qu'il te nourrira.

— Moi, j'irai peut-être ! » dit Maximin.

Ce fut tout. Le père était apparu sur les marches du seuil. Il monta dans la carriole, fit asseoir Vincent à côté de lui, prit les guides, et Noireau se mit aussitôt à courir d'une allure moitié trot, moitié galop, qui était sa manière des grands jours. En bien peu de temps il eut atteint la barrière de la cour, fit encore une cinquantaine de mètres, et prit la route de Marcheprime. Vincent s'était détourné. Toujours assis sur la banquette, mais le buste tordu et penché en arrière, les mains appuyées aux planches qui fermaient la carriole, il regardait ce qu'on pouvait voir encore de la Genivière : l'entrée de la cour, deux femmes debout, l'une près de l'autre, et dont la tête seule tournait lentement et suivait la joie qui s'en allait. Les épines du talus, en février, avaient été coupées. L'adieu des regards qui se croisaient dura ainsi trois petites minutes. Alors une grande haie cacha Vincent et maître Fruytier ; les deux femmes immobiles, l'oreille tendue vers l'orient, continuèrent d'écouter, comme une voix encore qui mesurait la distance, le bruit décroissant des sabots de Noireau, lancé à toute allure vers Marcheprime - la - Galante.

Bientôt le paysage devint plus neuf, et Vincent fut distrait. On ne faisait pas tous les jours un voyage hors de la commune! Bien droit, près de son père qui ne parlait pas et ne semblait s'intéresser à rien, il regardait, lui, l'horizon en avant, du côté de son avenir. Les bois, les prés, les terres coulaient à sa rencontre. Voici la double haie de cormiers qui mène à la ferme du Poulain-Rouge; le bois de la Grandesse, noir encore, mais tout du long brodé de blanc par le tronc des bouleaux; voici les étangs au pied des buttes et leurs eaux peu profondes, couleur du ciel, où les nénuphars mettent des étoiles vertes.

Déjà il apercevait les collines qui abritent du vent du nord le bourg de Marcheprime, et il avait le désir d'être de l'autre côté, dans sa nouvelle maison et son nouveau métier. Oh! comme certains cœurs se prennent à l'inconnu, piège toujours tendu! Noireau trottait du même train qu'au départ. Mais il avait beau allonger les jambes et suer comme une mare au matin, la distance est si grande entre la Genivière et Marcheprime, qu'il lui fallut plus d'une heure pour en venir à bout. La voiture roula enfin sur une route pavée, bordée par des maisons basses, boulangeries, merceries, cafés, entrées de fermes, qui laissaient voir ou deviner des cours profondes et des hangars emplis de paille. Vers le milieu de cette rue se trouvait l'église de Marcheprime, ancienne, massive, et dont la tour romane, coiffée d'un toit pointu, avait toujours autour d'elle, comme un écueil de la mer, quelque oiseau à l'essor.

Dès qu'il eut aperçu l'église, maître Fruytier tira sur les guides, et Noireau, volontiers, se mit au pas. La brave bête devait reconnaître la maison de M. Garcin, le charron mécanicien, car elle obliqua légèrement vers la droite de la route, et s'arrêta d'elle-même devant un terrain vague, entouré d'un mur à hauteur d'appui, et qui était plein de charrettes et de chariots, de charrues anciennes et de brabants, de semeuses, de faucheuses, de toutes sortes de machines avariées ou faussées, qu'on avait amenées au rebouteur. Cette sorte de salle d'attente en plein air, découpée dans un grand jardin potager dont il restait, vers le fond, quelques arbustes et plates-bandes, appartenait à M. Garcin et n'était qu'une dépendance de sa maison. Lorsque maître Fruytier eut attaché Noireau à l'un des anneaux fixés dans le mur et jeté, sur le dos de l'animal en sueur, une couverture que personne, à la ferme, ne se souvenait d'avoir connue dans le neuf, il revint un peu sur ses pas, et poussa la porte d'un atelier.

C'était une vaste pièce rectangulaire, qui prenait jour non seulement sur la rue, mais de l'autre côté sur le jardin, dont elle n'était séparée que par de gros piliers et trois panneaux vitrés. Le carrelage de l'atelier avait été usé, il n'en restait que des débris. La terre primitive, longtemps foulée et battue, mêlée de limaille et de rouille, tachée d'huile çà et là, ou de cambouis, ou de peinture, tenait lieu de plancher et portait, en ce moment, une charrette à foin toute neuve, placée droit au milieu de l'atelier, les brancards en bas, deux herses, trois charrues, et plusieurs machines de forgeron mécanicien disposées le long des murs ; enfin, tout au fond, à gauche, la hotte d'une cheminée couvrait un foyer où brûlait du charbon qui lançait, à chaque demi-seconde, une gerbe d'étincelles et une lueur ardente. Tout près du foyer, maître Garcin, le bras droit levé, tirant la chaînette d'un soufflet de forge, le bras gauche tendu

vers le foyer où chauffait une plaque de fer, tourna la
tête en entendant la porte s'ouvrir.

« Voilà votre apprenti, monsieur Garcin, dit très
haut Nicolas Fruytier. Je vous avais parlé à son sujet,

et comme j'avais aujourd'hui des affaires à Marcheprime, j'ai amené le gars, pour vous le montrer et vous
le laisser si sa mine vous revient. »

Il s'était ainsi exprimé le plus poliment du monde, et
ne fut pas peu étonné de voir que le charron, sans
répondre même d'un signe de tête, s'était remis à surveiller la pièce de fer ensevelie dans la braise et à tirer
sur la chaînette avec une sûreté de main aussi grande
que celle d'un artiste jouant du violon. Quand il jugea

que le fer était assez chaud, M. Garcin lâcha la chaînette,
retira du milieu des charbons une plaque de métal devenue
toute blanche et qu'il tenait au bout d'une pince, et,
la posant sur l'enclume qui se trouvait près du foyer,
il la frappa avec un marteau, l'aplatit encore, la releva
aux deux extrémités, puis la jeta dans une cuve pleine
d'eau, où elle entra avec des sifflements de vipère. A la
surface de l'eau, quelques plaques de poussière noire
tournèrent un moment, et il s'éleva une petite fumée
presque aussitôt morte que née. Alors M. Garcin laissa
retomber marteau et pince, et voulut bien faire attention
aux deux visiteurs. Avait-il entendu ce qu'avait dit le
fermier de la Genivière? Il n'y parut en aucune façon,
car il demeura muet, au repos, les mains pendantes le
long de son tablier de cuir.

Moins haut de taille que Fruytier, étroit d'épaules, le
charron n'avait pas, au premier regard, l'aspect robuste
qu'on observe d'habitude chez les hommes d'un métier
de force. Mais la peau des bras, nus jusqu'au-dessus du
coude, revêtait des muscles saillants, tressés comme les
fils d'un câble d'acier. Et puis les métiers de force sont
aussi des métiers d'adresse. On devinait la souplesse de
ce corps exercé et facile à mouvoir. La tête était surpre-
nante d'énergie et de finesse; Garcin, vêtu d'un complet
usé, de la couleur des nuages bas quand il va pleuvoir,
avait, sous des cheveux grisonnants et frisés, une figure
mince, tendue en avant, et où luisaient des yeux d'or,
vivants et commandants. Il ne portait point de moustache, mais une barbiche brune, non pas pointue, mais
coupée droit, allongeant encore le visage. Comme le
charron ne bougeait ni ne parlait, et se contentait de
respirer après le travail fait, ce fut maître Fruytier qui
reprit, penché vers l'enfant :

« Va donc lui dire bonjour, Vincent ! »

Le petit s'avança, contourna les brancards de la charrette, jusqu'à l'enclume, de l'autre côté de laquelle se tenait debout son maître.

« Bonjour, monsieur Garcin. »

L'autre n'était pas homme à se laisser prendre aux premiers mots, ni même à une jolie mine vive .et rêveuse, comme était celle de ce brunet. Il le fit approcher encore, écarta de la main les cheveux qui tombaient sur les yeux de Vincent, tapota les joues, et dit :

« C'est freluquet, mais ça n'a pas de mauvaise volonté, peut-être bien ? Regarde, garçon, je suis seul aujourd'hui ; mes compagnons m'ont laissé en plan, avec tout l'ouvrage commencé et promis. »

Il haussa les épaules, d'un air de souverain mépris, pour ajouter :

« Oui, deux compagnons m'ont quitté pour la ville... On a eu, c'est vrai, une petite dispute ; mais se quitter pour des mots, ce n'est pas se quitter pour des raisons ! Enfin, ils verront ailleurs, ils tâcheront de trouver un maître charron qui ait du sang de navet !... Moi, je suis vif !

— Pas trop tout de même ? demanda, de l'autre bout de la salle, Nicolas Fruytier en se rengorgeant. Je veux bien qu'on le reprenne, mon Vincent...

— Je n'y manquerai pas !

— Mais je ne veux pas qu'on le batte !

— J'entends : mais il faudra qu'il travaille ! »

Le fermier de la Genivière, qui était haut d'honneur, ne put souffrir cette supposition que son fils à lui pût être paresseux. Il enfonça son chapeau sur sa tête d'un coup de poing, croisa les bras, et cria :

7 — Lect. franç., c. élém. et moyen, n° 2102.

« Ça serait donc moi qui lui aurais appris à « feignanter » ?

— Je ne dis pas qu'il est « feignant », je dis qu'il faudra travailler chez moi.

— A la Genivière, il n'y a pas de flâneur, maître tourneur de bois !

— Ma foi, maître pique-bœufs, ici non plus ! »

Les deux hommes avaient quitté leurs places et marché l'un vers l'autre, comme s'ils allaient se battre, et vraiment, à voir ce large paysan, les bras croisés et qui dépassait d'une demi-tête l'artisan, on eut parié que la lutte serait courte. Mais le charron n'avait pas peur. Plus petit sans doute, mais plus agile que le fermier, il le regardait de côté, sans bienveillance, et ses deux poings, rapprochés de ses hanches, n'attendaient pour frapper qu'un mot de plus.

Vincent, stupéfait, s'était fourré sous la charrette. Il en sortit quand son père, tout à coup, éclata de rire et dit :

« Parbleu ! je ne suis pas venu ici pour vous cogner dessus, monsieur Garcin ; mais pour vous faire voir ce garçon qui veut apprendre votre état. »

Un sourire rapide allongea les lèvres de maître Garcin, qui tendit la main au fermier et dit :

« Si nous buvions un coup avant de faire le marché ? »

La réponse n'étant pas douteuse, il traversa l'atelier, suivi de Nicolas Fruytier et de Vincent, sortit dans le jardin, tourna à droite et, longeant les murs de la maison, ouvrit la porte d'un petit réduit qui était la salle à manger. Demeuré dehors, il conseilla, d'un geste, à ses hôtes de s'asseoir autour d'une table couverte d'une toile cirée jaune, et lui-même s'en fut à la cave.

« Père, dit Vincent, il a l'air méchant, M. Garcin ; mais il ne l'est pas.

— A quoi vois-tu ça ?

— Il a ri aussi vite que vous. »

Le charron rentrait au même moment ; il avait sous le bras une bouteille cachetée, trois verres dans une main, un tire-bouchon dans l'autre. Il commença par disposer les verres sur la table, prit la bouteille dans sa main gauche, enfonça le tire-bouchon et souffla sur le goulot, une première fois, pour chasser les éclats de cire, avant même d'avoir tiré sur la poignée de l'instrument ; puis, passant la bouteille entre ses genoux, relevant d'un geste du coude ses cheveux ébouriffés, il fit sortir du bouchon environ la moitié hors du goulot, souffla de nouveau sur le cachet brisé, enfin, d'un coup sec et prudent, délivra la liqueur. Un petit nuage de brume, la respiration d'un oiseau en hiver, monta au-dessus de la bouteille. Alors, avec décision et mesure, M. Garcin versa dans son verre quelques gouttes de vin blanc qu'il huma ; il fit claquer sa langue, réfléchit, se souvint, compara en lui-même le fumet de ce flacon au parfum des anciennes bouteilles à présent vides et couchées dans le cellier, et déclara :

« Il y a meilleur ; mais la bouteille n'est pas pour déplaire. »

C'était un compliment voilé d'humilité, comme en doit faire un homme qui parle de son bien. Désormais, le vin pouvait être servi, tous les rites avaient été observés. Garcin remplit le verre de Fruytier, versa deux doigts de vin blanc à Vincent, se servit lui-même copieusement, et, levant son verre :

« A la vôtre, maître Fruytier, et à celle de ce garçon ! Vous avez fait de lui un honnête petit homme, à ce que je crois; maintenant c'est à moi d'en faire un bon compagnon charron, peut-être mécanicien, puisque j'ai les deux états. Ça dépendra de lui. »

Le fermier, reposant son verre, répondit gravement :
« Sans doute ; mais l'homme n'est pas fini.
— Cela se voit.
— Vous veillerez sur votre apprenti?
— Comme sur mon fils, si j'en avais un.
— Ça fait sa prière, vous savez?
— Je m'en doute. On ne l'empêchera pas.
— Le dimanche, ça ne manque pas la messe. »

Vincent regardait le père et s'attendrissait à ces mots qui le mettaient sous une autre autorité.

Le maître charron posa la main sur le bras que l'enfant avait allongé sur la table.

« Il m'arrivera même de t'y accompagner, petit. On n'est pas des saints, mais on comprend tout ici. Voilà... Avez-vous d'autres recommandations à me faire, maître Fruytier?
— Je crois que j'ai tout dit.
— Alors j'appellerai la ménagère, pour qu'elle fasse connaissance avec son pensionnaire. »

Il se leva.

« Eh! la mère !... Je l'appelle la mère, bien qu'elle ait perdu son enfant voilà plus de dix ans; mais c'est le nom qu'elle aime le mieux...
— Elle a raison, dit Fruytier; chez moi, c'est de même. »

Une toute petite vieille femme entra, qui venait de la cuisine ou des chambres. Elle avait dû nettoyer, épousseter, cuisiner, trotter d'une chambre à l'autre depuis son lever. Ses mains, qu'elle venait pourtant de laver à la pompe, étaient encore couleur de poussière. Elle avait

sûrement un cœur tendre, car elle n'eut pas plutôt
aperçu Vincent, qu'elle lui fit un salut de tête, comme
à une vieille connaissance, et que le sourire ne la quitta
plus.

« Il te rendra service à toi aussi, dit Garcin en montrant l'apprenti. Il ne demandra pas mieux que de monter les brocs dans les chambres?

— Bien sûr, madame Garcin, fit Vincent, qui n'était
pas dépourvu d'une certaine habileté et entrevoyait déjà
que la vieille dame le protégerait.

— Peut-être même, continua le charron, qu'il rappor-
tera les provisions du marché, le samedi, quand le
panier sera trop lourd pour toi, la mère?

— J'ai les bras forts, dit Vincent amusé; je peux
porter deux oies, un boisseau de pommes de terre et un
autre de haricots, tout cela ensemble : je l'ai fait à la
Genivière !

— Tu parles des oies comme si on pouvait en manger
ici, mon petit gars! C'est bon pour la campagne!... Je
vois que tu es de belle humeur et d'attaque. Tant
mieux ! »

Le père et maître Garcin trinquèrent de nouveau,
convinrent, à voix basse, d'une petite somme à payer
pour la nourriture de l'apprenti, puis regagnèrent la rue.
Là, Nicolas Fruytier se retourna et dit :

« Bonsoir, mon Vincent; ne te fais pas de chagrin,
pour qu'on ne s'en fasse pas chez nous! »

Ce fut sur ces paroles, qui en disaient long, que le
père et l'enfant se séparèrent. Fruytier remonta dans la
carriole; il fouetta Noireau et ne se retourna pas. S'il
s'était détourné, il aurait vu Vincent très pâle, qui le
suivait du regard et finissait par fermer les yeux, à
cause des larmes qui montaient; il aurait vu aussi une

vieille femme se pencher, entourer de son bras droit la tête de l'apprenti et murmurer :

« Viens, mon petit ; je suis un peu ta famille, à présent. Viens que je te montre ta chambre sous le toit. »

Le petit était touché. Mais le passé fut plus fort que la vieille dame. L'image de la maison d'hier, de la maison de ce matin encore se levait dans l'esprit de Vincent, à ce mot de « famille » qui enfermait toute son histoire. Il revoyait chacun des siens, et surtout la vraie mère, maman Marie Fruytier, qui, depuis quatorze ans passés, tous les jours sans excepter un seul, soir et matin, avait embrassé son enfant. Elle n'était plus là. Il l'imagina assise dans la grande salle et qui versait de grosses larmes, en répétant les mots si doux et si cruels :

« Où seras-tu comme ici? »

Maintenant il montait l'escalier d'une maison inconnue, derrière la femme de son patron, et il avait bien du mal à s'empêcher de pleurer et à dire :

« Oui, madame ; je vous remercie bien, madame. »

# LECTURE EXPLIQUÉE

## Les Trois Amis.

NE te fie à aucun ami avant de l'avoir éprouvé[1] ; dans la salle des festins, on en trouve plus qu'à la porte de la prison. »

Un homme avait trois amis. Il chérissait les deux premiers ; mais il négligeait souvent le troisième, qui pourtant lui était le plus sincèrement attaché.

Un jour il fut appelé devant la justice. On l'accusait d'un grand crime, quoiqu'il fût innocent.

« Qui de vous, dit-il, veut m'accompagner et porter de moi un témoignage favorable? Car je suis accusé sévèrement, et le roi est irrité. »

Le premier de ses amis s'excusa sur-le-champ, disant qu'il ne pouvait pas l'accompagner à cause de ses nombreuses affaires. Le second le suivit jusqu'à la porte du tribunal; là, il s'arrêta et revint sur ses pas par crainte du juge irrité. Le troisième, sur lequel il avait le moins compté, entra, plaida pour lui et témoigna de son innocence avec tant de chaleur, que le juge l'acquitta et le combla de présents.

---

[1] *Éprouver :* mettre à l'épreuve.

L'homme a trois amis dans ce monde; comment se comportent-ils à l'heure de la mort, quand Dieu l'appelle devant son tribunal? L'argent, ami de prédilection, l'abandonne aussitôt. Ses parents vont avec lui jusqu'à la porte du tombeau, et puis ils retournent dans leurs demeures.

Ses bonnes œuvres sont le troisième ami, celui qu'il avait le plus oublié dans la vie. Elles seules l'accompagnent jusqu'au trône de l'Éternel; elles marchent devant lui, parlent pour lui, elles trouvent grâce et miséricorde.

*D'après* HERDER.

## Questions et Exercices.

**I.** — **Expressions à expliquer :** un *témoignage favorable;* — il s'excusa *sur-le-champ;* — le troisième, sur lequel *il avait le moins compté;* — le troisième... *témoigna de son innocence avec tant de chaleur;* — l'argent, *ami de prédilection.*

**II.** — Pourquoi trouve-t-on plus d'amis dans la salle des festins qu'à la porte des prisons?

**III.** — Quels sont, d'après ce récit, les trois amis de l'homme en ce monde? — Quel est le plus fidèle?

**IV.** — Trouvez dans ce texte *cinq verbes employés au participe passé,* dont vous expliquerez l'orthographe.

---

# Conseils à Pierre.

C'est bien mal, pour un enfant, de faire pleurer sa mère.

Or, Pierre, j'ai vu ce soir pleurer ta mère à cause de toi. Que s'était-il donc passé?

Ta mère était allée au village pour des provisions : elle avait un panier au bras et poussait la voiture où dormait ton petit frère Paul. Tu marchais à côté d'elle, ainsi qu'il convient à un grand garçon de trois ans. Et voilà que, dans la boutique où ta mère faisait ses achats, tu avisas un œuf de Pâques qui s'étalait à la devanture, un gros œuf de Pâques en sucre rose cerclé d'une faveur bleue, et tu voulus le posséder.

Or, Pierre, l'œuf était cher et ta mère n'est pas riche : elle refusa donc de te passer cette fantaisie[1]. Alors tu fis la moue ; c'est très vilain de faire la moue : cela déforme le visage et fait dire à tous les gens qui vous voient :

« Dieu ! que cet enfant est donc désagréable ! »

Oh ! je sais bien quelle idée passe en une petite âme affligée ; c'est une idée de ce genre :

« Puisque maman n'est pas gentille, puisqu'elle me fait du chagrin, je bouderai toujours, je ne dirai plus jamais rien, je refuserai même de manger, afin de mourir bien vite, et maman sera bien punie d'avoir été vilaine. »

Ces grandes résolutions durent dix minutes en moyenne, après quoi l'idée s'efface de la petite âme apaisée et le visage reprend sa sérénité coutumière[2]. Eh ! bien, mon Pierre, ces grandes résolutions, il faut t'abstenir de les prendre. Ta mère t'aime par-dessus tout, et lorsqu'elle refuse de te satisfaire, c'est qu'elle a de bonnes raisons d'agir ainsi... Donc, en sortant de la boutique, tu boudais toujours et tu n'as rien trouvé de mieux que de ne pas vouloir marcher.

------

[1] *Fantaisie*, caprice.

[2] *Sérénité coutumière*, tranquillité habituelle. Un ciel serein est un ciel clair, calme, sans nuages.

« Allons, Pierre, veux-tu suivre, oui ou non? »

Pierre n'a pas répondu, mais est resté là, immobile,
les mains sur les yeux. Est-ce vrai, petit? Alors ta

mère t'a grondé, puis elle t'a prié, supplié de te décider
à marcher.

Tu as fini par desserrer les lèvres; mais ç'a été pour
murmurer :

« Je suis fatigué, je veux monter dans la voiture avec
Paul, ou bien je veux que tu me portes. »

Voyez-vous ce grand garçon de trois ans, se disant
fatigué pour faire quinze cents mètres! Bien entendu,
ta mère ne pouvait te donner satisfaction, il n'y avait
pas place pour toi dans la petite voiture et il ne lui
était pas possible de te porter.

Alors tu as continué de faire le mutin[1] : des femmes sont sorties de leurs maisons pour te regarder comme une bête curieuse. Ta mère est très douce ; elle ne t'a pas battu, mais elle a pleuré... Elle a bien fait de ne pas te battre ; on ne doit jamais battre un enfant, même quand il le mérite — et c'était le cas ; mais tu devrais avoir doublement regret du chagrin que tu lui as causé. N'a-t-il pas fallu que la fille de l'épicière vînt à son aide, qu'elle te trainât par la main jusqu'à la sortie du village?

Tu as le cœur troublé, je le vois ; tu regrettes d'avoir été méchant. C'est la punition de ta faute : que cela te serve de leçon pour l'avenir.          EMILE GUILLAUMIN.
*( Près du sol. —* (Calmann-Lévy, édit.)

### Questions et Exercices.

**I.** — **Expressions à expliquer :** *tu avisas; — faire la moue; —* une *âme affligée; —* une *âme apaisée; —* tu as *le cœur troublé.*

**II.** — Quels sont les défauts de Pierre? — Pourquoi sa maman n'a-t-elle pas voulu lui acheter l'œuf de Pâques? — Que se disent souvent les petits enfants lorsque les parents ne veulent pas satisfaire leurs désirs? — Que pensez-vous d'un enfant qui fait pleurer sa mère?

**III.** — *Transcrire au présent de l'indicatif* le texte de la lecture depuis *Ta mère était...* jusqu'à *le posséder.*

**IV.** — **Analyser grammaticalement :** *Tu as le cœur troublé, je le vois.*

---

## La Chasse au Crocodile.

« Tiens, où est Caillou? »
Et tout le monde répète :
« C'est vrai, où est Caillou? »
Personne ne l'a vu; nos yeux le cherchent sans l'aper-

---

[1] *Mutin,* désobéissant, désagréable.

cevoir sur toute l'étendue assombrie du jardin, et nos appels restent sans réponse. Alors on envoie sa bonne à la découverte.

« M. Jacques est couché près de la haie, dit-elle en revenant. Il a son fusil et m'a seulement répondu de ne pas faire de bruit. »

Je pars à mon tour, afin d'user de persuasion[1] et lui épargner une réprimande.

Je le trouve en effet à la place qu'on m'avait dite. Il est allongé à plat ventre tout près de la haie. Les arbres, au-dessus de sa tête, ont des gestes assez inquiétants; il fait noir, très noir. Il faut vraiment du courage pour rester là.

« Chut! fait Caillou à mon approche.

— Qu'est-ce qu'il y a?

— Chut! je chasse... un crocodile!

---

[1] *Persuasion*, c'est-à-dire de douceur pour le décider à **revenir.**

— Un crocodile ! Mais c'est très gros, un crocodile...
S'il te mange ? »

Cette supposition paraît profondément absurde à
Caillou.

« S'il me mange ! dit-il indigné[1]... Puisque j'ai mes
balles en caoutchouc !

— En caoutchouc ! Alors, tu vois bien, on ne tire pas
les crocodiles avec des balles en caoutchouc. C'est stupide !

— Eh bien ! je l'assommerai d'un coup de crosse.

— C'est un trop petit fusil, Caillou, c'est une trop
petite crosse, et tu es trop petit.

— Ça ne fait rien, répondit-il, ça ne fait rien... Il
n'y a pas de danger.

— Mais comment le sais-tu ? Moi-même, à ta place,
j'aurais peur, moi ! Ainsi... »

Alors la voix de Caillou prend dans l'ombre une teinte
de mauvaise humeur[2]. Il est poussé dans ses derniers
retranchements, et il prononce :

« Il n'y a pas de danger, parce que... parce qu'il n'y
a pas de crocodile... C'est moi qui dis ça, qu'il y en a
un... Mais c'est pas vrai ! »

Enfin j'ai l'aveu, j'ai l'aveu que jamais une seconde
il n'a perdu la conscience qu'il imaginait. Il a préféré le
reconnaître plutôt que de renoncer à son jeu. Mais cela
n'avance pas les choses. Je lui mets la main sur l'épaule,
et je sens qu'il grelotte. Il faut l'emmener gentiment.

« Ça ne fait rien. On ne chasse pas les crocodiles
avec des balles en caoutchouc, je le sais, moi ; j'en ai
tiré. Demain, je te donnerai des balles de plomb.

— Oh ! bien, alors... » fait Caillou.

------

[1] *Indigné,* choqué, vexé.
[2] *Une teinte de mauvaise humeur,* un ton un peu fâché.

Et il se laisse reconduire docllement à la maison. Il ne pense plus qu'aux balles de plomb, parce qu'il n'en a jamais vu.

Pierre Mille.<br>(*Caillou et Tili*. — Calmann-Levy, édit.)

## Questions et Exercices.

**I.** — **Expressions à expliquer :** gestes assez *inquiétants;* — poussé dans ses derniers *retranchements;* — jamais il n'a perdu la *conscience* qu'il imaginait.

**II.** — Où se passe cette scène? — Quels en sont les acteurs? — A quoi joue Caillou et de quelle manière?.— Comment la personne qui l'a retrouvé s'y prend-elle pour le ramener? — Pourquoi Caillou se décide-t-il à la suivre sans colère?

**III.** — Relever tous les *verbes* employés à *un temps composé.* En dire la forme, le mode et le temps.

**IV.** — **Analyse grammaticale :** *Personne ne l'a vu.*

**V.** — **Rédaction :** Décrivez un jeu imaginé par vous et auquel vous prenez un grand plaisir.

---

# I. — Histoire d'un Propriétaire.
## *Conte russe.*

Le moujik[1] Packhom, couché sur le poêle de son isba[2], avait bien de la peine à s'endormir. Il se retournait comme sur le gril en se disant :

« Mon Dieu! que les gens qui possèdent la terre sont heureux! Moi, je n'en ai qu'un petit coin, encore appar-

---

[1] *Moujik,* paysan russe.

[2] *Isba,* habitation de paysans de la Russie du Nord, construite en bois de sapins.

tient-il à la commune qui me le concède. Je me donnerais au diable pour posséder, bien à moi, autant de terre que j'en pourrais embrasser du regard. »

Le diable se trouvait précisément caché derrière le poêle. Il dit :

« Tope là! j'en fais mon affaire. »

Et il montra au paysan, qui était déjà dans le pays des rêves, là-bas, bien loin, derrière l'Oural, un pays où les terres vierges étaient à discrétion. Et il lui en montra aussi le chemin.

Le lendemain, le moujik partit. Il marcha longtemps, jusqu'à ce que ses chaussures fussent usées, et il arriva au pays des Bashkirs[1], où il alla présenter ses hommages au maire du village et lui offrir une belle pelisse de peau de mouton, qu'il avait apportée.

« Tu es un brave garçon, dit le maire, qui avait un gros ventre et une figure réjouie. Que puis-je faire pour toi?

— Vous avez beaucoup plus de terre que pour vos besoins, s'empressa de dire Packhom. Puisque vous ne la cultivez pas, cédez-la-moi à bon marché. Vendez-m'en mille hectares, je vous donnerai mille roubles[2].

— Nous ne vendons pas ici à l'hectare, dit le maire; nous n'avons pas d'arpenteurs. Nous vendons à la journée; tu donneras tes mille roubles, et toute la terre dont tu pourras faire le tour en un jour sera à toi. Lève-toi demain de bon matin, tu auras plus de temps pour faire ton tour. »

Le lendemain, avant l'aube, le moujik fut debout. Il mit de bonnes chaussures, prit un bâton, serra dans

---

[1] *Bashkirs*, peuple d'origine mongole, qui habite le S.-E. de la Russie d'Europe.

[2] *Rouble*, pièce d'argent valant 2f,66.

sa ceinture un pain et une bouteille d'eau, et alla réveiller le maire, qui dormait encore. Tous les deux et quelques hommes de la tribu se rendirent sur une petite colline d'où l'on dominait tout le pays.

« Là, dit le maire, arrêtons-nous. Pose là ton bonnet,

mets-y dessus tes mille roubles, et sitôt que le soleil paraîtra à l'horizon, tu te mettras en route ; mais note bien que si tu n'es pas de retour à cette même place quand le soleil se couchera, tu n'auras rien et je garderai les mille roubles. »

Packhom acquiesça d'un signe de tête, et le voilà parti d'un pied léger. Un Tartare[1] le suivait à cheval, chargé de piquets qu'il plantait à intervalles égaux pour servir de limites au domaine.

----

[1] *Tartare,* habitant de la Russie du S.-E.

## Questions et Exercices.

**I.** — **Expressions à expliquer :** *embrasser du regard ; — j'en fais mon affaire ; — les terres vierges ; — le voilà parti d'un pied léger.*

**II.** — Pourquoi le moujik ne pouvait-il pas dormir ? — Comment les limites du domaine furent-elles tracées ?

**III.** — Relevez les *adverbes* contenus dans le texte ; donnez leur signification.

**IV.** — **Rédaction :** Le moujik est en route pour le pays des Bashkirs. Il chemine quelque temps avec un paysan, auquel il fait part de ses projets d'avenir.

---

## II. — Histoire d'un Propriétaire (*suite*).
### *Conte russe.*

Quand Packhom eut fait dix kilomètres, il vit que le soleil n'était pas encore au quart de sa course. Il se sentait frais et gaillard, et il se dit qu'il pourrait bien, avant de tourner, fournir cinq ou six kilomètres de plus. Ainsi fit-il. Cependant, quand il eut fait quinze kilomètres, il vit que son ombre se raccourcissait et que le soleil approchait de midi ; il tourna à droite et hâta le pas.

Quand le moment fut venu de dîner, Packhom aurait bien aimé s'asseoir un peu ; mais il réfléchit que ce serait du temps perdu, et il se contenta de grignoter son morceau de pain tout en marchant. Il se préparait à tourner pour la seconde fois, quand il rencontra un petit ruisseau et vit qu'il foulait aux pieds une herbe admirable qui montait plus haut que sa ceinture.

« Ce serait dommage, pensa-t-il, de laisser de côté cette source et ce bon coin de terre. »

Et, pour l'englober[1], il fit encore quelques kilomètres.

Cependant le soleil avait décrit les trois quarts de sa course, et Packhom, en se retournant, put à peine apercevoir la colline, tant elle était loin.

« Hélas! dit-il, jamais je n'aurai le temps de parcourir les deux côtés du carré. Je vais couper droit sur le but : mon domaine ne sera pas régulier; mais mieux vaut cela que de tout perdre. »

Et Packhom, jetant sa veste et sa bouteille pour être plus à l'aise, prit le pas accéléré. Mais il était si fatigué, qu'il s'essouffla bientôt.

« Allons, dit-il, cinquante ans de bonheur valent bien une heure de souffrance! »

Et, se forçant quand même, il se mit à courir tant, que l'homme à cheval avait peine à le suivre. Il n'avait plus une minute à perdre; les coudes au corps, une écume sanglante aux lèvres, il courait toujours.

Le disque du soleil avait déjà presque disparu tout entier sous la steppe[2], mais pourtant son dernier rayon éclairait encore le sommet de la colline au moment où Packhom, à bout de souffle, vint s'abattre, la main sur son bonnet.

« Bravo! dit le maire, tu as fait une bonne journée et acquis une belle étendue de terre. Es-tu content, maintenant? Te voilà un grand seigneur terrien! »

---

[1] *Englober*, réunir ce coin de terre à ce qu'il a déjà mesuré.

[2] *Steppe*, grande plaine herbeuse de la Russie du Sud.

Mais le moujik ne répondit pas et ne se releva pas : il était mort, un peu de sang sortait de sa bouche.

Le maire se mit à rire. Il prit les mille roubles, qu'il mit dans sa poche, et dit à ses hommes :

« Enterrez-le ici. Son domaine sera petit : six pieds[1] de terre ; mais c'est la mesure juste à laquelle tout homme a droit. »

D'après Tolstoï.

## Questions et Exercices.

**I. — Expressions à expliquer :** *fouler aux pieds ; — couper droit sur le but ; — prendre le pas accéléré ; — le disque du soleil ; — être à bout de souffle.*

**II. —** Pourquoi le moujik tarde-t-il tant pour tourner, une première, une seconde fois ? — Pourquoi est-il mort en arrivant ? — Quel fut son grand défaut ?

**III. — Conjuguer** l'*indicatif présent* et l'*imparfait* du verbe *Avoir une minute à perdre* (forme négative).

**IV. — Rédaction :** A la nuit tombante, le maire et ses compagnons rentrent après avoir enterré le moujik. Imaginez leur conversation.

---

# Première Solitude.

On voit dans les sombres écoles
Des petits qui pleurent toujours.
Les autres font leurs cabrioles ;
Eux, ils restent au fond des cours.

---

[1] *Pied,* ancienne mesure de longueur d'environ 33 centimètres.

Leurs blouses sont très bien tirées,
Leurs pantalons en bon état,
Leurs chaussures toujours cirées ;
Ils ont l'air sage et délicat[1].

Les forts les appellent des filles,
Et les malins, des innocents[2] ;
Ils sont doux, ils donnent leurs billes ;
Ils ne seront pas commerçants.

Ils frissonnent sous l'œil du maître,
Son ombre les rend malheureux.
Ces enfants n'auraient pas dû naître,
L'enfance est trop dure pour eux.

Oh ! la leçon qui n'est pas sue,
Le devoir qui n'est pas fini !
Une réprimande reçue,
Le déshonneur d'être puni !

Tout leur est terreur et martyre[3] ;
Le jour, c'est la cloche, et, le soir,
Quand le maître enfin se retire,
C'est le désert du grand dortoir :

Pendant que les autres sommeillent,
Faits au coucher de la prison,
Ils pensent au dimanche, ils veillent,
Pour se rappeler la maison.

Ils songent qu'ils dormaient naguère
Douillettement ensevelis[4]
Dans les berceaux, et que les mères
Les prenaient parfois dans leurs lits.

---

[1] *Délicat*, faible, frêle.
[2] *Innocents*, simples, naïfs, dépourvus de malice.
[3] *Martyre*, grande douleur.
[4] *Douillettement ensevelis*, allongés, enfouis dans le doux lit.

On leur a donné les chemises,
Les couvertures qu'il leur faut :
D'autres que vous les leur ont **mises**;
Elles ne leur tiennent pas chaud.

Mais, tout ingrates que vous êtes,
Ils ne peuvent vous oublier,
Et cachent leur petites têtes,
En sanglotant, sous l'oreiller.

SULLY-PRUD'HOMME-

## Questions et Exercices.

**I.** — **Expressions à expliquer :** *l'ombre du maître* les rend malheureux ; — *une réprimande ;* — *le déshonneur d'être puni :* — *le désert du grand dortoir ;* — *d'autres que vous* les leur ont mises.

**II.** — Pourquoi ces enfants pleurent-ils toujours ? — A quoi jugez-vous qu'ils ne seront pas commerçants ? — Pourquoi ont-ils peur de la cloche ? — A quoi pensent-ils le soir ? — Qui ne peuvent-ils pas oublier ?

**III.** — Quelle doit être votre conduite : 1º envers vos camarades timides ou peureux ? — 2º envers vos camarades plus faibles ?

**IV.** — **Analyser logiquement** la huitième strophe.

**V.** — **Conjuguer :** *Ils songent qu'ils dormaient naguère,* à toutes les personnes des mêmes temps.

---

# L'Imagier.

*Au temps où « la France se couvrait d'une blanche moisson d'églises neuves », au XII<sup>e</sup> siècle, un moine, Norbert, a été chargé par ses frères de sculpter pour la chapelle du couvent un crucifix destiné à orner le pignon du grand portail, et une sainte Vierge qui doit être placée au-dessous du crucifix. Son œuvre achevée,*

*Norbert veut, une nuit, la voir au clair de lune. Voici
ce qui lui arrive :*

L'église était presque achevée. Deux hautes tours
flanquaient le portail, pareilles à des faisceaux de colonnettes et de clochetons. Norbert, animé d'un zèle fervent pour la maison de Dieu, passait ses journées sur
les toits, au milieu de l'aérienne forêt de pierres, le long
des galeries délicatement ajourées[1], parmi les monstres
des gargouilles[2], sous les arceaux des contreforts[3].

Même, un soir, il ne redescendit point. Il voulait rêver
là, toute la nuit, à son aise, et surprendre les feux fantasques de la lune au travers de cette architecture.

Il était au sommet de l'une des tours, sur une plate-
forme dont la balustrade n'était pas encore posée. Il
chercha s'il pourrait voir, de si haut, la statue de la
chère Vierge. Il se pencha et, bien au-dessous de lui,
crut distinguer les deux mains tendues hors de la niche.

Il se pencha un peu plus; son pied glissa, il tomba
avec un grand cri.

Dans sa chute, il rencontra un échafaudage, rebondit
sur le plancher, et fut renvoyé vers le pignon pointu
de la façade, où s'élevait la croix de pierre.

De ses deux mains il s'agrippa aux bras du Crucifié,
et son corps pendit dans le vide le long de la grande croix.

Elle était trop large pour qu'il pût la serrer entre ses
genoux, qu'embarrassaient d'ailleurs les plis de sa robe
blanche.

---

[1] *Ajourées*, qui présentent des jours, des vides. La pierre des cathédrales
est découpée comme une dentelle.

[2] Les *gargouilles* sont les tuyaux par où s'écoule l'eau des toits. Dans
les vieilles églises, les gargouilles sont en pierre et figurent des têtes de
monstres.

[3] Les *contreforts* sont les murailles qui soutiennent, à l'extérieur, les
voûtes d'une église. Ils s'appuient en haut par des *arceaux.*

Là, face à face avec le Christ, les cheveux hérissés d'épouvante, il le suppliait humblement et furieusement de le sauver. Puis il se mit à crier de toutes ses forces ; mais les bons moines, étant en paix avec Dieu, dormaient d'un sommeil si profond[1] que personne ne l'entendit. Des oiseaux de nuit, effarouchés, tournoyaient au-dessus de sa tête. Ses pieds grattaient la pierre, cherchant en vain un point d'appui. Ses doigts s'écrasaient sur les bras de granit. Ses ongles saignaient ; il sentait un poids énorme l'attirer en bas. Ses doigts glissèrent, lâchèrent prise...

Il tomba, sans se faire aucun mal, sur les deux paumes[2] de marbre de la Vierge. Les mains miséricordieuses se relevèrent un peu pour le retenir. Il s'y endormit comme un enfant dans son berceau.

A l'aurore, les moines l'aperçurent. On dressa de longues échelles. Quand on arriva près de lui pour le délivrer, il dormait encore.

## Questions et Exercices.

**I. — Expressions à expliquer :** *des faisceaux de colonnettes et de clochetons ; — un zèle fervent ; — l'aérienne forêt de pierres ; — les feux fantasques de la lune ; —* il le suppliait *humblement et furieusement ;* — les mains *miséricordieuses.*

---

[1] On dort mieux quand on a la conscience tranquille.
[2] *Paumes,* le dedans des mains.

**II.** — Le sculpteur ne fut-il pas imprudent? — Son imprudence n'est-elle pas excusable? — Croyez-vous que cette histoire soit vraie? — En quoi est-elle touchante?

**III.** — L'église proche de votre école a-t-elle des statues à l'extérieur, des colonnettes, des gargouilles, des contreforts avec des arceaux?

**IV.** — **Analyse logique** de la dernière phrase : *Quand on arriva...*

---

# La Lutte contre la Vase.

Rien de terrible, on le sait, comme cette force sournoise du sable mouvant ou de la vase, qui, peu à peu, mais irrésistiblement, happe[1] l'imprudent aventuré sur une surface trompeuse et, après une lente torture, paralyse un à un tous ses membres. Quand la victime disparaît enfin, elle est morte, parfois d'épouvante, avant même d'être asphyxiée.

Un drame de ce genre a eu lieu voici quelques années sur l'étang de Montdeyran, dans la Creuse.

Un négociant de la région passait en voiture sur la rive, lorsqu'il aperçut à trois cents mètres un point noir s'agitant faiblement à la surface de l'étang. Il constata bientôt que c'était une tête humaine. Un enlisé se débattait désespérément contre l'implacable et lent engloutissement dans la vase.

Pris d'une émotion indicible[2], le négociant appela au secours. A ses cris, plusieurs personnes accoururent. Hélas! il était impossible d'aller vers le malheureux

---

[1] Saisit, comme pour l'engloutir.
[2] Qu'on ne peut exprimer, qu'on ne peut *dire*.

sans courir le risque d'être englouti, et l'effroyable drame se poursuivait lentement sans qu'aucun des témoins osât se porter à son secours !

Toute chance de le sauver allait être perdue, lorsqu'un homme se présenta, qui voulut tenter d'arracher à l'étang sa proie.

Dans le silence et l'angoisse de tous, M. Dussauve, un domestique, descendit dans la vase. Il avança, lentement, péniblement. Bientôt il fut enfoncé jusqu'à mi-corps. Là-bas, le point noir semblait presque sans mouvement, comme si la mort déjà fût prête à accomplir son œuvre. Le sauveteur se sentit bientôt attiré, lui aussi, par le gouffre. Voyant qu'il ne pouvait plus avancer sans aller à l'engloutissement certain, il réussit, non sans peine, à se dégager et à gagner une bande de terre ferme, où gisaient quelques troncs de sapins. Il les posa bout à bout sur le sol mouvant dans la direction de l'enlisé[1] et s'engagea sur ce pont périlleux. Il parvint ainsi à s'approcher du malheureux, qui était un garçon d'une quinzaine d'années, et lui tendit une perche.

L'enfant, les yeux hagards, était incapable de prononcer un mot. D'un mouvement de tête il dit son impuissance. Ses bras étaient emprisonnés ! Alors, dans un suprême effort, Dussauve fit glisser vers lui l'étroit tronc d'arbre sur lequel il se tenait en équilibre et parvint, non sans mille précautions, à tirer peu à peu l'enfant de l'abîme où il était embourbé. Puis, d'un tronc d'arbre à l'autre, pas à pas, avec son fardeau, il regagna lentement la rive.

L'enlisé, un nommé Pouchard, raconta qu'il s'était

---

[1] Enfoncé, presque englouti.

engagé dans l'étang pour aller chercher un poisson et que, depuis de longues heures, il subissait l'infernale torture dont, héroïquement, le domestique Dussauve venait de le délivrer.

## Questions et Exercices.

**I.** — **Expressions à expliquer :** *lente torture;* — *l'effroyable drame;* — les yeux *hagards;* — *l'infernale torture.*

**II.** — Le jeune Pouchard s'est montré bien imprudent; ne devons-nous pas réfléchir avant d'agir? Pourquoi? — Dussauve, lui, a exposé également sa vie mais est-il blâmable? — Pourquoi le négociant et les personnes accourues à ses cris n'allaient-ils pas au secours du malheureux? — Ne trouvez-vous pas horrible cette mort par l'enlisement? Pourquoi?

**III.** — Relever les *adjectifs qualificatifs* contenus dans le premier paragraphe.

**IV.** — **Conjuguer** le verbe *Être enlisé* au présent et au passé composé de l'indicatif.

**V.** — Comment est formé le mot *irrésistiblement?* — Le décomposer et l'expliquer.

**VI.** — **Rédaction :** Dans une promenade, un de vos camarades tombe à l'eau. Vous ne savez pas nager. Vous racontez ce que vous avez fait pour contribuer à le sauver.

# Fifi.

LES choux ! les choux !... les beaux choux !... Voilà des choux ! »

Mâme[1] Crabignole pousse lentement sa voiture à bras. Toute penchée en avant, elle converse avec les légumes. Elle dit très haut :

« Tu es bien ? »

Une petite voix flûtée[2] répond :

« Oui... J'ai trouvé un escargot.

— Tu n'as pas soif ?

— Non.

— Écoute. Je vais m'arrêter un instant au bar Pierre. Je vais tremper mon pain dans un noir[3] à deux sous. Tu surveilleras la voiture.

— Oui.

— Si quelqu'un vient, tu m'appelleras. »

Mâme Crabignole entre dans le bar, abandonnant au bord du trottoir sa charrette et ses choux.

Les choux de Mâme Crabignole, géométriquement disposés en tronc de pyramide, selon l'usage en cours chez les marchands des quatre saisons, ressemblent à tous les choux, les humbles choux cultivés sur la terre de France.

---

[1] *Mâme*, forme abrégée et populaire de *Madame*.
[2] *Flûtée*, qui a le son d'une flûte.
[3] *Un noir*, expression populaire désignant un verre de café.

Rien n'explique le mystère de leur étrange voix.

Il y a bien un diable de papillon famélique, aux longues ailes blanches, qui surgit de temps à autre du centre de ce tas de choux et disparaît aussi soudainement qu'il est venu. Mais avez-vous entendu parler des papillons?

« Qu'est-ce que c'est que cette voiture... arrêtée, ce me semble, à l'encontre du règlement? remarque d'une voix sévère l'agent 314.

— Bonjour, monsieur! »

L'agent 314 s'hypnotise[1] sur « les choux qui parlent » de Mâme Crabignole.

Le petit papillon folâtre prend son essor et, — prodige inouï, — se transforme en un nœud de ruban blanc sur les cheveux d'une gamine qui montre sa frimousse[2] derrière le rempart des légumes.

« Fifi!

— Monsieur Bonbouchon!

— Qu'est-ce que tu fais là?

— C'est jeudi,... on ne va pas en classe. Je m'ennuie chez nous. Maman m'emmène. Je roule en carrosse; c'est amusant, c'est moi la Reine des Reines.

— Ta mère est présentement où?

— Chez Pierre, elle sirote[3] un noir. Monsieur l'agent, j'ai trouvé un escargot!

— Au revoir, Fifi. Le bonjour pour moi à ta maman. »

ALFRED MACHARD.

(*Les Cent gosses.*)

---

[1] *S'hypnotise,* ne peut plus détacher ses yeux

[2] *Frimousse,* petite figure éveillée, qui semble encore plus petite sous une chevelure ébouriffée.

[3] *Elle sirote,* expression populaire pour dire *elle boit.*

## Questions et Exercices.

**I.** — **Expressions à expliquer :** *elle converse avec les légumes ;* — *les choux... disposés en tronc de pyramide ;* — *un diable de papillon famélique, — à l'encontre du règlement, — prodige inouï.*

**II.** — Qu'est-ce que Fifi ? — Pourquoi ne la voit-on pas ? — Qu'a-t-elle trouvé ? — Pourquoi vous amuse-t-elle ?

**III.** — Que pensez-vous de l'agent qui ne verbalise pas contre la marchande, bien que celle-ci ait enfreint le règlement ?

**IV.** — **Conjuguer** le verbe : *Avoir entendu parler des papillons,* à l'indicatif present, forme interrogative.

**V.** — **Rédaction :** Le vendredi, Fifi raconte à ses compagnes de classe l'emploi de son jeudi.

---

## Histoire d'un Ane.

Une chiffonnière[1] pâle et affamée conduisait par la bride un pauvre petit âne qui avait l'air d'avoir cent ans, et qui traînait une pauvre petite charrette toute pleine des immondices du quartier : chiffons, bouteilles cassées, journaux lus, casseroles trouées, ces riens qui font la fortune des chiffonniers. La femme avait fait bonne récolte, mais l'âne était à bout de forces.

Il s'était arrêté court, comme s'il eût résolu de ne plus faire un pas ; ses jambes tremblaient, il penchait la tête avec tristesse. Ce spectacle me navra, je m'arrêtai court comme lui. Un chiffonnier eût battu l'âne

---

[1] *Chiffonnière,* celle qui ramasse ou vend des chiffons.

pour le ranimer, tout en l'injuriant; la chiffonnière regardait la pauvre bête d'un air compatissant, vrai regard de mère ou de sœur.

L'âne aussi la regarda, et son œil disait :

« C'est fini, je suis à bout. »

La femme lui parla doucement :

« Allons, allons, mon cher Pierrot, ne vas-tu pas me laisser là? »

Elle fit deux pas vers la petite voiture et déchargea le panier de verres cassés.

« Allons! dit-elle encore, cette fois, tu peux marcher, Pierrot! »

Et elle se mit à la roue. Mais l'âne ne bougea pas : il savait qu'il n'aurait pas la force d'aller jusqu'à Saint-Ouen[1], sa dernière patrie, sa dernière station dans la misère. Elle jugea que son ami Pierrot était perdu; deux grosses larmes perlèrent à ses yeux, elle ouvrit les bras, elle prit la tête de l'âne et l'embrassa comme un enfant. Cet embrassement fit un miracle, qui se traduisit d'abord par un cri du cœur : l'âne se mit à braire comme en ses meilleurs jours.

Je m'approchai et je tendis la main à la femme :

« C'est bien, madame, ce que vous avez fait là.

— Ah! monsieur, dit-elle en pleurant, si vous saviez comme j'aime cette bête! Figurez-vous que je l'ai sauvée de l'abattoir il y a sept ans de cela. Dans ce temps-là je n'avais qu'une hotte[2]; c'est avec mon crochet[3] que j'ai élevé sept enfants. Il y en a quatre qui sont morts,

---

[1] *Saint-Ouen*, localité importante voisine de Paris, sur la rive droite de la Seine. Cité très industrielle.

[2] *Hotte*, panier qu'on porte au dos à l'aide de bretelles.

[3] *Crochet*, bâton terminé par une pointe crochue, avec lequel les chiffonniers piquent et ramassent tout ce dont ils espèrent tirer profit.

Cet âne-là m'a souvent consolée. Aussi je ne l'ai jamais battu : — n'est-ce pas, Pierrot? »

Le pauvre petit âne avait l'air d'être à la conversation, il dressait à demi ses oreilles.

« Combien vous a coûté Pierrot?

— Dix francs. »

Je lui remis cinq louis en disant :

« Vous retournerez à l'abattoir, vous achèterez un autre âne et vous nourrirez celui-ci. »

Je donnai ma carte à la chiffonnière et je dis adieu à l'âne en lui caressant le museau.

L'âne, regaillardi[1], repartit presque gaiement. La chif-

---

[1] *Regaillardi*, rendu plus gaillard, plus vif, plus vigoureux.

fonnière se mit à la queue de la voiture pour aider son ami Pierrot.

Mais, hélas ! elle est venue le soir chez moi tout en larmes.

J'ai compris tout de suite.

« Oh ! monsieur, il est défunt !

— Pauvre Pierrot !

— Quand vous l'avez vu, il mourait à regret, voilà pourquoi il a repris ses dernières forces pour arriver jusqu'à chez nous. Mais quand il a vu notre baraque, il est tombé à genoux. J'ai voulu le relever ; mais cette fois, c'était bien fini. Tout le monde lui parlait et le caressait ; il regardait d'un œil si désolé, que c'était à fendre le cœur[1] ! Voyez-vous, il y en a dans le monde qui ne valent pas un pauvre âne comme Pierrot. Quand on pense qu'il a voulu mourir dans sa maison, après avoir fait son travail de tous les jours ! Oui, monsieur, il est mort à la porte... »

La chiffonnière ouvrit la main, où je vis luire les cinq louis du matin.

« Voilà vos cent francs, monsieur. »

J'avoue que je ne sais qui je dois le plus admirer, de Pierrot ou de la chiffonnière : l'âne qui accomplit son devoir, ou la femme d'une délicatesse si scrupuleuse dans sa misère.

A. Houssaye.

Questions et Exercices.

**I. — Expressions à expliquer :** *pâle et affamée,* pourquoi ? — *arrêté court ;* — me *navra ;* — *ranimer ;* — *déchargea le panier* de verres *casses : pourquoi ?* — cet embrassement fit *un miracle ;* — une *délicatesse si scrupuleuse dans sa misère.*

---

[1] *C'était à fendre le cœur,* expression figurée qui signifie **exciter la com-passion,** éprouver une grande pitié.

**II.** — Comment pourrait-on encore intituler ce morceau ? — Relevez les phrases qui révèlent la grande pitié de la chiffonnière. — Comment l'âne mourant manifeste-t-il son attachement à sa maîtresse ?

**III.** — Que doit éprouver la chiffonnière en perdant son compagnon de misère ? — Pourquoi rapporte-t-elle l'argent qui lui a été donné ? — Que pensez-vous de cette action ?

**IV.** — Relevez tous les *adjectifs qualificatifs* contenus dans le premier paragraphe.

**V.** — **Conjuguez :** *Il s'était arrêté court,* à tous *les temps simples.*

**VI.** — **Rédaction :** Racontez la mort d'un animal auquel vous étiez très attaché, et dites toutes vos impressions.

---

# Noël en Auvergne.

*Marmontel, qui vécut au XVIIIe siècle, fit ses premières études à Mauriac, petite ville d'Auvergne, département du Cantal. Il était logé, comme pensionnaire, dans une pauvre famille, avec quatre camarades, élèves, comme lui, du collège.*

Mes petites vacances de Noël se passaient à jouir, mes parents et moi, de notre tendresse mutuelle, sans d'autre diversion que celle des devoirs de bienséance et d'amitié[1]. Comme la saison était rude, ma volupté la plus sensible était de me trouver à mon aise auprès d'un bon feu ; car à Mauriac, dans le temps même du froid le plus aigu, quand les glaces nous assiégeaient et lorsque, pour aller en classe, il fallait nous tracer nous-mêmes, tous les matins, un chemin dans la neige, nous ne trouvions au logis que le feu de quelques

---

[1] Quels pouvaient être ces devoirs ?

tisons qui se baisaient sous la marmite, et auxquels à peine, tour à tour, nous était-il permis de dégeler nos doigts : encore, le plus souvent, nos hôtes assiégeant la cheminée, était-ce une faveur de nous en laisser approcher ; et le soir, durant le travail, quand nos doigts engourdis de froid ne pouvaient plus tenir la plume, la flamme de la lampe était le seul foyer où nous pouvions les dégourdir.

Quelques-uns de mes camarades qui, nés sur la montagne et endurcis au froid, l'enduraient mieux que moi, m'accusaient de délicatesse ; et, dans une chambre où la bise sifflait par les fentes des vitres. ils trouvaient ridicule que je fusse transi[1] et se moquaient de mes frissons. Je me reprochais à moi-même d'être si frileux et si faible, et j'allais avec eux sur la glace, au milieu des neiges, m'accoutumer, s'il était possible, aux rigueurs de l'hiver. Je domptais la nature, je ne la changeais pas, et je n'apprenais qu'à souffrir. Ainsi quand j'arrivais chez moi et que, dans un bon lit ou au coin d'un bon feu, je me sentais tout ranimé, c'était pour moi l'un des moments les plus délicieux de la vie : jouissance que la mollesse ne m'aurait jamais fait connaître.

Dans ces vacances de Noël, ma bonne aïeule, en grand mystère, me confiait les secrets du ménage. Elle faisait voir, comme autant de trésors, les provisions qu'elle avait faites pour l'hiver : son lard, ses jambons, ses saucisses, ses pots de miel, ses urnes d'huile, ses amas de blé noir, de seigle, de pois et de fèves, ses tas de raves et de châtaignes, ses lits de paille couverts de fruits.

---

[1] *Transi*, saisi et tremblant de froid.

« Tiens, mon enfant, me disait-elle, voilà les dons
que nous a faits la Providence. Combien d'honnêtes
gens n'en ont pas reçu autant que nous, et quelles
grâces n'avons-nous pas à Lui rendre de ses faveurs ! »

Pour elle-même, rien de plus sobre que cette sage
ménagère ; mais son bonheur était de voir régner l'abon-

dance dans la maison. Un régal qu'elle nous donnait
avec la plus sensible joie était le réveillon de la nuit
de Noël. Comme il était tous les ans le même, on s'y
attendait, mais on se gardait bien de s'y être attendu ;
car tous les ans elle se flattait[1] que la surprise en serait
nouvelle. et c'était un plaisir qu'on avait soin de lui
laisser. Pendant qu'on était à la messe, la soupe aux
choux verts, le boudin, la saucisse, l'andouille, le mor-

---

[1] *Elle se flattait*, elle espérait, elle était persuadée.

ceau de petit salé le plus vermeil[1], les gâteaux, les beignets de pommes au saindoux, tout était préparé mystérieusement par elle et l'une de ses sœurs. Et moi, seul confident de tout cet appareil, je n'en disais mot à personne. Après la messe on arrivait, on trouvait ce beau déjeuner sur la table, on se récriait sur la munificence[2] de la bonne grand'mère, et cette acclamation de surprise et de joie était pour elle un plein succès.

MARMONTEL.

## Questions et Exercices.

**I.** — **Expressions à expliquer :** *jouir de notre tendresse mutuelle ; — quand les glaces nous assiégeaient ; — nos hôtes assiégeant la cheminée ; — je domptais la nature, je ne la changeais pas ; — seul confident de tout cet appareil.*

**II.** — Par quels traits se marque la dure vie que Marmontel menait au collège ? Et la douceur des journées qu'il passait en hiver dans sa famille ? — Quel avantage trouve-t-il dans cette dure vie ? — Pourquoi laissait-on ignorer à la grand'mère qu'on connaissait ses préparatifs ?

**III.** — **Analysez grammaticalement :** *Ils trouvaient ridicule que je fusse transi.*

**IV.** — **Rédaction :** Racontez les plaisirs de vos dernières vacances.

---

[1] *Vermeil*, de couleur rose.
[2] La *munificence* se marque par l'abondance, le bon choix et la valeur de ce que l'on donne.

# Le Renard et le Bouc.

Capitaine renard allait de compagnie
Avec son ami bouc des plus haut encornés.
Celui-ci ne voyait pas plus loin que son nez;
L'autre était passé maître en fait de tromperie.

La soif les obligea de descendre en un puits :
  Là, chacun d'eux se désaltère.
Après qu'abondamment tous deux en eurent pris,
Le renard dit au bouc : « Que ferons-nous, compère[1]?
Ce n'est pas tout de boire, il faut sortir d'ici.
Lève tes pieds en haut, et tes cornes aussi;
Mets-les contre le mur : le long de ton échine
  Je grimperai premièrement,
  Puis sur les cornes m'élevant,
  A l'aide de cette machine

---

[1] Dans le texte, ce mot signifie *camarade, compagnon.*

De ce lieu-ci je sortirai.
Après quoi je t'en tirerai.
— Par ma barbe[1]! dit l'autre, il est bon; et je **loue**
Les gens bien sensés comme toi.
Je n'aurais jamais, quant à moi,
Trouvé ce secret, je l'avoue. »
Le renard sort du puits, laisse son compagnon,
Et vous lui fait un beau sermon[2]
Pour l'exhorter à patience :
« Si le ciel t'eût, dit-il, donné par excellence
Autant de jugement que de barbe au menton,
Tu n'aurais pas, à la légère,
Descendu dans ce puits. Or, adieu, j'en suis hors.
Tâche de t'en tirer et fais tous les efforts ;
Car, pour moi, j'ai certaine affaire
Qui ne me permet pas d'arrêter en chemin. »
En toute chose il faut considérer la fin.

LA FONTAINE.

## Questions et Exercices.

**I.** — **Expressions à expliquer** : *ne voyait pas plus loin que son nez. — passé maître en fait de tromperie ; — exhorter à patience ; — En toute chose, il faut considérer la fin.*

**II.** — Que pensez-vous de la conduite du renard ? — Auriez-vous, comme le bouc, approuvé sans réserve le plan proposé par le renard pour sortir du puits ? — Dans ce plan, voyez-vous bien par quels moyens le renard va sortir ? — Comprenez-vous aussi nettement comment le chétif renard pourra tirer son compère bien plus lourd que lui ? — Plaignez-vous le bouc, victime de son fourbe compagnon ? — Quelles leçons tirerons-nous de cette fable ?

**III.** — **Analyse grammaticale** : *Je t'en tirerai.*

On dit *de bonnes gens, et des gens sensés.* — Expliquez dans quel cas les adjectifs se rapportant au mot *gens* sont au masculin, et dans quel cas ils sont au féminin.

**IV.** — **Récitation** : Apprendre et réciter cette fable.

---

[1] Serment de certains peuples anciens, très fiers de leur barbe : le bouc, étant barbu, peut faire le même serment (en jurant par sa barbe).
[2] Discours religieux ; ici, remontrance ennuyeuse et inutile.

## La Poule verte.

J'ai connu, voici quelques années, un paysan de la montagne qui s'appelait Cabasse. Cabasse n'avait jamais rien vu au delà des clapiers qui formaient tout l'horizon de sa bastide[1].

Où la chèvre est attachée il faut qu'elle broute.

Il y avait à la même époque, dans les forêts de l'Amérique, un jeune perroquet qui vivait, mangeait, buvait, voletait, jacassait en oiseau libre.

Il arriva que ce perroquet fut capturé et vendu à un matelot de Marseille. A partir de ce moment, sans le savoir, cet oiseau brésilien se mit à cheminer, chaque jour un peu, par eau, par terre et par air, dans la direction de Draguignan, ou plutôt de la bastide où vivait Cabasse.

Il y a une destinée. Celle de ces deux créatures de Dieu était de se rencontrer un jour, contre toute attente, à travers toutes les difficultés.

Tout en revenant vers Marseille, le marin qui était le maître de Jacquot lui apprenait à parler le français de Provence, et l'animal bien vite le parla couramment, sans comprendre ce qu'il disait.

Le bateau arriva un beau soir dans le port marchand de Toulon.

---

[1] *L'horizon de sa bastide*, l'étendue de terrain aperçue de sa maison de campagne.

Le matelot, croyant son perroquet plus apprivoisé[1] qu'il n'était en réalité, négligeait souvent de le mettre en cage.

Un matin Coco s'envola.

On eut beau le suivre en criant : « Coco ! Coco ! » — par petits bonds et par petits vols il s'éloignait davantage.

Quand la nuit vint, la poursuite fut abandonnée.

Et voilà que le soir du troisième jour où l'oiseau avait pris son vol, un peu avant le coucher du soleil, Coco vint se percher sur le frêle amandier qui se dressait au bord de l'aire, à trente pas de la bastide de Cabasse.

Cabasse, pétrifié d'étonnement en voyant l'oiseau inconnu, s'écria :

« Oï ! vé ! une poule verte ! »

Puis, sans autre réflexion, il rentra prendre son fusil et, du seuil de sa maison, il épaula...

L'homme, qui n'avait jamais vu de perroquet, courut ramasser sa proie et, tout en soupesant dans sa main le pauvre petit corps frémissant, il souffla sous les plumes pour les rebrousser et pour voir si son gibier ferait un bon rôti. Hélas ! il n'aperçut qu'une peau blanchâtre, flasque, toute plissée. Si bien qu'il ne put s'empêcher de s'écrier tout haut :

« Oï ! qu'il est maigre ! »

A quoi, Dieu aidant, l'agonisant[2] perroquet répondit de sa voix caverneuse par ces paroles, celles — soyez-en sûr — que lui avait le plus récemment apprises son maître :

« Je suis été un peu malade[3] ! »

---

[1] Domestiqué, devenu familier, attaché à son maître.

[2] Qui va mourir.

[3] *Je suis été*, pour : J'ai été. Faute de langage assez souvent commise dans le sud de la France.

Stupéfait, tout saisi d'une terreur subite, l'homme laissa tomber le perroquet à terre et, ôtant vivement son chapeau d'un mouvement humble et contrit :

« Oh! pardon, monsieur... Je vous avais pris pour un zoizeau! »

JEAN AICARD.

### Questions et Exercices.

**I.** — **Expressions à expliquer :** *Où la chèvre est attachée, il faut qu'elle broute ; — le français de Provence ; — une voix caverneuse ; — d'un mouvement humble et contrit.*

**II.** — Pourquoi Cabasse est-il si étonné en entendant le perroquet ? — Pourquoi le perroquet répond-il avec autant d'à-propos à la réflexion de Cabasse ? — L'avait-il comprise ? — Que pensez-vous du geste de Cabasse saluant le perroquet ?

**III.** — **Homonymes** du mot *air,* en les faisant entrer dans une phrase.

**IV.** — **Conjuguer** le verbe *courir* à la première personne du singulier et à la première personne du pluriel de l'imparfait de l'indicatif, du futur simple et du présent du conditionnel.

**V.** — **Rédaction :** L'oiseau parleur. Vous avez entendu parler un oiseau (perroquet, pie, corneille ou geai). Faites-en la description.

---

## Les Filles de Saint-Vincent-de-Paul[1].

Fidèles à leur mission[2], les Filles de Saint-Vincent-de-Paul ont donné les plus beaux exemples de générosité et de dévouement au cours des guerres balkaniques.

La Croix-Rouge de France fait appel aux Filles de

---

[1] Les Filles de Saint-Vincent-de-Paul, congrégation de Sœurs de charité fondée par saint Vincent de Paul pendant le règne de Louis XIII.

[2] *Mission,* ce que l'on est chargé d'accomplir dans une intention définie.

la Charité pour les ambulances du Monténégro et de
Serbie : huit Sœurs quittent Paris, quatre pour Podgoritza et quatre pour Uskub[1]. Elles y demeurent jusqu'à
la fin de janvier 1913. A Podgoritza, le Gouvernement
les remercie au nom du Monténégro tout entier et, en
les remerciant, il remercie la France. A Uskub, un
général anglais, directeur de l'ambulance britannique,
fait cette réflexion :

« Avec quatre Sœurs, l'ambulance française fait plus
que moi avec vingt infirmières. »

Et partout, soldats blessés, paysans réfugiés, tous ces
musulmans n'ont que de la reconnaissance et du respect
pour les filles chrétiennes qui les ont soignés.

Cette reconnaissance s'exprime même parfois d'une
façon ingénue. A Constantinople, à Haïdar-Pacha, un
Circassien[2] demande à la Sœur qui s'est chargée de lui :

« Pourquoi faites-vous tout cela, ma Sœur? Combien êtes-vous payée?

— Je ne me préoccupe pas du paiement. C'est Dieu
qui se charge de me rendre ce que je fais pour lui.

— Ce n'est pas possible! Oh! que c'est beau! Ma
Sœur, guérissez-moi bien vite, pour que je retourne à
la guerre et que j'en tue au moins cent de ces chiens
de chrétiens! »

Et la Sœur, doucement :

« Alors vous me tuerez peut-être avec, car, moi
aussi, je suis chrétienne. »

Et le Circassien de se récrier.

Ces farouches soldats, circassiens, arabes, turcs,
kurdes, anatoliens, ce sont de grands enfants, doux

---

[1] Voir ces noms sur la carte, dans la région *balkanique*.
[2] *Circassien*, habitant de la Circassie, contrée du Caucase.

comme des agneaux : avec une sucrerie, une cigarette, on gagne leur cœur. Toutes les dames qui, pendant la guerre, chez nous, ont soigné les sidis[1], le savent bien. Mais là-bas, beaucoup de ces soldats n'avaient jamais vu palpiter les ailes de la cornette blanche. Toujours à Haïdar-Pacha, le personnel infirmier, presque entiè-

rement musulman, était fort intrigué. Ce qui les étonne, tous ces braves gens, c'est que les Sœurs se donnent toute cette peine, non pour gagner des paras[2], de l'argent, mais pour l'amour de Dieu.

Aussi leur admiration est grande et leur reconnaissance filiale. On demande à un Kurde :

« Aimes-tu Sadié (une infirmière musulmane)?

---

[1] *Sidis,* nom que l'on donne communément aux soldats musulmans, d'un mot arabe qui veut dire *seigneur.*

[2] *Para,* monnaie turque, dont la valeur varie suivant les régions.

— Oui, Sadié est ma sœur.

— Et Achalous (une infirmière arménienne)? »

Le Kurde fait une horrible grimace pour Achalous.

« Et la Sœur, tu es content quand elle vient auprès de toi?

— Oui, elle, c'est ma mère : elle m'a si bien soigné ! »

Ana, mère, c'est le doux nom dont ces rudes gens accueillent les Sœurs qui les soignent. Le médecin passe vite, regarde à peine, de loin, écrit quelque chose et c'est fini. Mais la Sœur reste plus longtemps auprès de chaque lit : elle se penche, elle prend dans sa main une main fiévreuse, caresse un front brûlant... De douces paroles, une petite tape sur l'épaule, et les natures les plus farouches, les plus difficiles à apprivoiser, sont conquises.

Maurice Donnay.

## Questions et Exercices.

**I.** — **Expressions à expliquer :** ces soldats n'avaient jamais vu *palpiter les ailes de la cornette blanche ;* — le personnel infirmier ... *était fort intrigué ;* — *reconnaissance filiale ;* — les natures... *les plus difficiles à apprivoiser sont conquises.*

**II.** — Quels sont les sentiments des blessés, des réfugiés, pour les Sœurs? — Comment s'expriment ces sentiments? — En quoi leur expression est-elle naïve, ingénue, presque amusante?

**III.** — **Analyse grammaticale :** *Ma Sœur, guérissez-moi bien vite.*

**IV.** — **Rédaction :** Vous avez vu (au moins en gravure) une salle d'hôpital. Décrivez-la.

## Le Lièvre vantard.

Un lièvre, qui était honteux d'être poltron, cherchait quelque occasion de s'aguerrir. Il allait quelquefois, par un trou d'une haie, dans les choux du jardin d'un paysan, pour s'accoutumer au bruit du village. Souvent même il passait assez près de quelques mâtins qui se contentaient d'aboyer après lui. Au retour de ces grandes expéditions, il se croyait plus redoutable qu'Alcide[1] après tous ses travaux. On dit même qu'il ne rentrait dans son gîte qu'avec des feuilles de laurier, et faisait l'ovation[2]. Il vantait ses prouesses à ses compères les lièvres voisins.

Il représentait les dangers qu'il avait courus, les alarmes qu'il avait données aux ennemis, les ruses de guerre qu'il avait faites en expérimenté capitaine, et surtout son intrépidité héroïque. Chaque matin, il remerciait Mars et Bellone[3] de lui avoir donné des talents et un courage pour dompter toutes les nations à longues oreilles. Jean Lapin, discourant un jour avec lui, lui dit d'un ton moqueur :

« Mon ami, je te voudrais voir avec cette belle fierté au milieu d'une meute de chiens courants. Hercule fuirait bien vite et ferait une laide contenance.

---

[1] *Alcide* autre nom d'Hercule, dont les travaux sont légendaires.

[2] On sait que le *laurier* servait à tresser des couronnes aux vainqueurs. L'*ovation* est une acclamation par laquelle on honore une personne.

[3] *Mars* et *Bellone* étaient le dieu et la déesse de la guerre chez les Romains.

« — Moi, répondit notre preux chevalier, je ne reculerais pas quand toute la gent chienne viendrait m'attaquer. »

A peine eut-il parlé qu'il entendit un petit tourne-broche[1] d'un fermier voisin, qui glapissait[2] dans les buissons assez loin de lui. Aussitôt il tremble, il frissonne, il a la fièvre, ses yeux se troublent. Il se précipite d'un rocher escarpé dans une profonde vallée où il pensa se noyer dans un ruisseau. Jean Lapin, le voyant faire le saut, s'écria de son terrier :

« Le voilà, ce foudre de guerre ! le voilà, cet Hercule qui doit purger la terre de tous les monstres dont elle est pleine ! »

FÉNELON.

## Questions et Exercices.

**I.** — **Expressions à expliquer** : *les nations à longues oreilles ;* — *Hercule ... ferait une laide contenance ;* — *notre preux chevalier ;* — la *gent chienne ;* — *ce foudre de guerre.*

**II.** — Que pensez-vous de ce lièvre ? Relevez les détails qui montrent que ce lièvre était . 1° *vantard,* 2° *poltron.*

**III.** — Trouvez dans ce texte cinq verbes employés au participe passé et dont vous expliquerez l'orthographe.

---

[1] *Tournebroche*, petit chien qu'on employait autrefois à faire tourner la broche devant le feu.
[2] *Glapissait*, du verbe glapir, aboyer faiblement.

## L'Hiver, la Glissade.

Bravo, la gelée ! Bravo, les feuilles mortes qui viennent coller à la boutonnière du passant des décorations imprévues ! Bravo, l'air frisquet du matin, qui ravigote[1] le sang, qui cingle[2] la vie, qui rend les hommes plus alertes, les enfants plus joueurs ! Bientôt, hélas ! viendra le traître, le grand froid qui durcit les veines, qui engourdit les courages, le froid qui poignarde et qui tue. Monseigneur l'Hiver aura fait alors son entrée en scène. Un roi superbe, il faut l'avouer, avec un manteau en velours de brume, doublé de neige pour hermine[3], avec sa barbe floconneuse, sa voix de tempête et son regard de glace. Mais que de victimes sur son passage ! Et quels sombres estafiers[4] lui font cortège ! C'est la Faim, le Manque de Feu, la Fièvre, le Vent aigu fourrant sa baïonnette dans les mansardes, la Phtisie collant ses lèvres violettes à la bouche des nouveau-nés ! Oh ! le terrible drame plein de meurtres, plein de cris et de sanglots...

Et pourtant les enfants jouent, glissent...

« Gare de devant !

— Poursuite ! »

Et la file se lance sur la glace avec des cris, des rires, des piaulements, comme un train de plaisir qui part.

---

[1] *Ravigoter*, donner de la vigueur, de la force.

[2] *Cingler*, au sens propre, frapper avec quelque chose de souple, de pliant comme un fouet ; dans le texte, qui excite, active, stimule la vie.

[3] *Hermine*, fourrure blanche très recherchée fournie par la peau d'un petit animal, l'hermine.

[4] *Estafier*, homme prêt à tirer l'épée, à faire un mauvais coup pour le compte d'un autre.

On est à la queue leu leu, les mains sur les épaules de celui qui vous précède, la nuque chauffée par le souffle de celui qui vous suit, les jambes emboîtées entre deux autres paires de jambes, tiré par devant, poussé par derrière, à la merci du chef de file ou

« preu », qui n'a qu'à broncher[1] pour vous faire tous aplatir, pêle-mêle, dans une omelette de chapeaux bossués et quelquefois de nez saignants.

Tant pis pour les grincheux! Ici, quand on culbute, le mot d'ordre est de trouver ça drôle. D'ailleurs, pas de jaloux : tout le monde, plus ou moins, prend à son tour un billet de parterre.

---

[1] *Broncher,* faire un faux pas, trébucher.

Regardez partir le gamin qui est un habitué de la glace. Cinq ou six pas de course précipitée, puis un claquement sec du talon gauche pour donner l'élan au pied droit, et mon galopin file comme une flèche. Quelle aisance! Quelle grâce même! Tantôt les pieds joints, « en chandelle »; tantôt accroupi, faisant « la petite bonne femme »; tantôt sur un pied, le corps en avant. Il a beau avoir le nez rouge, les oreilles sales, les mains gercées, il est joli et on l'admire. C'est le roi de la glissade.

JEAN RICHEPIN.
(*Le Pavé.* — Fasquelle, édit.)

## Questions et Exercices.

**I.** — **Expressions à expliquer :** *l'air frisquet ; — le vent aigu fourrant sa baïonnette dans les mansardes ; — à la queue leu leu ; — prendre un billet de parterre ; — un train de plaisir ; — accroupi ; — les mains gercées.*

**II.** — Comment les feuilles mortes *collent-elles à la boutonnière?* — Comment le premier froid rend-il *les hommes plus alertes et les enfants plus joueurs?* — Qu'est-ce qu'*un grincheux?* — Que pensez-vous des grincheux?

**III.** — Décrivez le roi Hiver. — Qu'évoque chacune des parties de son vêtement? — Quels estafiers lui font cortège? — Qu'entendez-vous par là? — Faites le portrait d'un glisseur.

**IV.** — Quelle est **la fonction des mots suivants :** *la boutonnière du passant ; — des décorations ; — sur la glace ; — avec des cris ; — comme un train ; — à la queue leu leu.*

**V.** — **Rédaction :** Une partie de boules de neige. Plan : 1º la neige est tombée. Aspect des rues, des maisons ; 2º la sortie de l'école ; 3º la partie : les joueurs, leurs actions ; 4º la nuit vient. Regrets et espoirs.

---

# Aveu sincère.

La duchesse de Longueville, n'ayant pu obtenir une faveur qu'elle avait demandée à Louis XIV, en fut si vivement ennuyée qu'il lui échappa contre lui des paroles très déplacées. Une seule personne les avait entendues; mais cette personne fut indiscrète[1]. La chose fut rapportée au roi, qui en parla au prince de Condé, frère de la duchesse. Le prince répondit que ce rapport devait être faux.

« J'en croirai votre sœur elle-même, répliqua le roi, si elle le dément. »

Le prince va voir sa sœur, qui ne lui cache rien. En vain il tâche, pendant toute une soirée, de lui persuader qu'en cette occasion la sincérité serait trop dangereuse, qu'en la déclarant innocente[2] il avait cru dire la vérité, qu'elle ne devait pas lui donner tort, et qu'elle ferait même plus de plaisir au roi en niant sa faute qu'en l'avouant.

« Voulez-vous, lui dit-elle, que je répare cette faute par une plus grande? Celui qui m'a dénoncée a grand tort; mais, après tout, il ne m'est pas permis de le faire passer pour un calomniateur, puisque, en effet, il ne l'est pas. »

Elle alla trouver le roi et avoua tout. Louis XIV, non seulement lui pardonna de bon cœur, mais lui accorda quelques grâces auxquelles elle ne s'attendait pas.

Th. Barrau.

---

[1] Manqua de discrétion, révéla ce qu'elle avait entendu.
[2] Non coupable.

## Questions et Exercices.

**I. — Expressions à expliquer :** *aveu sincère ; — paroles déplacées ; — accorda quelques grâces.*

**II. —** De quelle vertu a fait preuve la duchesse de Longueville ? — Que pensez-vous du prince de Condé conseillant à sa sœur de nier ? — Appréciez les différentes raisons qu'il donne à la duchesse pour qu'elle ne dise pas la vérité à Louis XIV ? — Louis XIV a-t-il bien agi en lui pardonnant ?

**III. — Conjuguez** l'expression : *Ne pas s'attendre,* à l'*imparfait* et au *plus-que-parfait* de l'*indicatif.*

**IV. — Rédaction :** Faute avouée est à moitié pardonnée. En jouant, vous avez cassé un carreau à l'école. Personne ne vous a vu. Que faites-vous ?

---

## Maître et Domestique.

« Comme il fait propre ici ! Dieu de Dieu ! que de poussière, que d'ordure ! Là..., là, regarde dans tous les coins, fainéant !

— Fainéant ! moi ; mais je m'échine[1] sans ménager ma vie !

— Et ceci, qu'est-ce ? et Oblomoff indiquait les murs et le plafond. Et ceci, et cela ? et il désignait du doigt l'essuie-main jeté la veille et l'assiette oubliée sur la table avec le morceau de pain.

— Ah ! ceci, je veux bien l'enlever, dit Zakhare d'un ton de condescendance[2] en prenant l'assiette.

— Et la poussière des murs, et les toiles d'araignées ?

---

[1] *Je m'échine,* je me donne beaucoup de peine.
[2] *Condescendance,* d'un ton de complaisance ; il cède pour faire plaisir.

— Ça, je le fais à Pâques : alors je nettoie les images et j'enlève les toiles d'araignées...

— Et les livres, et les tableaux, pourquoi ne les fais-tu pas?

— Les livres et les tableaux,... à la Noël.

— Comprends-tu que la poussière engendre les mites[1]? Il m'arrive même de voir quelquefois sur les murs une punaise[2].

— Est-ce ma faute s'il existe des punaises? dit Zakhare avec un étonnement naïf. Est-ce moi qui les ai inventées?

— C'est le résultat de la malpropreté, interrompit Oblomoff. Pourquoi dis-tu toujours des sottises?

— Je n'ai pas non plus inventé la malpropreté.

— Est-ce que là-bas, chez toi, les souris ne trottent pas toute la nuit?

— Et les souris non plus, je ne les ai pas inventées. Elles abondent partout, ces petites bêtes : les souris, les chats, les punaises...

— Comment se fait-il que chez les autres on ne voit ni mites, ni punaises? »

La figure de Zakhare exprima l'incrédulité, ou plutôt la profonde conviction que la chose était impossible.

« Il y a de tout cela ici comme ailleurs, insista-t-il avec opiniâtreté. On ne peut pas surveiller chaque punaise, ni se fourrer chez elle, dans sa fente. » Et il avait l'air de penser : « Peut-on faire un bon somme sans une punaise?

— Balaye, ôte les ordures des coins, dit Oblomoff, et il n'y aura rien de tout cela.

---

[1] *Mites*, insectes très petits ou larves qui rongent les étoffes.
[2] *Punaise*, insecte à corps très plat ayant une odeur infecte.

— Que je balaye! mais demain il s'en accumulera encore.

— Il ne s'en accumulera pas.

— Il s'en accumulera, je le sais.

— Eh! bien, s'il s'en accumule, tu balayeras encore!

— Quoi! refaire chaque coin tous les jours? Quelle existence! Mieux vaut mourir!

— Mais alors, pourquoi est-ce si propre chez les autres? demanda Oblomoff. Regarde donc chez l'accordeur d'en face : cela fait plaisir à voir, et ils n'ont qu'une servante.

— Chez eux! chez des Allemands! Mais d'où diable voulez-vous qu'il leur vienne des ordures? répondit vivement Zakhare. Voyez donc la vie qu'ils mènent. Toute la famille, pendant huit jours, est après le même os. Comment voulez-vous que durant un hiver il s'accumule chez eux tout un coin de croûtes de pain? Chez eux, il ne s'y perd pas un croûton; ils en font des biscottes[1], et puis ils les avalent avec de la bière. »

Et Zakhare cracha entre ses dents, rien qu'à l'idée d'une existence aussi sordide.

Yvan Gontcharoff.

(*Oblomoff.* — Perrin et C<sup>ie</sup>, édit.)

## Questions et Exercices.

**I.** — **Expressions à expliquer:** sans *ménager ma vie ;* — sa figure *exprima l'incrédulité;* — une *profonde conviction;* — avec *opiniâtreté;* — une existence *sordide.*

---

[1] *Biscottes*, tranches de pain séchées au four.

**II.** — Quel est le sujet de ce morceau ? — Les reproches du maître sont-ils justes ? — Que répond le domestique ? — Quel est le défaut marquant de Zakhare ? — Pourquoi le domestique ne veut-il pas se convaincre que la propreté est nécessaire tous les jours ? — Relevez ce qu'il y a d'amusant dans ses réponses.

**III.** — Relever *5 noms sujets ;* — *5 noms compléments directs ;* — *5 noms compléments de noms.*

**IV.** — **Rédaction** : Faites la description d'une cuisine où tout est en ordre et brille.

---

## Hymne de l'Enfant
## à son réveil.

Père qu'adore mon père,
Toi qu'on ne nomme qu'à genoux,
Toi dont le nom terrible et doux
Fait courber le front de ma mère !

On dit que ce brillant soleil
N'est qu'un jouet de ta puissance ;
Que sous tes pieds il se balance
Comme une lampe de vermeil[1].

On dit que c'est toi qui fais naître
Les petits oiseaux dans les champs,
Et qui donnes aux petits enfants
Une âme aussi pour te connaître.

On dit que c'est toi qui produis
Les fleurs dont le jardin se pare,
Et que sans toi, toujours avare,
Le verger n'aurait point de fruits.

---

[1] *Le vermeil* est de l'argent doré. Au sens figuré, se dit d'une chose précieuse et brillante.

Aux dons que ta bonté mesure
Tout l'univers est convié[1] ;
Nul insecte n'est oublié
A ce festin de la nature

L'agneau broute le serpolet,
La chèvre s'attache au cytise[2],
La mouche au bord du vase puise
Les blanches gouttes de mon lait ;

L'alouette a la graine amère
Que laisse envoler le glaneur,
Le passereau suit le vanneur,
Et l'enfant s'attache à sa mère.

Et pour obtenir chaque don
Que chaque jour tu fais éclore,
A midi, le soir, à l'aurore,
Que faut-il ? Prononcer ton nom.

Ah ! puisqu'il entend de si loin
Les vœux que notre bouche adresse,
Je veux lui demander sans cesse
Ce dont les autres ont besoin.

Mon Dieu, donne l'onde aux fontaines,
Donne la plume aux passereaux,
Et la laine aux petits agneaux,
Et l'ombre et la rosée aux plaines.

Donne au malade la santé,
Au mendiant le pain qu'il pleure,
A l'orphelin une demeure,
Au prisonnier la liberté.

---

[1] *Convié*, invité. Les convives sont ceux qui mangent à la même table.
[2] *Le cytise* est une espèce de pois sauvage à la tige ligneuse.

Donne une famille nombreuse
Au père qui craint le Seigneur ;
Donne à moi sagesse et bonheur,
Pour que ma mère soit heureuse !

LAMARTINE.

## Questions et Exercices.

**I.** — **Expressions à expliquer :** Un *jouet de ta puissance ;* — les fleurs *dont le jardin se pare ;* — ce *festin de la nature.*

**II.** — Que demande à Dieu cet enfant? — A quel moment de sa prière songe-t-il à demander quelque chose pour lui ? — Que demande-t-il pour lui ? — A qui pense-t-il encore en demandant pour lui *sagesse et bonheur ?*

**III.** — Comment cet enfant célèbre-t-il la puissance divine ?

**IV.** — **Récitation :** Apprendre et réciter cette poésie.

---

# Fanchon et sa Grand'Mère.

Fanchon s'en est allée de bon matin, comme le petit Chaperon rouge, chez sa mère-grand, qui demeure tout au bout du village. Mais Fanchon n'a pas, comme le petit Chaperon rouge, cueilli des noisettes dans le bois. Elle est allée tout droit son chemin et elle n'a pas rencontré le loup.

Elle a vu de loin, sur le seuil[1] de pierre, sa mère-grand qui souriait. Fanchon se réjouit dans son cœur de passer une journée entière chez sa grand'maman. Et la grand'maman, qui n'ayant plus ni soucis ni soins vit

---

[1] *Seuil,* pierre ou pièce de bois qui est au bas de l'ouverture d'une porte.

comme un grillon à la chaleur du foyer, se réjouit aussi dans son cœur de voir la fille de son fils, image de sa jeunesse.

Il n'y a pas deux êtres au monde pour s'entendre aussi bien que Fanchon et sa grand'mère ; elles ont

beaucoup de choses à se dire, car l'une revient de ce voyage de la vie [1] que l'autre va faire.

« Tu grandis tous les jours, dit la grand'mère à Fanchon, et moi je me fais tous les jours plus petite ; et voici que je n'ai plus guère besoin de me baisser pour que mes lèvres touchent ton front. Qu'importe mon grand âge, puisque j'ai retrouvé les roses de ma jeunesse sur tes joues, ma Fanchon ! »

Mais Fanchon se fait expliquer pour la centième fois,

---

[1] *Ce voyage de la vie.* On compare souvent la vie à un voyage qui commence avec l'enfance et se termine par la mort.

avec un plaisir tout nouveau, les curiosités de la maisonnette : les fleurs de papier qui brillent sous un globe de verre, les images peintes, les tasses dorées et le fusil du grand-père qui demeure suspendu au-dessus de la cheminée, à la cheville[1] où il l'attacha pour la dernière fois, il y a trente ans, hélas !

Mais le temps passe, et voici venue l'heure de préparer le dîner de midi. La mère-grand ranime le feu de bois qui sommeille ; puis elle casse les œufs dans la poêle noire. Fanchon regarde avec intérêt l'omelette au lard qui se dore et chante à la flamme. Sa grand'maman sait mieux que personne faire des omelettes au lard et conter des histoires. Fanchon, assise sur la bancelle[2], le menton à la hauteur de la table, mange l'omelette qui fume et boit le cidre qui pétille. Cependant la grand'mère prend, par habitude, son repas debout, à l'angle du foyer. Quand elles ont fini de manger toutes deux :

« Grand'mère, dit Fanchon, conte-moi l'Oiseau bleu[3]. »

ANATOLE FRANCE.
(*Nos Enfants.* — Librairie Hachette, édit.)

Questions et Exercices.

**I. — Expressions à expliquer :** grand'mère voit la fille de son fils, *image de sa jeunesse ; — j'ai retrouvé les roses de ma jeunesse sur tes joues ; —* la mère-grand *ranime le feu ; — regarder avec intérêt, —* l'omelette *se dore et chante à la flamme.*

**II. — Faites le portrait de la grand'mère. — Racontez comment s'y prend grand'mère pour faire une omelette.

---

[1] *Cheville,* morceau de bois planté dans un trou du mur.
[2] *Bancelle,* banc long et étroit.
[3] Le *Petit Chaperon rouge,* l'*Oiseau bleu,* ce sont des noms de contes que les enfants aiment beaucoup à entendre.

**III.** — Comment doit-on se conduire avec ses grands-parents ? avec les vieillards ?

**IV.** — **Analyser logiquement :** « Fanchon assise sur la bancelle, le menton à la hauteur de la table, mange l'omelette qui fume et boit le cidre qui pétille. »

**V.** — **Conjuguer :** l'impératif les verbes *se réjouir, se faire expliquer, s'asseoir.*

---

## Le Dormeur.

Il y a peu de temps, vivait à la Part-Dieu un Père[1] que le plus invincible penchant au sommeil contrariait étrangement. Malgré la meilleure volonté du monde, il ne pouvait s'éveiller à 11 heures (avant minuit) pour aller chanter matines. Or la nature, qui l'avait fait si bon dormeur, l'avait fait aussi très bon mécanicien. Sans étude, sans notion aucune des mathéma-tiques, à force de réflexion et de travail, il avait fabriqué une horloge parfaite. Il ajouta d'abord à la sonnerie, en forme de réveille-matin, un rude carillon, qui fut insuffisant ; et bientôt, aux angles et au milieu du petit chapiteau qui couronnait le cadran, un merle, un coq et un tambour. A l'heure dite, tout cela faisait tapage.

---

[1] Un religieux.

Pendant quelques nuits, les choses allèrent bien ; mais au bout d'un certain temps, quand venaient 11 heures, le carillon carillonnait, le merle sifflait, le coq chantait, le tambour battait... et le moine ronflait.

Un autre se serait découragé. Le Père, invoquant son génie, machina bien vite un serpent qui, placé sous sa tête, venait, toujours à 11 heures, lui siffler dans l'oreille :

« Il est temps, levez-vous. »

Le serpent fut plus habile que le merle, le coq, le tambour, le carillon, lesquels n'en faisaient pas moins, d'ailleurs, un petit tintamarre[1] supplémentaire. C'était merveille, et le chartreux ne manquait jamais de se réveiller.

Hélas ! au milieu de sa joie il fit une triste découverte : il ne s'était cru que dormeur, il se reconnut paresseux. Tout éveillé qu'il fût, il hésitait à quitter sa dure couchette ; il perdait bien une minute à savourer la douceur de se sentir au lit, refermant un œil et jouant à dormir.

Cela demandait réforme. Le religieux se sentait coupable, et le mécanicien se trouvait humilié ; le diable avait trop l'air de narguer l'un et l'autre, il fallait reprendre le dessus.

Aussitôt une lourde planche est disposée au-dessus du lit, de telle sorte qu'elle tombe sur les pieds du paresseux, juste dix secondes après l'avertissement charitable du serpent. Plus d'une fois le pauvre Père se rendit au chœur boiteux et meurtri. Eh ! bien, le croirait-on ? soit que le serpent eût perdu son fausset, que la planche, avec le temps, fût devenue moins pesante, ou le vieillard

---

[1] Bruit éclatant et désordonné.

plus dormeur ; soit que ses jambes se fussent endurcies, ou qu'il eût pris la criminelle habitude de les retirer avant que le châtiment tombât, toujours est-il qu'il ne tarda pas à sentir la nécessité d'une autre invention. Et tous les soirs, avant de se coucher, il se lie au bras une corde qui, à l'heure fatale, se tend sans crier gare et le jette à bas du lit.

Il en était là. Dieu sait quels nouveaux projets somnicides il roulait dans sa tête, lorsqu'il se sentit endormir pour toujours... Endormir? Oh! non ; le fervent chrétien n'en jugea pas de la sorte. Et malgré son petit péché de paresse, plein de confiance en Celui qui pardonne :

« Ah! s'écria-t-il en mourant, je m'éveille enfin! »
Ce fut son dernier mot.          L. VEUILLOT.

(*Les Pélerinages de Suisse.*
Maison Alfred Mame et Fils, édit.)

## Questions et Exercices.

**I.** — **Expressions à expliquer :** *invincible penchant ; — cela demandait réforme ; — criminelle habitude ; — projets somnicides ; — je m'éveille enfin.*

**II.** — De quelle infirmité la nature avait-elle affligé le Père? — Avait-il cependant le désir de se lever? — Montrez sa bonne volonté, qui se manifeste par toutes sortes d'inventions. Dites lesquelles. — Ne s'aperçoit-il pas un jour qu'il a un gros défaut? Lequel? — Comment entreprend-il de le combattre?

**III.** — De quoi peut-on dire que manquait ce bon religieux? Citez des exemples où un écolier peut faire preuve de *volonté*.

**IV.** — Citez les quatre **synonymes** employés dans le texte pour désigner le religieux.

**V.** — **Conjuguez** l'expression : Le *croirait-on?* au temps et au mode où elle est employée (forme interrogative).

**VI.** — **Rédaction :** Le lever du mauvais écolier. Jules est paresseux : il est réveillé, mais il ne veut pas quitter le lit ; il feint de dormir quand sa maman vient le secouer. Ce qu'il dit à sa maman pour retarder le terrible saut hors du lit. — Montrez que, par suite de sa mollesse, la journée sera mauvaise, gâchée. La journée? et la vie, peut-être!...

# L'Hirondelle.

'HIRONDELLE s'est, sans façon, emparée de nos demeures; elle loge sous nos fenêtres, sous nos toits, dans nos cheminées. Elle n'a point du tout peur de nous. On dira qu'elle se fie à son aile incomparable[1]; mais non : elle met aussi son nid, ses enfants à notre portée. Voilà pourquoi elle est devenue la maîtresse de la maison. Elle n'a pas pris seulement la maison, mais notre cœur.

Le foyer est à elle. Où la mère a niché, nichent la fille et la petite-fille. Elles y reviennent chaque année; leurs générations s'y succèdent plus régulièrement que les nôtres. La famille s'éteint[2], se disperse, la maison passe à d'autres mains; l'hirondelle y revient toujours; elle y maintient son droit d'occupation.

C'est ainsi que cette voyageuse s'est trouvée le symbole[3] de la fixité du foyer. Elle y tient tellement, que la maison réparée, démolie en partie, longtemps troublée par les maçons, n'en est pas moins souvent reprise et occupée par ces oiseaux fidèles, de persévérant souvenir.

C'est l'*oiseau du retour*. Si je l'appelle ainsi, ce n'est pas seulement pour la régularité du retour annuel, mais

---

[1] Pourquoi dira-t-on cela? Et que voudra-t-on dire?
[2] Quelle famille?
[3] Observez, expliquez et justifiez une opposition dans cette phrase.

pour son allure même et la direction de son vol, si varié, mais pourtant circulaire, et qui revient toujours sur lui.

Elle tourne et vire sans cesse, elle plane infatigablement autour du même espace et sur le même lieu, décrivant une infinité de courbes gracieuses qui varient, mais sans s'éloigner. Est-ce pour suivre sa proie, le moucheron qui danse et flotte en l'air? Est-ce pour exercer sa puissance, son aile infatigable, sans s'éloigner du nid? N'importe, ce vol circulaire, ce mouvement éternel de retour nous a toujours pris les yeux et le cœur[1].

Nous voyons bien son vol; jamais, presque jamais sa petite face noire. Qui donc es-tu, toi qui te dérobes[2] toujours, qui ne me laisses voir que tes tranchantes ailes, faux rapides comme celle du Temps[3]? Lui, il s'en va sans cesse; toi, tu reviens toujours. Tu m'approches, **tu** m'en veux, ce semble, tu me rases, voudrais-tu me toucher?... Tu me caresses de si près que j'ai au visage le vent, et presque le coup de ton aile... Est-ce un oiseau? Est-ce un esprit?

Le peuple n'y a vu que l'horloge naturelle, la division des saisons, les deux grandes *heures de l'année*. A Pâques et à la Saint-Michel, aux époques des réunions, des foires et marchés, des baux et fermages, l'hirondelle apparaît, blanche et noire, et nous dit le temps. Elle vient couper et marquer la saison passée, la nouvelle[4]. On se réunit ces jours-là, mais on ne se retrouve pas toujours; les six mois ont fait disparaître celui-ci, celui-là. L'hirondelle revient, mais pas pour tous; car plusieurs sont partis pour un très long voyage.　　　　MICHELET.

---

[1] Comment nous a-t-il pris les *yeux*? Comment le *cœur*?

[2] *Qui te dérobes*, qui te caches, qui fuis.

[3] On représente souvent le *Temps* comme un vieillard armé d'une **faux** qui abat toutes choses, et l'on marque ainsi qu'avec le **temps tout périt**.

[4] Quelles *saisons* marquent *Pâques* et la *Saint-Michel*?

## Questions et Exercices.

**I.** — **Expressions à expliquer :** *sans façon ; — droit d'occupation ; — elle plane infatigablement ; — tranchantes ailes ; — j'ai au visage le vent... de ton aile ; — l'horloge naturelle ; — grandes heures de l'année.*

**II.** — Quels sont les traits de la figure morale que Michelet compose à l'hirondelle ? — Quelles qualités lui reconnaît-il ?

**III.** — Sens du mot *circulaire.* — **Famille** du mot *cercle.*

**IV.** — **Conjuguer** l'expression : *Qui donc es-tu, toi qui te dérobes toujours ?* au *présent* et à l'*imparfait de l'indicatif.*

**V.** — **Rédaction :** Faites le portrait physique et moral du moineau. Dites sa forme, sa couleur, son allure, son caractère.

**VI.** — **Récitation :** Apprendre et réciter cette lecture jusqu'à : *de persévérant souvenir.*

---

# Le Héron.

Un jour, sur ses longs pieds, allait[1], je ne sais où,
Le héron au long bec emmanché d'un long cou :
    Il côtoyait une rivière.
L'onde[2] était transparente ainsi qu'aux plus beaux jours ;
Ma commère la carpe y faisait mille tours
    Avec le brochet son compère.
Le héron en eût fait aisément son profit :
Tous approchaient du bord ; l'oiseau n'avait qu'à prendre ;
    Mais il crut mieux faire d'attendre
    Qu'il eût un peu plus d'appétit :

---

[1] Quel est le sujet de ce verbe ?
[2] *L'onde*, l'eau (terme poétique).

Il vivait de régime, et mangeait à ses heures.
Après quelques moments, l'appétit vint. L'oiseau,
         S'approchant du bord, vit sur l'eau
Des tanches qui sortaient du fond de ces demeures.
Le mets ne lui plut pas; il s'attendait à mieux,
         Et montrait un goût dédaigneux

         Comme le rat du bon Horace[1].
« Moi! des tanches! dit-il; moi, héron, que je fasse
Une si pauvre chère! Et pour qui me prend-on? »
La tanche rebutée, il trouva du goujon.
« Du goujon! c'est bien là le dîner d'un héron!
J'ouvrirais pour si peu le bec? aux dieux ne plaise! »
Il l'ouvrit pour bien moins : tout alla de façon
         Qu'il ne vit plus aucun poisson.
La faim le prit; il fut tout heureux et tout aise
         De rencontrer un limaçon.

---

[1] *Horace* est un poète latin qui a composé une fable où **un rat fait le** dédaigneux.

Ne soyons pas si difficiles :
Les plus accommodants, ce sont les plus **habiles.**
On hasarde de perdre en voulant trop **gagner.**
Gardez-vous de rien dédaigner.

La Fontaine.

## Questions et Exercices.

**I.** — **Expressions à expliquer :** *côtoyer ; — faire son profit ; — vivre de régime ; — pauvre chère ; — la tanche rebutée.*

**II.** — Quelle leçon pouvons-nous tirer de cette fable ?

**III.** — Où et comment La Fontaine nous fait-il le *portrait du héron ?* Comment le fabuliste nous fait-il connaître le héron pour un dédaigneux ?

**IV.** — Donnez le sens du mot *transparent,* et citez quelques-uns des **composés** du préfixe *trans.*

**V.** — **Conjuguez** l'expression : *Le héron en eût fait aisément son profit,* aux trois temps du même mode.

---

## Madame Théophile.

M^me Théophile était une chatte rousse, à poitrail blanc, à nez rose et à prunelles bleues, ainsi nommée parce qu'elle vivait avec nous dans l'intimité[1], dormant sur le pied de notre lit, rêvant sur le bras de notre fauteuil, pendant que nous écrivions, descendant au jardin pour nous suivre dans nos promenades, assistant à nos repas et interceptant[2] parfois le morceau que nous portions de notre assiette à notre bouche.

---

[1] *Vivre dans l'intimité avec quelqu'un,* partager sa **manière** de **vivre,** vivre comme lui.

[2] *Intercepter,* prendre, arrêter, capter au passage.

Un jour, un de nos amis, partant pour quelques jours, nous confia son perroquet pour en avoir soin tant que durerait son absence. L'oiseau, se sentant dépaysé, était monté à l'aide de son bec jusqu'au haut de son perchoir et roulait autour de lui, d'un air passablement effaré, ses yeux semblables à des clous de fauteuil, en fronçant les membranes blanches qui lui servaient de paupières.

M{}^{me} Théophile n'avait jamais vu de perroquet, et cet animal, nouveau pour elle, lui causait une surprise évidente[1]. Immobile, elle regardait l'oiseau avec un air de méditation[2] profonde et semblait se dire :

« Décidément, c'est un poulet vert. »

Ce résultat acquis, la chatte sauta à bas de la table où elle avait établi son observatoire et alla se raser[3] dans un coin de la chambre, le ventre à terre, les coudes sortis, la tête basse, le ressort de l'échine[4] tendu. Le perroquet suivait les mouvements de la chatte avec une inquiétude visible ; il hérissait ses plumes, faisait bruire sa chaîne, levait une de ses pattes en agitant les doigts et repassait son bec sur le bord de la mangeoire. Son instinct lui révélait[5] un ennemi méditant quelque mauvais coup.

Quant aux yeux de la chatte, fixés sur l'oiseau, ils disaient dans un langage que le perroquet entendait fort bien :

« Quoique vert, ce poulet doit être bon à manger. »

M{}^{me} Théophile s'était sensiblement rapprochée : son

---

[1] *Une surprise évidente*, une surprise certaine, qu'elle laissait voir.
[2] *Un air de méditation*, un air de réflexion.
[3] *Se raser;* se tenir à ras de terre.
[4] *L'échine*, c'est la colonne vertébrale.
[5] *Lui révélait*, lui faisait connaître.

nez rose frémissait, elle fermait à demi les yeux, sortait et rentrait ses griffes contractiles [1]. De petits frissons lui couraient sur l'échine... Tout à coup, son dos s'arrondit comme un arc qu'on tend et un bond d'une vigueur

élastique la fit tomber juste sur le perchoir. Le perroquet, voyant le péril, d'une voix de basse grave et profonde cria soudain : « As-tu déjeuné, Jacquot ? »

Cette phrase causa une indicible épouvante [2] à la chatte, qui fit un saut en arrière. Une fanfare de trompette, une pile de vaisselle se brisant à terre, un coup de pistolet tiré à ses oreilles n'eussent pas causé à l'animal félin [3] une plus vertigineuse terreur [4].

« Et de quoi ? De rôti de roi ? » continua le perroquet.

---

[1] *Contractiles*, capables de rentrer et de sortir à volonté.
[2] *Une indicible épouvante*, une peur qu'on ne saurait dire.
[3] *Animal félin*, animal du genre chat, comme le lion, le tigre.
[4] *Vertigineuse terreur*, une peur très grande, une peur à donner le vertige.

La physionomie[1] de la chatte exprima clairement:
« Ce n'est pas un oiseau, c'est un monsieur : il parle !

— Quand j'ai bu du vin clairet,
Tout tourne, tout tourne au cabaret »,

chanta l'oiseau avec des éclats de voix assourdissants, car il avait compris que l'effroi causé par sa parole était son meilleur moyen de défense.

La chatte, ahurie[2], alla se blottir sous le lit, d'où il fut impossible de la faire sortir de la journée...

Le lendemain, M^me Théophile, un peu rassurée, essaya une nouvelle tentative, repoussée de même. Elle se le tint pour dit, acceptant l'oiseau pour un homme.

THÉOPHILE GAUTIER.

## Questions et Exercices.

**I. — Expressions à expliquer** *: se sentant dépaysé ; — une inquiétude visible ; — faire bruire la chaîne ; — voir le péril ; — des éclats de voix assourdissants ; — son meilleur moyen de défense.*

**II.** — Quelles furent les réflexions de la chatte en apercevant le perroquet? — Quelles impressions ressentit le perroquet et comment se défendit-il contre l'attaque de la chatte? — Qui est le plus fort, de la chatte ou du perroquet? — Quelle leçon pourrons-nous tirer de ce petit récit?

**III. — Conjuguer** à tous les temps de l'*indicatif* et à la même personne du singulier et du pluriel : *Quoique vert, ce poulet doit être bon à manger.*

**IV.** — Relever dans la première partie de la lecture, jusqu'à « qui lui servaient de paupières » les *participes présents* et leurs compléments.

**V. — Rédaction :** Le chat et la souris. Observez le manège d'un chat à l'affût. Sa posture, sa patience. — La souris sort; elle est prise. — Le chat joue avec elle et l'emporte.

---

[1] *Physionomie*, traits du visage, de la figure.
[2] *Ahurie* troublée, étourdie, ayant perdu la tête.

## La Maison de Tartarin.

Ma première visite à Tartarin de Tarascon est restée dans ma vie comme une date inoubliable. Il y a douze ou quinze ans de cela ; mais je m'en souviens mieux que d'hier. L'intrépide Tartarin habitait alors, à l'entrée de la ville, la troisième maison à gauche sur le chemin d'Avignon.

Du dehors, la maison n'avait l'air de rien. Jamais on ne se serait cru devant la demeure d'un héros. Mais quand on entrait, coquin de sort !... De la cave au grenier, tout le bâtiment avait l'air héroïque, même le jardin [1] !...

Oh ! le jardin de Tartarin, il n'y en avait pas deux comme celui-là en Europe. Pas un arbre du pays, pas une fleur de France ; rien que des plantes exotiques [2], à se croire en pleine Afrique centrale, à dix mille lieues de Tarascon. Tout cela, bien entendu, n'était pas de grandeur naturelle ; ainsi les cocotiers n'étaient guère plus gros que des betteraves, et un baobab tenait à l'aise dans un pot de réséda [3] ; mais c'est égal, pour Tarascon, c'était déjà bien joli. et les personnes de la ville, admises le dimanche à l'honneur de contempler le baobab de Tartarin, s'en retournaient pleines d'admiration.

Pensez quelle émotion je dus éprouver ce jour-là en traversant ce jardin magnifique !... Ce fut bien autre chose quand on m'introduisit dans le cabinet du héros.

Ce cabinet, une des curiosités de la ville, était au fond du jardin, ouvrant de plain-pied sur le baobab par une porte vitrée.

---

[1] Pourquoi dit-on : *même le jardin ?*

[2] *Exotiques,* venant de pays étrangers.

[3] Les plantes ne prennent tout leur développement que dans leur pays d'origine.

Imaginez-vous une grande salle tapissée de fusils et de sabres, depuis en haut jusqu'en bas ; toutes les armes de tous les pays du monde. Par là-dessus, un grand soleil féroce, qui faisait reluire l'acier des glaives et les crosses des armes à feu, comme pour vous donner encore

plus la chair de poule... Ce qui rassurait un peu pourtant, c'était le bon air d'ordre et de propreté. Tout était rangé, soigné, brossé, étiqueté comme dans une pharmacie ; de loin, un petit écriteau bonhomme, sur lequel on lisait : « Flèches empoisonnées, n'y touchez pas ! » ou : « Armes chargées, méfiez-vous. »

Sans ces écriteaux, jamais je n'aurais osé entrer.

Au milieu du cabinet, il y avait un guéridon. Sur le guéridon, un flacon de rhum, une blague turque, des livres de voyages. Enfin, devant le guéridon, un homme était assis, petit, gros, trapu, rougeaud, en bras de chemise, avec des caleçons de flanelle, une forte barbe courte et des yeux flamboyants ; d'une main il tenait un livre, de l'autre il brandissait une pipe énorme à couvercle de fer et, tout en lisant je ne sais quel formidable récit de chasseurs de chevelures [1], il faisait, en avançant sa lèvre inférieure, une moue terrible, qui donnait à sa brave

---

[1] Sans doute quelque histoire des sauvages Indiens d'Amérique, qui comptaient le nombre des ennemis qu'ils avaient abattus par les chevelures qu'ils leur avaient enlevées en leur arrachant la peau du crâne.

figure de rentier tarasconnais ce même caractère de férocité bonasse[1] qui régnait dans toute la maison. Cet
homme, c'était Tartarin, Tartarin de Tarascon, l'intrépide, le grand, l'incomparable Tartarin de Tarascon.

ALPHONSE DAUDET.
(*Tartarin de Tarascon*. — Flammarion, édit.)

## Questions et Exercices.

**I.** — **Expressions à expliquer :** *une date inoubliab'e ; — ouvrant
de plain-pied ; — un grand soleil féroce ; — un petit écriteau bonhomme.*

**II.** — Que voyez-vous d'amusant dans ce récit? — Relevez les traits
qui seraient capables de terrifier le lecteur. Et ceux qui montrent que
Tartarin et sa maison n'étaient pas aussi terribles qu'ils en avaient
l'air. — Quel vous paraît être le petit défaut de ce Tartarin?

**III.** — **Conjuguez** l'expression : *Jamais on ne se serait cru,* au
temps et au mode où elle est employée.

***

# Une Leçon d'intelligence.

Un jour, se promenant auprès d'un petit bois, Zadig[2]
vit accourir à lui un serviteur de la reine, suivi de plusieurs officiers qui paraissaient dans la plus grande
inquiétude, et qui couraient çà et là comme des hommes
égarés qui cherchent ce qu'ils ont perdu de plus précieux.

***

[1] Observez et commentez le rapprochement de ces deux termes : *férocité
bonasse*

[2] *Zadig* est le héros d'un des contes les plus amusants de Voltaire.

« Jeune homme, dit le serviteur, n'avez-vous point vu le chien de la reine? »

Zadig répondit modestement :

« C'est une chienne et non pas un chien.

— Vous avez raison, reprit le serviteur.

— C'est une épagneule très petite, ajouta Zadig. Elle a fait depuis peu des chiens ; elle boite du pied gauche de devant et elle a les oreilles très longues.

— Vous l'avez donc vue? dit le serviteur tout essoufflé.

— Non, répondit Zadig, je ne l'ai jamais vue et je n'ai jamais su si la reine avait une chienne. »

Précisément dans le même temps, par une bizarrerie ordinaire de la fortune, le plus beau cheval de l'écurie du roi s'était échappé des mains d'un palefrenier[1] dans les plaines de Babylone[2]. Le grand veneur[3] et tous les autres officiers couraient après lui avec autant d'inquiétude que le serviteur après la chienne. Le grand veneur s'adressa à Zadig et lui demanda s'il n'avait point vu le cheval du roi.

« C'est, répondit Zadig, le cheval qui galope le mieux ; il a cinq pieds de haut, le sabot fort petit, et il porte une queue de trois pieds et demi de long.

— Quel chemin a-t-il pris? où est-il? demanda le grand veneur.

— Je ne l'ai point vu, répondit Zadig, et je n'en ai jamais entendu parler. »

Le grand veneur et le serviteur ne doutèrent pas que Zadig n'eût volé le cheval du roi et la chienne de la

---

[1] *Palefrenier,* valet d'écurie.

[2] *Babylone,* ville de la Turquie d'Asie, où Voltaire place la scène de son récit.

[3] *Veneur,* celui qui s'occupe des chiens de chasse.

reine. Ils le firent conduire devant l'assemblée du grand
tribunal, qui le condamna au knout[1] et à passer le reste
de ses jours en Sibérie.

A peine le jugement fut-il rendu, qu'on retrouva le
cheval et la chienne. Les juges furent dans la douloureuse[2] nécessité de réformer leur arrêt; mais ils con-
damnèrent Zadig à payer quatre cents onces[3] d'or, pour
avoir dit qu'il n'avait point vu ce qu'il avait vu. Il fallut d'abord payer cette amende; après quoi il fut permis à Zadig de plaider sa cause au conseil du grand
tribunal. Il parla en ces termes :

« Étoiles de justice, abîmes de science, miroirs de
vérité qui avez la pesanteur du plomb, la dureté du fer,
l'éclat du diamant et beaucoup d'affinité avec l'or, puisqu'il m'est permis de parler devant cette auguste assemblée, je vous jure que je n'ai jamais vu la chienne res-
pectable de la reine ni le cheval sacré du roi des rois[4].
Voici ce qui m'est arrivé. Je me promenais vers le petit
bois où j'ai rencontré depuis le vénérable serviteur de
la reine et le très illustre grand veneur. J'ai vu sur le
sable les traces d'un animal, et j'ai jugé aisément que
c'étaient celles d'un petit chien. Des sillons légers et
longs, imprimés sur de petites éminences de sable entre
les traces de pattes, m'ont fait connaître que c'était une
chienne dont les mamelles étaient pendantes, et qu'ainsi
elle avait fait des petits il y a peu de jours. D'autres
traces en un sens différent, qui paraissaient toujours
avoir rasé la surface du sable à côté des pattes de
devant, m'ont appris qu'elle avait les oreilles très

---

[1] *Knout,* peine qui consistait à être fouetté avec des lanières de cuir
garnies de fer.

[2] Pourquoi cette nécessité était-elle douloureuse ?

[3] *Once,* ancienne mesure de poids d'environ trente-deux grammes.

[4] Que pensez-vous de toutes ces formules ?

longues; et comme j'ai remarqué que le sable était
toujours moins creusé par une patte que par les
trois autres, j'ai compris que la chienne de notre
auguste reine était un peu boiteuse; si je l'ose dire.
A l'égard du cheval du roi, vous saurez que me pro-

·menant dans les routes de ce bois, j'ai aperçu les
marques des fers d'un cheval; elles étaient toutes à
égales distances.

— Voilà, ai-je dit, un cheval qui a un galop parfait. La poussière des arbres, dans une route étroite qui
n'a que sept pieds[1] de large, était un peu enlevée à
droite et à gauche, à trois pieds et demi du milieu de

---

[1] *Pied*, ancienne mesure de longueur valant environ un tiers de mètre.

la route. Ce cheval, ai-je dit, a une queue de trois pieds et demi qui, par ses mouvements de droite et de gauche, a balayé cette poussière.

« J'ai vu sous les arbres, qui forment un berceau de cinq pieds de haut, les feuilles des branches nouvellement tombées ; et j'ai connu que le cheval y avait touché, et qu'ainsi il avait cinq pieds de haut. »

Tous les juges admirèrent le profond et subtil discernement de Zadig ; la nouvelle en vint jusqu'au roi et à la reine. On ne parlait que de Zadig dans les antichambres, dans la chambre et dans le cabinet ; et quoique plusieurs mages[1] opinassent qu'on devait le brûler comme sorcier, le roi ordonna qu'on lui rendît l'amende des quatre cents onces d'or à laquelle il avait été condamné. Le greffier, les huissiers, les procureurs vinrent chez lui en grand appareil lui rapporter ses quatre cents onces ; ils en retirèrent seulement trois cent quatre-vingt-dix-huit pour les frais de justice, et leurs valets demandèrent des honoraires[2].

VOLTAIRE.

## Questions et Exercices.

**I.** — **Expressions à expliquer :** *essoufflé ; — réformer leur arrêt ; — éminence de sable ; — subtil discernement ; — opinassent.*

**II.** — Décomposer le mot *réformer* et citer quelques **dérivés** et **composés** du mot *forme.*

**III.** — Que pensez-vous de Zadig ? Et des juges ? — Zadig fut-il récompensé comme il le méritait ? — Montrez comment, dans ce récit, Voltaire fait la critique des juges de son temps, et ce qu'il leur reproche. — N'avez-vous pas entendu dire qu'il en coûtait cher aujourd'hui encore pour se faire rendre justice ?

**IV.** — **Analyse logique :** *Le roi ordonna qu'on lui rendît l'amende des quatre cents onces d'or à laquelle il avait été condamné.*

---

[1] *Mages,* prêtres de Babylone.
[2] *Des honoraires,* un salaire.

# Nuit sur l'Océan.

Oh ! combien de marins, combien de capitaines
Qui sont partis joyeux pour des courses lointaines,
Dans ce morne[1] horizon se sont évanouis[2] !
Combien ont disparu, dure et triste fortune[3],
Dans une mer sans fond, par une nuit sans lune,
Sous l'aveugle océan à jamais enfouis !

Nul ne sait votre sort, pauvres têtes perdues !
Vous roulez à travers les sombres étendues,
Heurtant de vos fronts morts des écueils inconnus.
Oh ! que de vieux parents qui n'avaient plus qu'un rêve
Sont morts en attendant tous les jours sur la grève
       Ceux qui ne sont pas revenus !

---

[1] *Morne*, triste.
[2] *S'évanouir* signifie perdre connaissance ; ici, par extension du sens : ont disparu.
[3] *Fortune*, sort, destinée.

On demande : « Où sont-ils? sont-ils rois dans quelque
Nous ont-ils délaissés pour un bord plus fertile? »　[île?
Puis votre souvenir même est enseveli.
Le corps se perd dans l'eau, le nom dans la mémoire;
Le temps, qui sur toute ombre en verse une plus noire,
Sur le sombre océan jette le sombre oubli.

Bientôt, des yeux de tous votre ombre est disparue :
L'un n'a-t-il pas sa barque, et l'autre sa charrue[1]?
Seules, durant ces nuits où l'orage est vainqueur,
Vos veuves au front blanc, lasses de vous attendre,
Parlent encor de vous en remuant la cendre
　　De leur foyer et de leur cœur.

Où sont-ils les marins sombrés dans les nuits noires?
O flots! que vous savez de lugubres histoires,
Flots profonds, redoutés des mères à genoux!
Vous vous les racontez en montant les marées,
Et c'est ce qui vous fait ces voix désespérées
Que vous avez le soir quand vous venez vers nous[2]!

Victor Hugo.

## Questions et Exercices.

**I.** — **Expressions à expliquer :** *l'aveugle océan;* — *le sombre
oubli;* — *la cendre de leur foyer et de leur cœur;* — *lugubres histoires.*

**II.** — **Synonymes** du mot *grève,* avec le sens particulier de chacun
d'eux.

**III.** — **Analyse logique** de la dernière phrase de la quatrième
strophe, depuis ፥ *Seules durant ces nuits...,* jusqu'à la fin.

**IV.** — **Rédaction :** Développez le tableau indiqué par le poète dans
les quatre derniers vers de la quatrième strophe : *les veuves des marins
« remuant la cendre de leur foyer et de leur cœur ».*

**V.** — **Récitation :** Apprendre et réciter cette poésie.

---

[1] Chacun s'occupe de ses affaires.
[2] Qu'est-ce qui est personnifié dans ces vers?

# L'Enfant prodigue

Un homme avait deux fils, dont le plus jeune dit à son père :

« Mon père, donnez-moi ce qui doit me revenir de votre bien. »

Et le père leur fit le partage de son bien.

Peu de jours après, le fils le plus jeune, ayant amassé tout ce qu'il avait, s'en alla dans un pays étranger fort éloigné, où il dissipa tout son bien.

Après qu'il eut tout dépensé, il survint une grande famine en ce pays-là, et il commença à être dans le besoin.

Il s'en alla donc et s'attacha au service d'un des habitants du pays, qui l'envoya dans sa ferme pour y garder les pourceaux.

Et là il eût été bien aise de recevoir les aliments les plus mauvais ; mais personne ne lui en donnait.

Un jour qu'il réfléchissait, il se dit :

« Combien y a-t-il chez mon père de serviteurs qui ont plus de pain qu'il ne leur en faut ; et moi je meurs de faim ici ! Il faut que je parte et que j'aille trouver mon père, et que je lui dise :

« — Mon père, j'ai péché contre le ciel et contre vous. Je ne suis plus digne d'être appelé votre fils ; traitez-moi comme l'un des serviteurs qui sont à vos gages. »

Il partit donc et vint trouver son père. Lorsqu'il était encore bien loin, son père l'aperçut et fut touché de compassion. Il courut à sa rencontre, se jeta à son cou et l'embrassa.

Son fils lui dit :

« Mon père, j'ai péché contre le ciel et contre vous.
Je ne suis plus digne d'être appelé votre fils. »

Alors le père dit à ses serviteurs :

« Apportez vite la plus belle robe et l'en revê-

tez ; mettez-lui un anneau au doigt et des souliers aux
pieds. Amenez aussi le veau gras et tuez-le ; mangeons
et faisons bonne chère. Mon fils que voici était mort et
il est ressuscité ; il était perdu, et il est retrouvé. »

Et ils commencèrent à faire festin.

Le fils aîné, qui était dans les champs, revint. Lorsqu'il fut près de la maison, il entendit les concerts et
le bruit de ceux qui dansaient. Il appela un des servi-

teurs et lui demanda ce que c'était. Le serviteur lui répondit :

« C'est que votre frère est revenu, et votre père a tué le veau gras, parce qu'il l'a retrouvé en bonne santé. »

Ceci l'ayant mis en colère, il ne voulait point entrer. Son père, étant sorti, commença à l'en prier. Sur quoi, prenant la parole, il dit à son père :

« Voilà déjà tant d'années que je vous sers et je ne vous ai jamais désobéi en rien de ce que vous m'avez commandé ; cependant vous ne m'avez jamais donné un chevreau pour me réjouir avec mes amis. Mais aussitôt que votre autre fils, qui a dissipé son bien, est revenu, vous avez tué pour lui le veau gras. »

Alors le père lui dit :

« Mon fils, vous êtes toujours avec moi, et tout ce que j'ai est à vous ; mais il fallait faire festin et nous réjouir, parce que votre frère que voici était mort, et il est ressuscité ; il était perdu, et il est retrouvé. »

*Évangile selon St Luc.*

## Questions et Exercices.

**I.** — **Expressions à expliquer :** *être dans le besoin ; — s'attacher au service de quelqu'un ; —* son père... *fut touché de compassion ; —* faisons *bonne chère.*

**II.** — Pourquoi le jeune fils voulut-il revenir chez son père ? — Comment pensait-il y être accueilli ? — Quels sentiments éprouvait le père au moment du retour de son fils ? — Pourquoi le fils aîné fut-il mécontent ? — Avait-il raison de l'être ?

**III.** — Trouvez dans le texte *cinq pronoms relatifs.* Rôle de chacun.

**IV.** — **Rédaction :** En gardant ses troupeaux, l' « enfant prodigue » avait raconté à un vieux pâtre toute son histoire. Le vieillard lui conseille d'avoir foi en la miséricorde paternelle et d'aller retrouver son père. Racontez la scène et imaginez le dialogue.

## Un Accident.

*Michel Corbier, cultivateur du Bocage vendéen, resté veuf avec deux enfants, a pris comme domestique Madeleine Clarandeau. Celle-ci s'est attachée aux enfants et les soigne comme le ferait une mère.*

Michel avait travaillé toute la soirée dans le pré, derrière les bâtiments, éclaircissant les haies broussailleuses, étêtant les arbustes, coupant les ronces et les chèvrefeuilles ; maintenant il était passé dans l'ouche[1] aux chèvres. A grands coups de faucille il abattait les herbes sèches, les ravenelles, les derniers chardons et les tiges rouillées des fougères. Il jeta sa faucille, prit une fourche et rassembla tout ce qu'il avait coupé en un grand bûcher ; puis, afin de détruire toutes ces herbes porteuses de mauvaises graines, il y mit le feu. Une flamme claire ronfla, mordit les fougères sèches et les menues broussailles, puis elle baissa un peu et une fumée très blanche, très lourde, née des branches vertes, monta lentement.

Lalie[2], occupée à jouer dans la cour, vit cette belle et haute fumée. Elle traversa la maison, parut à la porte du corridor.

« Nêne ! Nêne[3] ! Il y a un grand feu dans le pré ; j'y vais voir. »

Madeleine répondit :

« Non ! Reste ici : tu verras tout aussi bien ; là-bas, tu pourrais te brûler. »

Lalie déjà prenait sa course.

---

[1] *Ouche*, terrain voisin de la maison et planté d'arbres fruitiers.
[2] *Lalie*, nom d'une des enfants du fermier.
[3] *Nêne*, nom donné par les enfants de Michel à sa domestique Madeleine.

Michel, maintenant, rassemblait les feuilles mortes et les bourrées[1] sèches dont il avait fait de petits tas dans le pré. Chaque fois qu'il en apportait une brassée, la flamme se réveillait, pépiait joliment, et d'innombrables étincelles montaient.

Lalie tournait autour du brûlot en battant des mains. Michel, qui avait ramassé des châtaignes précoces, les lui installa dans un petit tas de cendre qu'il tira à l'é-cart du brûlot. En attendant qu'elles fussent cuites, l'enfant se prit à courir dans la fumée.

« N'approche pas trop, dit Michel ; la flamme pourrait t'atteindre. »

La petite s'arrêta et, avec une branchette, remua les châtaignes.

Il restait encore vers le haut du pré un gros monceau de broussailles. Michel alla le chercher ; mais dès qu'il eut piqué sa fourche, il la lâcha et remonta sur la route... Dans le silence du soir un cri monta, brusque, atroce, fou, un cri prolongé d'horrible épouvante[2] et de souffrance indicible[3]. Et puis, presque aussitôt, un autre,

---

[1] *Bourrée*, fagot de menu bois.
[2] *Horrible épouvante*, terreur soudaine et affreuse.
[3] *Indicible*, qu'on ne saurait dire.

plus grave, plus rauque, le cri d'une bête traquée[1] qui prend son élan et bondit.

Michel se sentit fléchir sur ses jarrets ; il leva la main, jeta d'une voix grelottante :

« Malheur à moi ! ma petite brûle ! »

Il se rua, perça la haie, se précipita dans le pré vers cette nappe de fumée où s'agitait une torche vivante. Dans l'ouche, Madeleine aussi courait. Le cri de l'enfant l'avait mise debout, l'avait jetée hors de la maison et il l'amenait, la poussait, la portait avec une vitesse incroyable. Et de sa gorge, un autre cri sortait en réponse, ce cri rauque de louve hurlant à la mort.

Son tablier à la main, elle se jeta sur l'enfant, roula avec elle sur l'herbe, éteignit la flamme par gestes fous, avec ses jupons, avec ses mains, avec tout son grand corps.

Et puis, d'une secousse, elle fut debout. Sur ses bras l'enfant se tordait et poussait une haute plainte déchirante.

Michel arrivait, tremblant, défait. Elle ne le regarda pas, elle prit sa course.

Pieds nus, une grosse mèche de cheveux déroulée sur son dos, elle courait d'un côté, puis de l'autre ; fila vers l'étang les bras hauts,... disparut derrière une haie, puis revint... emportant vers la maison son lamentable fardeau hurlant.                    ERNEST PÉROCHON.

(*Nène.* — Plon-Nourrit et C^ie, édit.)

## Questions et Exercices.

**I.** — **Expressions à expliquer :** *ététant* les arbustes ; — *les tiges rouillées* des fougères ; — la flamme *pépiait joliment ;* — des châtaignes *précoces ;* — une *torche vivante ;* — des *gestes fous ;* — Michel arrivait *défait ;* — son lamentable *fardeau hurlant.*

---

[1] *Traquée,* entourée, cernée, ne pouvant s'échapper.

**II.** — Indiquez les trois divisions de cette lecture. — Imaginez la scène dans laquelle les vêtements de Lalie se sont enflammés. — Quel effet produisit le cri de Lalie : 1º sur Michel Corbier? 2º sur Madeleine? — Que firent-ils? — Quelles précautions devons-nous prendre avec le feu?

**III.** — Que pensez-vous de la conduite de la domestique?

**IV.** — **Conjuguez** à *toutes* les personnes des mêmes temps l'expression : *Dès qu'il eut piqué sa fourche, il la lâcha.*

---

## Le Nez de Choupille.

CHOUPILLE était maigre, et son nez s'engraissait. Choupille était pâle, son nez flamboyait. Choupille était triste, son nez s'épanouissait. Choupille marmottait à voix basse, son nez éternuait comme un buccin[1]. Choupille s'effaçait, son nez s'étalait. Choupille, en somme, végétait, et son nez seul vivait.

Je n'en finirais pas si j'entreprenais de suivre Choupille dans le dénombrement des mésaventures qu'il devait à son nez. Cela, sans compter les plaisanteries, brocards, nasardes[2] (c'est bien le cas de le dire), dont ce malencontreux nez était le naturel et inévitable affûtoir[3].

---

[1] Un *buccin* est un ancien instrument de musique en cuivre.

[2] *Nasarde,* au sens propre, veut dire une tape sur le nez ; au sens figuré, moquerie.

[3] Un *affûtoir,* au sens propre, est ce qui sert à affûter, à aiguiser. En tirer le sens figuré.

Une seule fois dans sa vie, Choupille avait failli bénir son nez et devoir la fortune à l'oppresseur dont lui venaient toutes ses misères. Un banquiste[1], l'ayant rencontré à la foire au pain d'épice, était tombé en extase devant le monstre. Séance tenante, le barnum avait offert à Choupille trente sous par jour, la nourriture et la moitié de la quête faite après chaque séance par le phénomène, « pour ses petits bénéfices. » Choupille serait exhibé sous le nom de l'Homme-Nez.

« Enfin ! s'écria Choupille, je vais donc prendre ma revanche ! »

Et saisissant à deux mains son persécuteur, il lui dit :

« Chacun son tour à être exploité.

— Seulement, avait repris le banquiste, tout cela à une condition, une condition principale.

— Laquelle ? » fit Choupille effrayé, qui voyait déjà son parasite[2] exécuté et confit dans un bocal.

Et, à ce point de son récit, il ne pouvait se défendre d'un attendrissement pour son bourreau, qu'il aimait, malgré tout. « Parce que, enfin, ajoutait-il, j'ai beau lui en vouloir, je ne consentirais tout de même pas à me séparer de lui. Il y a si longtemps que nous nous connaissons ! »

« Ma condition, avait dit en concluant le banquiste, la voici : c'est qu'à partir du moment où nous aurons signé le traité, le nez m'appartiendra, par privilège exclusif[3], et que vous me laisserez le mettre tout à fait en état de nous faire honneur.

— Qu'entendez-vous par là ?

---

1 *Banquiste*, charlatan sur la place publique.

2 Un *parasite* est celui qui vit et s'engraisse aux dépens d'un autre. Expliquer en quoi cette appellation peut s'appliquer au nez de Choupille.

3 Un *privilège exclusif* est un droit accordé à une seule personne.

— Que j'emploierai tels moyens qu'il me conviendra, à moi connus, et auxquels vous vous prêterez sans réclamation aucune.

— Pour?...

— Pour le rendre encore plus gros. »

Choupille s'était sauvé sans demander son reste.

« Non, mais croyez-vous? Est-ce possible? disait-il en racontant cette histoire. Voyez-vous cela d'ici? Un particulier qui trouve mon nez insuffisant, c'est trop fort! Rendre mon nez plus gros! Mais alors je n'aurais plus été qu'un nez, rien qu'un nez. Oui, sans doute, c'était la gloire, peut-être la fortune. Quoi! cependant, quand on se sent un homme, c'est dur de se résigner à n'être plus qu'une trompe. »

Jean Richepin.

## Questions et Exercices.

**I.** — **Expressions à expliquer** : *le dénombrement des mésaventures; — tombé en extase; — exhibé; — en état de nous faire honneur.*

**II.** — Relevez et expliquez les *oppositions* entre Choupille et son nez contenues dans les premières phrases de ce récit.

**III.** — Ce récit vous amuse-t-il? En quoi? — Est-ce que ce Choupille vous déplaît, malgré son nez? — Comment doit-on se comporter avec les camarades dont le corps présente quelque difformité?

**IV.** — **Conjuguer** l'expression . *Je n'en finirais pas si j'entreprenais,* au temps où elle est employée, puis en mettant le verbe finir au passé du même mode.

# Le Loup et le Chien.

Un loup n'avait que les os et la peau,
    Tant les chiens faisaient bonne garde.
Ce loup rencontre un dogue aussi puissant que beau,
Gras, poli[1], qui s'était fourvoyé[2] par mégarde.

    L'attaquer, le mettre en quartiers,
    Sire loup l'eût fait volontiers :
    Mais il fallait livrer bataille,
    Et le mâtin était de taille
    A se défendre hardiment.
    Le loup donc l'aborde humblement,
Entre en propos, et lui fait compliment
    Sur son embonpoint, qu'il admire.
    « Il ne tiendra qu'à vous, beau sire[3],

---

[1] *Poli*, le poil lisse.
[2] *Se fourvoyer*, c'est aller hors de sa voie, se tromper de chemin.
[3] *Beau sire*, le chien gros et gras se moque du loup.

D'être aussi gras que moi, lui repartit le **chien.**
Quittez les bois, vous ferez bien :
Vos pareils y sont misérables,
Cancres[1], hères[2] et pauvres diables,
Dont la condition est de mourir de faim.
Car, quoi! rien d'assuré! point de franche lippée[3]!
Tout à la pointe de l'épée!
Suivez-moi, vous aurez un bien meilleur destin. »
Le loup reprit : « Que me faudra-t-il faire?
— Presque rien, dit le chien : donner la chasse aux gens
Portant bâtons et mendiants;
Flatter ceux du logis, à son maître complaire,
Moyennant quoi votre salaire
Sera force reliefs[4] de toutes les façons,
Os de poulets, os de pigeons;
Sans parler de mainte caresse. »
Le loup déjà se forge une félicité
Qui le fait pleurer de tendresse.
Chemin faisant, il vit le cou du chien pelé.    [de chose.
« Qu'est-ce là? lui dit-il. — Rien. — Quoi, rien! — Peu
— Mais encor? — Le collier dont je suis attaché,
De ce que vous voyez est peut-être la cause.
— Attaché! dit le loup : vous ne courez donc pas
Où vous voulez? — Pas toujours; mais qu'importe?
— Il importe si bien que de tous vos repas
Je ne veux en aucune sorte,
Et ne voudrais pas même, à ce prix, un **trésor.** »
Cela dit, maître loup s'enfuit, et court encor.

La Fontaine.

------

1 *Cancres*, très faibles. incapables de se mouvoir.
2 *Hères*, réduits à la misère.
3 *Lippée*. ce qu'on prend avec les lèvres, gloutonnement (lèvre se dit, vulgairement. *lippe*).
4 Les *reliefs* sont les restes des repas.

## Questions et Exercices.

**I.** — **Expressions à expliquer :** *par mégarde ; — entre en propos ; — tout à la pointe de l'épée ; — mainte caresse ; —* le loup déjà *se forge une félicité.*

**II.** — Faites le portrait des deux personnages de cette fable. — Comment vivent-ils l'un et l'autre ? — Que pensez-vous de l'un et de l'autre ? — Peut-on, et faut-il souhaiter d'être aussi libre que le loup ?

**III.** — Quel est le moment le plus important du dialogue entre le loup et le chien ? — Pourquoi le chien ne répond-il pas tout de suite à la question du loup : « Qu'est-ce cela ? »

**IV.** — **Rédaction :** En remplaçant par deux hommes (ou par deux femmes) les deux personnages de cette fable, imaginez un récit, comportant un dialogue, dont on puisse dégager la même leçon que de la fable du loup et du chien.

* * *

## « Pour que l'eau *s'en va.* »

Elle a sept ans. Son père, M. Fournier, fonctionnaire[1] à Mostaganem[2], l'avait emmenée avec lui, le mois dernier, en promenade autour de la ville, et tous les deux ils s'étaient arrêtés au bord de l'oued[3] Aïn-Sefra, pour regarder des ouvriers creusant une tranchée près du canal qui dessert le moulin.

L'enfant se faisait donner des explications sur le travail et multipliait ces questions ingénues et pressantes qui embarrassent parfois si fort certains parents.

Tout à coup, un grand cri d'alarme, un sauve-qui-peut... Les outils sont jetés ; on entend des cris de

---

[1] *Fonctionnaire,* celui qui remplit une fonction dans les services de l'État.
[2] *Mostaganem,* ville d'Algérie.
[3] *Oued,* mot arabe signifiant cours d'eau. — Les cours d'eau du Sahara.

douleur!... Un éboulement s'est produit dans la tranchée sur une longueur de près de dix mètres, et l'eau de la rivière voisine, se frayant un chemin à travers la paroi déchiquetée, envahit comme un torrent l'excavation[1] où deux ouvriers sont demeurés à moitié ensevelis.

Avec une rapidité effrayante le flot arrivait dans le lit nouveau préparé pour le recevoir, et les deux malheureux allaient être sûrement noyés, car les autres travailleurs se trouvaient à quatre cents mètres de là et n'entendaient rien.

Alors, la petite Rosette Fournier dit à son père :

« Papa, va vite chercher les hommes. Moi, je vais creuser dans la terre, pour que l'eau *s'en va*. »

Et avec ses mains, avec des cailloux de silex, avec le bâton de son cerceau, elle se mit en effet à ouvrir une rigole, afin de détourner, s'il se pouvait, une partie de la gerbe liquide qui se précipitait dans la tranchée. Ce fut un tout petit ruisseau qu'elle réussit d'abord à former; mais les terres meubles se déplacèrent vite sous la poussée du nouveau courant, et bientôt le mince flot d'eau grossit et se dirigea vers une autre pente.

Les secours eurent le temps d'arriver, et les deux ouvriers, dont l'un est père de quatre enfants, purent être sauvés.

### Questions et Exercices.

**I.** — **Expressions à expliquer :** *pour que l'eau « s'en va »*; — *un sauve qui peut*; — la *gerbe liquide*; — les *terres meubles.*

**II.** — Quels sont les personnages du récit? — Définissez le rôle de chacun dans le petit drame qui nous est raconté. — De quelle qualité fit preuve la petite fille? — A l'idée de bien faire, que joignit-elle?

**III.** — Relevez les *adjectifs numéraux* contenus dans le texte.

--------

[1] *Excavation,* trou creusé dans le sol; une caverne est une excavation.

# Un Voleur mal élevé.

L'abbé de Molières[1] était un homme simple et pauvre, étranger[2] à tout, hors à ses travaux sur le système de Descartes[3]; il n'avait point de valet et travaillait dans son lit, faute de bois, sa culotte sur sa tête par-dessus son bonnet, les deux côtés pendant à droite et à gauche. Un matin, il entend frapper à sa porte :

« Qui va là?

— Ouvrez... »

Il tire un cordon et la porte s'ouvre.

L'abbé de Molières, ne regardant point :

« Qui êtes-vous?

— Donnez-moi de l'argent.

— De l'argent?

— Oui, de l'argent.

— Ah! j'entends, vous êtes un voleur?

— Voleur ou non, il me faut de l'argent.

— Vraiment oui, il vous en faut? Eh! bien, cherchez là-dedans. »

Il tend le cou et présente un des côtés de la culotte; le voleur fouille.

« Eh! bien, il n'y a point d'argent.

— Vraiment non, mais il y a ma clef.

— Eh! bien, cette clef...

---

[1] *L'abbé de Molières*, philosophe et mathématicien français du **xviiie** siècle.

[2] *Étranger à tout*, indifférent à tout.

[3] *Descartes*, autre célèbre philosophe et mathématicien français du **xviie** siècle.

—·Cette clef, prenez-la.

— Je la tiens.

— Allez-vous-en à ce secrétaire, ouvrez. »

Le voleur met la clef à un autre tiroir.

« Laissez donc, ne dérangez pas ! Ce sont mes papiers. A l'autre tiroir, vous trouverez de l'argent.

— Le voilà.

— Eh ! bien, prenez. Fermez donc le tiroir ! »

Le voleur s'enfuit.

« Monsieur le voleur, fermez donc la porte ! Il laisse la porte ouverte !... Quel chien de voleur ! »

L'abbé saute sur pied, va fermer la porte, et revient se remettre à son travail, sans penser peut-être qu'il n'avait pas de quoi payer son dîner.

CHAMFORT.

## Questions et Exercices.

**I.** — **Expressions à expliquer :** un homme *simple ;* — ah ! *j'entends ;* — quel *chien* de voleur !

**II.** — Où se passe cette scène et à quelle époque ? — Quels en sont les personnages ? — Que pensez-vous de la conduite de l'abbé et de son désintéressement ? — Les voleurs trouvent-ils toujours un aussi bon accueil ?

**III.** — Relevez tous les *verbes à l'impératif*.

**IV.** — **Rédaction :** Supposez un instant que l'abbé, n'ayant pas d'argent, n'ait pas accédé au désir du voleur. Décrivez la scène en faisant parler les personnages et donnez-lui le dénouement que vous voudrez.

# La Poupée de Cosette.

*Une fillette abandonnée, Cosette, est employée comme domestique dans une auberge tenue par les Thénardier, qui la traitent durement. C'est le soir. Cosette, les Thénardier et quelques voyageurs sont dans la salle commune.*

Comme les oiseaux font un nid avec tout, les enfants font une poupée avec n'importe quoi. Une petite fille sans poupée est à peu près aussi malheureuse qu'une femme sans enfant. Cosette s'était donc fait une poupée avec un sabre.

Tout à coup, elle s'interrompit. Elle venait de se retourner et d apercevoir la poupée des petites Thénardier, qu'elles avaient quittée pour le chat et laissée à quelques pas de la table de la cuisine.

Alors elle laissa tomber le sabre emmailloté qui ne lui suffisait qu'à demi, puis elle promena lentement ses yeux autour de la salle. La Thénardier parlait bas à son mari et comptait de la monnaie. Éponine et Azelma[1] jouaient avec le chat; les voyageurs mangeaient ou buvaient, ou chantaient; aucun regard n'était fixé sur elle. Elle n'avait pas un moment à perdre. Elle sortit de dessous la table en rampant sur les genoux et sur les mains, s'assura encore une fois qu'on ne la guettait pas, puis se glissa vivement jusqu'à la poupée et la saisit. Un instant après, elle était à sa place, assise, immobile, tournée seulement de manière à faire de l'ombre sur la poupée qu'elle tenait dans ses bras.

---

[1] *Éponine* et *Azelma* sont les filles des Thénardier.

Personne ne l'avait vue, excepté le voyageur qui mangeait lentement son maigre souper.

Cette joie dura près d'un quart d'heure.

Mais quelque précaution que prît Cosette, elle ne s'apercevait pas qu'un des pieds de la poupée passait,

et que le feu de la cheminée l'éclairait très vivement. Ce pied rose et lumineux qui sortait de l'ombre frappa subitement le regard d'Azelma, qui dit à Éponine :

« Tiens ! ma sœur ! »

Les deux petites filles s'arrêtent stupéfaites [1] ; Cosette avait osé prendre la poupée !

---

[1] *Stupéfaites*, étonnées, indignées aussi de l'audace de Cosette.

Éponine se leva et, sans lâcher le chat, **alla vers** sa mère et se mit à la tirer par la jupe.

« Mère, dit l'enfant, regarde donc ! »

Et elle désignait du doigt Cosette.

Cosette, elle, tout entière aux extases[1] de la possession, ne voyait et n'entendait plus rien.

Le visage de la Thénardier prit une expression terrible. Elle cria d'une voix que l'indignation enrouait :

« Cosette ! »

Cosette tressaillit comme si la terre eût tremblé sous elle. Elle se retourna.

« Cosette ! » répéta la Thénardier.

Cosette prit la poupée et la posa doucement à terre, avec une sorte de vénération mêlée de désespoir. Alors, sans la quitter des yeux, elle joignit les mains et elle éclata en sanglots.

Cependant le voyageur s'était levé.

« Qu'est-ce donc ? dit-il à la Thénardier.

— Vous ne voyez pas ?

— Eh ! bien, quoi ? reprit l'homme.

— Cette gueuse s'est permis de toucher à la poupée des enfants.

— Tout ce bruit pour cela ! dit l'homme. Eh ! bien, quand elle jouerait avec cette poupée ?

— Elle y a touché avec ses mains sales, poursuivit la Thénardier, avec ses affreuses mains ! »

Ici, Cosette redoubla ses sanglots.

« Te tairas-tu ! » cria la Thénardier.

L'homme alla droit à la porte de la rue, l'ouvrit et sortit.

Bientôt la porte se rouvrit, l'homme reparut. Il por-

---

[1] Quand on regarde quelque chose avec admiration, on **ne voit plus rien** d'autre, et c'est ce qu'on appelle être *en extase.*

tait dans ses deux mains la poupée fabuleuse[1] que tous les marmots du village contemplaient depuis plusieurs jours à la devanture du bazar, et il la posa debout devant Cosette en disant :

« Tiens, c'est pour toi. »

Cosette leva les yeux. Elle avait vu venir l'homme à elle avec cette poupée comme elle eût vu venir le soleil ; elle entendit ces paroles inouïes[2] : « C'est pour toi. » Elle le regarda, elle regarda la poupée, puis elle recula lentement et s'alla cacher tout au fond sous la table, dans un coin du mur

Elle ne pleurait plus, elle ne criait plus, elle avait l'air de ne plus oser respirer. La Thénardier, Éponine, Azelma étaient autant de statues. Les buveurs eux-mêmes s'étaient arrêtés. Il s'était fait un silence solennel dans tout le cabaret[3].

« Eh ! bien, Cosette  dit la Thénardier d'une voix qui voulait être douce et qui était toute composée de ce miel aigre des méchantes femmes, est-ce que tu ne prends pas ta poupée ? »

Cosette se hasarda à sortir de son trou.

« Vrai, monsieur ? Est-ce que c'est vrai ? C'est à moi, la dame ? »

Aucune expression ne pourrait rendre cet air à la fois épouvanté et ravi.

L'étranger paraissait avoir les yeux pleins de larmes.

Il semblait être à ce point d'émotion où l'on ne parle pas pour ne pas pleurer. Il fit un signe de tête à Cosette et mit la main de la « dame » dans sa petite main.

---

[1] *Fabuleux* se dit de ce qui est raconté dans les fables  et par conséquent qui est trop beau pour être possible.

[2] *Inouïes*, qu'on croit ne pas bien entendre, tellement elles étonnent.

[3] Pourquoi ?

Cosette retira vivement sa main, comme si celle de « la dame » la brûlait, et se mit à regarder le pavé. Tout à coup, elle se retourna et saisit la poupée avec emportement.

« Je l'appellerai Catherine », dit-elle.

Maintenant, c'étaient Éponine et Azelma qui regardaient Cosette avec envie.

Cosette posa Catherine sur une chaise, puis s'assit à terre devant elle et demeura immobile, sans dire un mot, dans l'attitude de la contemplation.

« Joue donc, Cosette, dit l'étranger.

— Oh! je joue! » répondit l'enfant.

Victor Hugo.

## Questions et Exercices.

**I.** — **Expressions à expliquer :** le sabre emmailloté *qui ne lui suffisait qu'à demi;* — une sorte de *vénération mêlée de désespoir;* — elle avait vu venir l'homme... *comme elle eût vu venir le soleil;* — ce *miel aigre* des méchantes femmes; — cet air à *la fois épouvanté et ravi.*

**II.** — Comment Cosette pouvait-elle jouer avec sa poupée, tout en étant immobile?

**III.** — Quels sont les personnages de ce récit? — Que pensez-vous de Cosette? des petites Thénardier? de leur mère? de l'étranger?

**IV.** — Relevez les expressions qui montrent le mieux la joie de Cosette quand elle fut en possession de la poupée que lui offrit le voyageur.

# La Source.

Tout près du lac filtre une source,
Entre deux pierres, dans un coin ;
Allègrement[1] l'eau prend sa course,
Comme pour s'en aller bien loin.

Elle murmure : « Oh ! quelle joie !
Sous la terre il faisait si noir !
Maintenant ma rive verdoie,
Le ciel se mire à mon miroir.

« Les myosotis aux fleurs bleues
Me disent : « Ne m'oubliez pas ! »
Les libellules, de leurs queues,
M'égratignent dans leurs ébats.

---

[1] *Allègrement*, d'une manière vive et joyeuse.

« A ma coupe, l'oiseau s'abreuve ;
Qui sait ? Après quelques détours,
Peut-être deviendrai-je un fleuve,
Baignant vallons, rochers et tours.

« Je borderai de mon écume
Ponts de pierre, quais de granit,
Emportant le steamer[1] qui fume
A l'Océan où tout finit. »

Ainsi la jeune source jase,
Formant cent projets d'avenir ;
Comme l'eau qui bout dans un vase,
Son flot ne peut se contenir

Mais le berceau touche à la tombe ;
Le géant futur meurt petit :
Née à peine, la source tombe
Dans le grand lac qui l'engloutit.

Théophile Gautier.

## Questions et Exercices

**I.** — **Expressions à expliquer** : *filtre* une source ; — ma rive *verdoie* ; — *à ma coupe, l'oiseau s'abreuve* ; — la source *jase* ; — *le berceau touche à la tombe.*

**II.** — Quelle moralité pouvez-vous tirer de cette petite fable ?

**III.** — **Conjuguez** l'expression : « Peut-être deviendrai-je un fleuve, » au temps où elle est employée, puis au *passé du conditionnel.*

**IV.** — **Récitation** : Apprendre et réciter cette poésie.

---

[1] *Steamer,* bateau à vapeur.

# Une Mère suppléante[1].

Il y a quelque trente ans vivait près de Graville[2] une petite couturière nommée M^lle Lehégarat, n'ayant

d'autres ressources que celles de son travail, qui devait suffire à son entretien et à celui de sa vieille mère.

Un soir d'hiver, sur le quai, elle trouva, en revenant de sa journée, une petite fille qui pleurait, blottie dans

---

[1] *Suppléante,* qui remplace ; ici, personne qui remplace une mère.
[2] *Graville,* grosse commune de Seine-Inférieure, à 5 km. du Havre.

un wagon. Entre la pauvre fillette **et la** passante
s'engagea un dialogue bref :

« Que fais-tu là?

— J'ai faim.

— Où sont tes parents?

— Je n'en ai plus.

— Qui a soin de toi?

— Personne.

— Viens avec moi. »

Et cette nuit-là, ayant cédé son lit à la miséreuse,
Mlle Lehégarat coucha sur la dure. Le lendemain, elle
travaillait pour trois.

Il n'est pas de pente plus glissante que celle du vice,
si ce n'est celle de la vertu. Quand on a commencé à
se dévouer, on ne s'arrête plus. Un grand idéal a fondu
sur votre âme[1], s'en est emparé et ne vous lâche plus,
dût-il vous meurtrir jusqu'au sang.

Un mois après la scène évangélique[2] que nous venons
de rappeler, l'humble couturière bretonne abritait dans
son étroit logement trois petites filles abandonnées.

Entrevit-elle alors l'avenir attirant et redoutable[3] que
lui préparait son imprudente charité? Non, sans doute;
car alors elle eût peut-être reculé devant les responsabilités bien lourdes pour une simple ouvrière de
l'aiguille. Mais elle se laissa entraîner chaque jour un
peu plus loin par son bon cœur.

---

[1] *Un grand idéal a fondu sur votre âme.* c'est-à-dire on veut faire le plus
de bien possible, atteindre la perfection dans le bien.

[2] *Scène évangélique,* tableau de bonté suprême, qui semble être l'application des préceptes de l'Évangile.

[3] *L'avenir attirant et redoutable,* l'avenir est attirant par le nombre de
bonnes actions à accomplir pour un cœur qui ne pense qu'à faire le bien;
mais il est redoutable par les innombrables difficultés qu'il doit vaincre
pour faire vivre tout ce petit monde.

Les gens du quartier ne lui laissaient plus le soin de chercher des pensionnaires : ils les lui amenaient. Quelquefois on s'engageait à payer pour les petites, le plus souvent on oubliait de tenir l'engagement.

Et la famille augmentait, obligeant bientôt M^lle Lehégarat à abandonner sa chère demeure pour Graville, où les logements sont moins chers et l'air plus sain.

C'est à cette date de 1894 qu'on peut faire remonter la fondation de « l'orphelinat ». Alors, en effet, la vaillante couturière, obligée de tendre la main pour ses fillettes, doit renoncer à exercer sa profession. Elle devient, si exagéré que puisse lui paraître le mot, directrice de l'œuvre.

Mais sa direction est d'une espèce toute particulière. Sa maison, même quand elle comptera soixante orphelines, restera la maison familiale[1].

Malheureusement, cette femme de bien, cette admirable mère suppléante a été frappée soudainement en 1913. Elle est morte au Havre, laissant une fois de plus sans ressources et sans famille les nombreuses orphelines qu'elle avait recueillies, qu'elle élevait, qu'elle dressait pour une vie de travail et d'honneur.

Elle n'était connue de personne, si ce n'est dans la ville où elle a fait tant de bien.

Nulle réclame chez cette admirable servante de l'enfance. Elle a enseigné à ses élèves le travail et la modestie. Elle a fait de bonnes mères de famille des premières qu'elle a recueillies, et leurs cadettes suivront le même exemple — car il n'est pas possible que, même après la mort de leur bienfaitrice, elles ne continuent à trouver un asile, du pain et de saines leçons.

---

[1] *La maison familiale*, la demeure où l'on se croit en famille, où l'on trouve les soins, la sollicitude, l'affection d'une mère.

## Questions et Exercices.

**I.** — **Expressions à expliquer :** un *dialogue bref;* — une *pente plus glissante;* — son *imprudente charité;* — les *responsabilités bien lourdes;* — *nulle réclame;* — elle a enseigné... *la modestie.*

**II.** — De quoi est-il question dans ce récit? — Quelle impression vous laisse sa lecture? — Dans quel engrenage semble être prise la pauvre couturière? — Comment accepte-t-elle les devoirs qu'elle se crée?

**III.** — Le mérite de sa charité est-il bien grand? Pourquoi? — A quels sentiments obéissent les personnes qui se dévouent aux petits orphelins?

**IV.** — **Rédaction :** Après avoir lu ce beau récit, vous sentiriez-vous capable de vous dévouer pour quelqu'un? — Cherchez une circonstance où votre dévouement d'enfant pourrait trouver à s'exercer.

---

# L'Invention du Rôti de Porc.

A une époque très ancienne et dans le coin le plus reculé de certaine province chinoise que les géographes ont oubliée sur les cartes, il arriva qu'une maisonnette fut détruite par un incendie. Gens, bêtes et meubles, tout ce qu'elle contenait fut brûlé. Les voisins se cotisèrent pour enterrer décemment[1] le propriétaire du logis, qu'on découvrit sous les ruines. On y découvrit aussi un petit cochon, et l'idée vint à un des spectateurs de lui donner une sépulture dans son estomac.

L'animal, naturellement tendre, se trouva cuit à point. D'autres en goûtèrent, et cette petite fête laissa

---

[1] Avec bienséance, d'une façon convenable.

un long souvenir dans l'âme de ceux qui y avaient pris
part. Ils soupiraient tous après un nouvel incendie qui
leur apporterait la même aubaine[1]; mais personne
n'entendait donner l'exemple, aucune maison ne voulait brûler dans la province. Pas d'incendie, pas de
cochon rôti. Le hasard refusant de s'en mêler, on
l'aida en mettant le feu à une ou deux huttes, qu'on
savait pourvues du précieux habitant. La coutume s'en
perpétua. Pourtant, le régal était rare, car on ne peut
brûler tous les jours une maison, et le rôti de porc
était considéré comme un plat très cher.

Un sage[2] vint à passer parmi ces hommes simples et
sans artifice.

« Bonnes gens, dit-il, il n'est pas nécessaire de
brûler une maison avec tout ce qu'elle renferme pour
vous procurer la nourriture que vous aimez. »

Et il leur apprit ce grand secret d'embrocher le
cochon et de le faire tourner au-dessus d'une demi-dou-
zaine de bûches enflammées. Sur quoi, ces honnêtes
Chinois en firent un roi, peut-être un dieu.

A FILON.

## Questions et Exercices.

**I.** — **Expressions à expliquer :** *Les voisins se cotisèrent; — donner une sépulture dans son estomac; — personne n'entendait donner
l'exemple; — la coutume s'en perpétua.*

**II.** — Pourquoi le rôti de porc était-il considéré comme un plat très
cher? — Croyez-vous vraiment que les peuples très anciens n'aient pas
eu l'idée de faire rôtir la viande sans brûler les maisons? — Un voyageur rapporte qu'il a vu des sauvages abattre un arbre pour cueillir
un fruit. Rapprochez ces deux récits. Quelle leçon nous donnent-ils?

---

[1] Avantage sur lequel on ne compte pas.
[2] Ici, sage signifie savant, instruit.

**III.** — **Analyse grammaticale :** *Ils soupiraient après un nouvel incendie.*

**IV.** — Relever les *pronoms démonstratifs* ainsi que les *adjectifs démonstratifs* contenus dans ce texte.

**V.** — **Rédaction :** Votre porc gras, bien à point, a été assommé, grillé, dépecé  vous avez assisté à l'opération. Racontez cet événement, et le festin qui a suivi.

---

## Réveil de Bébé.

O N grand bonheur était d'assister au petit lever de mon chéri. Je savais son heure. J'écartais doucement les rideaux de son berceau et j'attendais en le regardant.

Le plus souvent je le trouvais étendu en diagonale, perdu dans le chaos[1] des draps et des couvertures, les jambes en l'air, les bras croisés au-dessus de sa tête ; souvent sa petite main potelée serrait encore le joujou qui l'avait endormi la veille, et de sa bouche entr'ouverte s'échappait le murmure régulier de sa douce respiration. La chaleur du dodo avait donné à ses joues les tons d'une pêche bien mûre. Sa peau était tiède et la transpiration de la nuit faisait briller son front de petites perles imperceptibles[2].

B.entôt sa main faisait un mouvement, son pied re-

---

[1] *Chaos,* confusion, désordre (ne pas confondre avec cahot, saut que fait un véhicule roulant sur un terrain raboteux).

[2] *Imperceptible,* qui ne peut être perçu par la vue, à peine visible.

poussait la couverture, tout son corps se remuait, il se frottait un œil, étendait ses bras ; puis son regard, sous sa paupière à peine soulevée, se fixait sur moi.

Il me souriait en murmurant tout bas, si bas que je retenais ma respiration pour saisir toutes les nuances de sa petite musique[1] :

« Bonzou, petit pé.

— Bonjour, mon petit homme ; tu as donc bien dormi ? »

Nous nous tendions les bras et nous nous embrassions comme de vieux camarades.

Alors la causerie commençait. Il causait comme les alouettes chantent au soleil du matin. C'étaient des histoires interminables.

Il me racontait ses rêves, en demandant après chaque phrase sa bonne petite panade avec beaucoup de beurre dedans. Et quand cette bonne panade arrivait fumante, quel éclat de rire ! quelle joie ! comme il s'élançait vers elle en se pendant à ses rideaux ! Son œil brillait et le gazouillement recommençait.

D'autres fois, il venait me surprendre dans mon lit. Je faisais semblant de dormir et il me tirait la barbe en me criant dans l'oreille. Je feignais une grande frayeur et je jurais de me venger. De là, combats dans l'édredon, retranchement derrière l'oreiller, etc... En signe de victoire, je le chatouillais ; alors il frissonnait en éclatant de rire. Il enfouissait sa tête dans ses deux épaules comme une tortue qui se retire dans sa coque et me menaçait de son pied dodu et rose.

Gustave Droz.

(*Monsieur, Madame et Bébé*. — Librairie Ollendorff, édit.)

---

[1] *Nuances*, les inflexions de sa petite voix.

## Questions et Exercices.

**I.** — **Expressions à expliquer :** étendu *en diagonale;* — une main *potelée;* — *les tons* d'une pêche; — *un éclat de rire,* — *je feignais* une grande frayeur.

**II.** — Quelle impression produit sur vous cette lecture? — Que pensez-vous du papa? de son fils? — Relevez les expressions où se marquent le mieux la joie de l'un et de l'autre?

**III.** — **Conjuguer** le verbe *Feindre une grande frayeur* à l'imparfait et au *futur de l'indicatif.*

**IV.** — **Analyser logiquement** le troisième alinéa.

**V.** — **Rédaction :** Bébé est mis au lit par sa maman.

# De la Civilité.

M. Delille, en avril 1786, étant à dîner chez Marmontel, son confrère de l'Académie française, raconta ce qu'on va lire au sujet des usages qui s'observaient à table dans la bonne compagnie. On parlait de la multitude de petites choses qu'un honnête homme est obligé de savoir dans le monde pour ne pas courir le risque d'y être bafoué[1].

« Elles sont innombrables, dit M. Delille, et ce qu'il y a de plus fâcheux, c'est que tout l'esprit du monde ne suffirait pas pour faire deviner ces importantes vétilles[2]. Dernièrement, ajouta-t-il, l'abbé Cosson, professeur de belles-lettres au collège Mazarin, me parla d'un dîner où il s'était trouvé quelques jours auparavant, avec des gens

---

[1] *Bafoué,* moqué.

[2] Des *vétilles* sont des choses sans importance. Expliquer le rapprochement de ces deux mots, qui paraissent se contredire.

de cour, des cordons bleus [1], des maréchaux de France,
chez l'abbé de Radonvilliers, à Versailles.

« — Je parie, lui dis-je, que vous y avez fait cent impolitesses.

« — Comment donc? reprit l'abbé Cosson fortinquiet.

Il me semble que j'ai fait la même chose que tout le
monde.

« — Quelle présomption! je gage que vous n'avez rien
fait comme personne. Mais, voyons, je me bornerai au
dîner. Et d'abord, que fîtes-vous de votre serviette en
vous mettant à table?

« — De ma serviette? Je fis comme tout le monde : je
la déployai, je l'étendis sur moi, et je l'attachai par un
coin à ma boutonnière.

---

[1] Les chevaliers de l'ordre de Saint-Louis portaient une décoration attachée à un *cordon* de couleur *bleue*.

« — Eh ! bien, mon cher, vous êtes le seul qui ait fait cela. On n'étale point la serviette, on la laisse sur ses genoux. Et comment fîtes-vous pour manger la soupe ?

« — Comme tout le monde, je pense : je pris ma cuiller d'une main et ma fourchette de l'autre...

« — Votre fourchette, bon Dieu ! Personne ne prend sa fourchette pour manger la soupe. Mais poursuivons. Après votre soupe, que mangeâtes-vous ?

« — Un œuf frais.

« — Et que fîtes-vous de la coquille ?

« — Comme tout le monde : je la laissai au laquais qui me servait.

« — Sans la casser ?

« — Sans la casser.

« — Eh ! bien, mon cher, on ne mange jamais un œuf sans briser la coquille. Et après votre œuf?

« — Je demandai du bouilli.

« — Du bouilli ! Personne ne se sert de cette expression ; on demande du bœuf, et point du bouilli. Et après cet aliment ?

« — Je priai l'abbé de Radonvilliers de m'envoyer d'une très belle volaille.

« — Malheureux ! de la volaille ! On demande du poulet, du chapon, de la poularde ; on ne parle de la volaille qu'à la basse-cour. Mais vous ne dites rien de votre manière de demander à boire.

« — J'ai, comme tout le monde, demandé du champagne, du bordeaux, aux personnes qui en avaient devant elles.

« — Sachez qu'on dit du vin de Champagne, du vin de Bordeaux. Mais dites-moi quelque chose de la manière dont vous mangeâtes votre pain.

« — Certainement à la manière de tout le monde : je le coupai proprement avec mon couteau.

« — Eh ! on rompt son pain, on ne le coupe pas. Avançons. Le café, comment le prîtes-vous ?

« — Eh ! pour le coup, comme tout le monde : il était brûlant, je le versai par petites parties de ma tasse dans ma soucoupe.

« — Eh ! bien, vous fîtes comme ne le fît sûrement personne : tout le monde boit son café dans sa tasse et jamais dans sa soucoupe. Vous voyez donc, mon cher Cosson, que vous n'avez pas dit un mot, pas fait un mouvement qui ne fût contre l'usage... »

« L'abbé Cosson était étonné. Pendant six semaines, il s'informait à toutes les personnes qu'il rencontrait de quelques-uns des usages sur lesquels je l'avais critiqué. »

BERCHOUX.

## Questions et Exercices.

**I.** — **Expressions à expliquer :** *la bonne compagnie ; — présomption ; — qui ne fût contre l'usage.*

**II.** — Quels sont les usages auxquels a manqué l'abbé Cosson ? — A-t-il été, en y manquant, vraiment impoli ? — Que faudrait-il faire pour être, à table, vraiment impoli ? — Comment un enfant doit-il se tenir à table ?

**III.** — Quelqu'un a dit : « *La vraie politesse est celle du cœur.* » Il y a donc une vraie politesse et une autre qui n'en est que l'apparence ? — Distinguez-les. — A quelle espèce de politesse a manqué l'abbé Cosson ? — Citez des traits de vraie politesse.

**IV.** — **Analysez grammaticalement :** *Vous êtes le seul qui ait fait cela ?*

# Le Marin Ponée.

Embarqué comme mousse[1] à bord de la *Chevrette*, il recevait à quinze ans les félicitations de son commandant pour le courage et le sang-froid[2] qu'il avait déployés dans le naufrage du bâtiment. A dix-huit ans, en rade de Brest, il sauvait, devant tout l'équipage de la *Durance*, un ma-

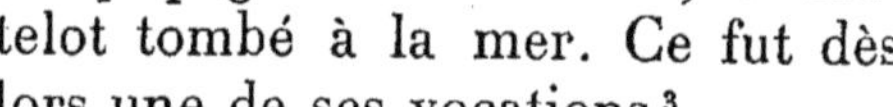

telot tombé à la mer. Ce fut dès lors une de ses vocations[3].

Depuis ce moment, vingt-sept personnes lui doivent la vie. Deux médailles d'argent, une médaille d'or, attachées sur sa poitrine, le désignent à la reconnaissance publique.

Mais ce n'est encore que la moindre partie de ses titres. Il y a quelque chose de plus difficile que la hardiesse du marin qui se jette à la mer dans un élan d'héroïsme : c'est le dévouement obscur, patient, aux devoirs meurtriers ; c'est le sacrifice de la vie renouvelé tous les jours, sans aucune espérance de gloire, pour l'unique satisfaction de la conscience.

Au Mexique, Ponée a demandé comme une faveur de rester à bord de l'*Amazone* dépeuplée par la fièvre jaune[4]. En quinze jours, il soigne et il ensevelit de ses mains cinquante-quatre de ses camarades. Lorsque le bâtiment est renvoyé en France, lui seul a échappé au fléau, il

---

[1] *Mousse*, jeune apprenti matelot.
[2] *Sang-froid*, présence d'esprit, calme de l'âme dans le danger.
[3] *Vocation* (de *vocare*, appeler), inclination que l'on se sent pour un état.
[4] *Fièvre jaune*, terrible maladie contagieuse de la zone tropicale.

demande à être débarqué pour soigner à terre de nouvelles victimes. On le lui refuse et, en voulant le sauver,
on lui offre simplement une occasion différente de montrer son courage. Le bâtiment est resté un foyer d'infection. De nombreux malades meurent en route ; il y a
des victimes jusque dans le lazaret[1] de Toulon. Sur la
demande des médecins chargés d'étudier la nature du
mal, c'est Ponée qui les aide à faire l'autopsie[2] des ca-
davres, c'est lui qui désinfecte ou qui brûle les effets des
hommes morts et qui reste enfermé le dernier au milieu
des germes de la contagion.

Lorsque les débris de l'équipage obtinrent la permission de descendre à terre, le commandant fit dire une
messe d'actions de grâces par l'aumônier du bord. A la
sortie de la cérémonie, les marins de l'*Amazone*, dans
un élan de reconnaissance, prirent Ponée entre leurs
bras et le portèrent en triomphe à travers les rues de la
ville. La médaille militaire lui fut ensuite remise par
l'amiral, sur le *champ de bataille*, devant toutes les
troupes réunies.

Lorsque vous verrez, mes enfants, sur l'humble uniforme d'un marin ou d'un soldat le ruban vert et jaune,
pensez à l'héroïque Ponée, songez à ce qu'une simple
médaille peut représenter de dévouement et de sacrifice.

Alfred Mézières.

## Questions et Exercices.

**I.** — **Expressions à expliquer :** ses *titres ;* — *élan d'héroïsme ;* —
aux devoirs *meurtriers ;* — *foyer d'infection ;* — messe d'*actions de
grâces ;* — sur le *champ de bataille.*

---

[1] *Lazaret,* établissement où, pendant un temps variable, l'on met en qua-
rantaine les passagers qui débarquent d'un navire venant d'un port où
règne une maladie contagieuse comme la peste, le choléra.

[2] *Autopsie,* examen de tous les organes d'un cadavre.

**II.** — Quel sentiment éprouvez-vous à la lecture de ce récit?

**III.** — Qu'admirez-vous le plus dans la conduite du marin? — Comment qualifiez-vous la vie de ce marin? — Ces cœurs d'élite qui éprouvent ce besoin de dévouement à l'égard des autres se rencontrent-ils souvent? — Citez-en d'autres exemples si vous en connaissez.

**IV** — Relevez les *participes épithètes* et les *participes attributs* contenus dans cette lecture, en expliquant leur orthographe.

---

# L'Œuf de Cheval.

Un samedi soir, avant de partir, l'oncle Jules demande à Caillou :

« Qu'est-ce que tu veux que je te rapporte, Caillou? »

Caillou n'a pas besoin de réfléchir. Il crie d'un trait :

« Un cheval! »

L'oncle Jules n'est pas toujours un homme sérieux.

« Je ne puis pas te donner un cheval, dit-il, c'est trop cher. Mais si tu veux, je te rapporterai un œuf de cheval. »

Cette proposition n'étonne pas le moins du monde Caillou. Tous ceux des animaux qu'il a vus de près, les poules, les serins, tous les oiseaux, font des œufs. C'est la seule manière qu'il leur connaisse d'avoir des petits. Il généralise[1] mal; mais ce n'est pas de sa faute, c'est la

---

[1] *Généraliser*, c'est appliquer à tous les individus d'une espèce ce qu'on a observé chez l'un d'eux. En quoi Caillou généralise-t-il à tort? Citez un autre exemple de fausse généralisation.

faute de celui qui trompe sa confiance Il bat des mains,
et il remercie, tandis que l'oncle s'en va.

Caillou, qui l'attendait, le voit revenir avec un com-
missionnaire qui porte sur ses épaules une chose lourde,
vaste et ronde, enveloppée de gris.

« Voilà l'œuf, Caillou ! »

Caillou est tout pâle d'émotion et de joie. On l'aide à
détacher les ficelles, à défaire le papier gris, et sur le
tapis du vestibule[1] apparaît enfin, d'un jaune rouge,
gigantesque, côtelée, majestueuse[2], une citrouille achetée
chez la plus prochaine fruitière. Certes, il faut une telle
coquille pour contenir le petit d'un cheval ! Caillou n'a
pas de doute, il a peur seulement de casser l'œuf, il ne
le touche qu'avec prudence, avec vénération, avec amour.
Il s'informe du jour où le petit du cheval sortira, de ce
qu'il faut faire pour qu'il sorte. Et son enthousiasme
est tel, que personne maintenant n'ose plus lui dire la
vérité.

« Bah ! dit l'oncle Jules, vous verrez : j'arrangerai ça ! »

Après des jours d'attente, l'oncle dit à Caillou d'un
air bien savant :

« Je crois que j'entends quelque chose : l'œuf est mûr,
Caillou, l'œuf est mûr ! »

Caillou appuie son oreille contre l'objet monstrueux ;
et c'est vrai qu'on entend quelque chose une agitation,
un grattement contre les parois, de la vie enfin Caillou
en est tout tremblant.

« Je crois, dit l'oncle, que le petit veut sortir. Mais
elle est dure, la coquille de cet œuf de cheval ; il faut
aider ! »

---

[1] *Vestibule*, pièce à l'entrée d'une **maison**.
[2] Qui inspire le respect.

Il tire de sa poche un canif, et Caillou ne s'aperçoit pas que durant la nuit on a déjà découpé en couvercle le dessus de cette masse rouge et jaune, et qu'elle est plus légère, beaucoup plus légère. Caillou attend, le couvercle se lève, et il sort... un lapin, un tout petit lapin blanc à peine étourdi de son emprisonnement. Caillou demeure émerveillé, et il accepte le miracle[1].

« J'avais un œuf de cheval, dit-il. Alors il n'a pas été couvé assez longtemps ; alors, au lieu d'un cheval, il est venu un lapin. »

PIERRE MILLE.
(*Caillou et Tili.* — Calmann-Lévy, édit.)

## Questions et Exercices.

**I. Expressions à expliquer :** Il ne le touche qu'*avec prudence, avec vénération, avec amour ; — enthousiasme ; — Caillou demeure émerveillé.*

**II.** — Si votre oncle vous donnait une citrouille, croiriez-vous, comme Caillou que c'est un œuf de cheval? — Quel est donc le défaut de Caillou? — Ce défaut n'est-il pas l'exagération d'une qualité? — En quoi ce récit vous a-t-il amusé?

**III.** — **Conjuguer** le verbe *s'en aller* au présent et au passé composé de l'indicatif.

**IV.** — **Analyse grammaticale :** Il tire de sa poche un canif.

**V.** — **Rédaction :** Un joli cadeau. En promenade avec votre oncle Jules, celui-ci vous offre le cadeau de votre goût. — Vous entrez avec lui dans un magasin : vos hésitations, votre choix. — Description de l'objet préféré. — Votre joie. — Remerciements à votre oncle.

---

[1] Chose extraordinaire.

# L'Huître et les Plaideurs.

Un jour, deux pèlerins, sur le sable rencontrent
Une huître que le flot y venait d'apporter.
Ils l'avalent des yeux, du doigt ils se la montrent;
A l'égard de la dent, il fallut contester.

L'un se baissait déjà pour amasser la proie[1];
L'autre le pousse, et dit : « Il est bon de **savoir**
    Qui de nous en aura la joie.
Celui qui le premier a pu l'apercevoir

---

[1] *Proie,* ce que le carnassier ravit pour le manger.

En sera le gobeur [1] ; l'autre le verra faire.
        — Si par là l'on juge l'affaire,
Reprit son compagnon, j'ai l'œil bon, Dieu **merci**.
        — Je ne l'ai pas mauvais aussi,
Dit l'autre ; et je l'ai vue avant vous, sur ma vie.
— Hé bien ! vous l'avez vue ; et moi je l'ai sentie. »
        Pendant tout ce bel incident,
Perrin Dandin arrive : ils le prennent pour juge.
Perrin, fort gravement, ouvre l'huître, et la gruge [2],
        Nos deux messieurs le regardant.
Ce repas fait, il dit d'un ton de président :
« Tenez, la cour [3] vous donne à chacun une écaille,
Sans dépens ; et qu'en paix chacun chez soi s'en aille. »

Mettez ce qu'il en coûte à plaider aujourd'hui ;
Comptez ce qu'il en reste à beaucoup de familles :
Vous verrez que Perrin tire l'argent à lui,
Et ne laisse aux plaideurs que le sac et les quilles.

La Fontaine.

## Questions et Exercices.

**I.** — **Expressions à expliquer :** *A l'égard de la dent ; — j'ai l'œil bon ; — sur ma vie ; — sans dépens ; — le sac et les quilles.*

**II.** — Que pensez-vous de ces deux pèlerins et de la leçon que leur donne le juge ?

**III.** — Quel enseignement La Fontaine nous donne-t-il dans cette fable ?

**IV.** — **Analyse logique** des deux premiers vers.

---

[1] *Gobeur,* celui qui gobe, c'est-à-dire avale vivement.
[2] *Gruger,* manger lentement.
[3] **La cour,** le tribunal, les juges qui le composent.

# Ma première Cause [1].

E me souviens que chargé de plaider pour un vagabond accusé d'avoir volé la nuit, et avec effraction, quelque volaille dans une ferme, j'allai, comme d'usage, visiter mon client à la Conciergerie [2]. Ses haillons, sa barbe inculte donnaient à ce malheureux un aspect si repoussant, que je ne pus m'empêcher de lui dire :

« Vous êtes condamné d'avance, soyez-en certain, si vous vous présentez demain dans cet état devant le jury [3].

— Que faut-il donc faire, monsieur l'avocat ?

— Parbleu, vous laver, et surtout vous faire faire la barbe.

— Mais je n'ai pas de quoi !

— Qu'à cela ne tienne. Voilà pour la barbe. »

Et je lui remis une petite pièce de monnaie dans la main.

Le lendemain, mon client était tout autre ; il ressemblait presque à un honnête homme. Aussi fut-il acquitté, et certainement le rasoir du barbier avait eu autant de part dans cet acquittement que ma jeune éloquence.

Odilon Barrot.

---

[1] *Cause*, procès qu'un avocat doit défendre.
[2] *Conciergerie*, prison de Paris.
[3] *Jury*, le tribunal ou l'ensemble des jurés auxquels une affaire est soumise.

## Questions et Exercices.

**I.** — **Expressions à expliquer :** avec *effraction ;* — sa barbe *in-culte ;* — était *tout autre ;* — le rasoir du barbier avait eu *autant de part* dans cet acquittement que *ma jeune éloquence.*

**II.** — Où se passe cette scène ? — Quel conseil donne l'avocat à son client ? Pourquoi ? — Comment expliquez-vous que la malpropreté de l'accusé aurait pu indisposer les juges ? — N'y a-t-il que ceux qui passent devant les juges qui *aient à tirer* une leçon de ce récit ? — Citez d'autres exemples.

**III.** — **Conjuguez** les expressions : *je lui remis une pièce, — aussi fut-il acquitté,* à toutes les personnes du même temps, et au *futur.*

---

# Le Grillon.

*Deux enfants, Théophile et Maria, causent un soir d'hiver près de la cheminée où un grillon tapi entre les briques de l'âtre fait entendre sa petite chanson.*

« J'aimerais bien être grillon, dit la petite Maria, surtout en hiver : je choisirais une crevasse aussi près du feu que possible et j'y passerais le temps à me chauffer les pattes. Je tapisserais bien ma cellule avec de la barbe de chardon et de pissenlit ; je ramasserais les duvets qui flottent en l'air, je m'en ferais un matelas et un oreiller bien souples, bien moelleux, et je me coucherais dessus. Du matin jusqu'au soir je chanterais ma petite chanson de grillon, et je ferais *cri cri...*

— Tu es une folle, dit Théophile. Toi qui ne peux rester un seul instant tranquille, tu t'ennuierais bien vite de cette vie égale et dormante. Ce pauvre reclus[1] de

---

[1] *Reclus,* personne ou animal qui vit seul, renfermé dans sa demeure.

grillon ne doit guère s'amuser dans son ermitage[1]; il ne voit jamais le soleil, le beau soleil aux cheveux d'or, ni le ciel de saphir avec ses beaux nuages de toutes couleurs; il n'a pour perspective[2] que la plaque noircie de

l'âtre, les chenêts et les tisons; il n'entend d'autre musique que la bise et le tic tac du tournebroche... Quel ennui! Si je voulais être quelque chose, j'aimerais bien mieux être demoiselle[3]; parle-moi de cela, à la bonne

---

[1] *Ermitage*, son habitation, son trou où il vit seul comme un ermite.
[2] *Perspective*, vue, tableau.
[3] La *demoiselle* ou libellule est un joli insecte qui vit dans les marais, au-dessus des eaux.

heure : c'est si joli ! On a un corset d'émeraude[1], un diamant pour œil, de grandes ailes de gaze d'argent, de petites pattes frêles, veloutées. Oh ! si j'étais demoiselle !... comme je volerais par la campagne, à droite, à gauche, selon ma fantaisie,... au long des haies d'aubépine, des mûriers sauvages et des églantiers épanouis. Effleurant du bout de l'aile un bouton d'or, une pâquerette ployée au vent, j'irais, je courrais du brin d'herbe au bouleau, du bouleau au chêne, tantôt dans la nue, tantôt rasant le sol, égratignant les eaux transparentes de la rivière, effrayant de mon ombre les petits goujons qui s'agitent, frétillards et peureux... »

... Une voix grêle et métallique, partant de la loge du grillon, interrompit brusquement Théophile :

« Enfant, si tu crois que je m'ennuie, tu te trompes étrangement, disait le grillon. J'ai mille sujets de distraction[2] que tu ne connais pas ; mes heures, qui te paraissent être si longues, coulent comme des minutes. La bouilloire me chante à demi-voix sa chanson ; la sève qui sort en écumant par l'extrémité des bûches me siffle des airs de chasse ; les braises qui craquent, les étincelles qui pétillent, me jouent des duos dont la mélodie[3] échappe à vos oreilles. Le vent qui s'engouffre dans la cheminée me fredonne des ballades fantastiques[4] et me raconte de mystérieuses histoires. Puis les paillettes de feu forment pour me récréer des gerbes éblouissantes, des globes lumineux rouges et jaunes, des pluies d'argent ;

---

[1] *Émeraude*, de la couleur verte comme la pierre précieuse du même nom. Le rubis est une pierre rouge, le saphir une pierre bleue, le topaze une pierre jaune, l'améthyste une pierre violette.

[2] *Distraction*, amusement.

[3] *Mélodie*, suite de sons formant un chant.

[4] *Ballades fantastiques*, chants incroyables, inimaginables.

des flammes de mille nuances, vêtues de robes de pourpre, dansent le fandango [1] sur les tisons ardents, et moi, penché au bord de mon palais, je me chauffe, je me chauffe jusqu'à faire rougir mon corset noir et je savoure [2] à mon aise le bien-être du chez soi. Quand vient le soir, je vous écoute causer et lire. L'hiver dernier, Berthe, la vieille servante, vous répétait tout en filant de beaux contes de fées. J'y prenais un singulier plaisir et je les sais presque tous par cœur. J'espère que cette année elle en aura appris d'autres et que nous passerons encore de joyeuses soirées. »

Théophile Gautier.

## Questions et Exercices.

**I.** — **Expressions à expliquer :** un *oreiller moelleux ;* — une *vie égale et dormante ;* — les *cheveux d'or du soleil ;* — des *ailes de gaze d'argent ;* — des *pattes frêles, veloutées ;* — *effleurer ;* — mes *heures coulent comme des minutes ;* — *fredonner ;* — un *singulier* plaisir.

**II.** — Pourquoi dit-on que la demoiselle *égratigne les eaux ?*

**III.** — Faites entrer dans de petites phrases les verbes suivants : *bruire, murmurer, craquer, pétiller, siffler, éclater, grincer, geindre, claquer, chuchoter, ronfler.*

**IV.** — Théophile préfère la vie de la demoiselle à celle du grillon. Quelles raisons donne-t-il ? — Que voit et qu'entend le grillon de sa demeure ? — En quelle saison la vie de la demoiselle est-elle tout de même préférable à celle du grillon, et pourquoi ?

**V.** — **Conjuguer** à toutes les personnes du même temps : *Toi qu ne peux rester tranquille, tu t'ennuierais.*

**VI.** — **Rédaction :** Une veillée à la campagne en hiver.

---

[1] *Fandango,* danse espagnole gracieuse, légère, rapide.
[2] *Savourer,* apprécier, goûter avec plaisir.

# La Mort du Capitaine Harvey.

*Le Normandy* était un grand navire, le plus beau peut-être des bateaux-poste de la Manche : 600 tonneaux, 220 pieds anglais de long, 25 de large. Il était « jeune », comme disent les marins : il n'avait pas sept ans. Il avait été construit en 1863.

Le brouillard s'épaissit ; on était sorti de la rivière de Southampton, on était en pleine mer, à environ 15 milles au delà des aiguilles. Le packet[1] avançait lentement. Il était 4 heures du matin.

L'obscurité était absolue, une sorte de plafond bas enveloppait le steamer[2], on distinguait à peine la pointe des mâts.

Rien de terrible comme ces navires aveugles qui vont dans la nuit.

Tout à coup, dans la brume une noirceur surgit, fantôme et montagne, un promontoire d'ombre courant dans l'écume et trouant les ténèbres. C'était *la Mary*, grand steamer à hélice, venant d'Odessa, allant à Grimsby, avec un chargement de 500 tonnes de blé : vitesse énorme, poids immense. *La Mary* courait droit sur *le Normandy*.

Nul moyen d'éviter l'abordage, tant ces spectres de navires dans le brouillard se dressent vite. Ce sont des rencontres sans approche. Avant qu'on ait achevé de les voir, on est mort.

*La Mary*, lancée à toute vapeur, prit *le Normandy* par le travers et l'éventra.

Du choc, elle-même, avariée, s'arrêta.

---

[1] Paquebot.
[2] *Steamer,* bateau à vapeur,

Il y avait sur *le Normandy* 28 hommes d'équipage, une femme de service, et 31 passagers, dont 12 femmes.

La secousse fut effroyable. En un instant tous furent sur le pont, hommes, femmes, enfants, demi-nus, courant, criant, pleurant. L'eau entrait furieuse. La fournaise de la machine, atteinte par le flot, râlait. Le navire n'avait pas de cloisons étanches[1], les ceintures de sauvetage manquaient.

Le capitaine Harvey, droit sur la passerelle de commandement, cria :

« Silence tous, et attention ! Les canots à la mer. Les femmes d'abord, les passagers ensuite. L'équipage après. Il y a soixante personnes à sauver. »

On était soixante-un. Mais il s'oubliait.

On détacha les embarcations. Tous s'y précipitèrent.

Cette hâte pouvait faire chavirer les canots. Le lieutenant et les trois contremaîtres continrent cette foule éperdue d'horreur. Dormir, et tout à coup et tout de suite mourir : c'est affreux. Cependant, au-dessus des cris et des bruits on entendait la voix grave du capitaine, et ce bref dialogue s'échangeait dans les ténèbres.

« Mécanicien Locks !

— Capitaine !

— Comment est le fourneau ?

— Noyé.

— Le feu ?

— Éteint.

— La machine ?

— Morte. »

Le capitaine cria :

« Lieutenant Ockleford ! »

---

[1] Cloisons qui retiennent l'eau, et l'empêchent d'inonder tout le navire.

Le lieutenant répondit :

« Présent. »

Le capitaine reprit :

« Combien avons-nous de minutes ?

— Vingt.

— Cela suffit, dit le capitaine. Que chacun s'embarque à son tour. Lieutenant, avez-vous vos pistolets ?

— Oui, capitaine.

— Brûlez la cervelle à tout homme qui voudrait passer avant une femme. »

Tous se turent. Personne ne résista, cette foule sentant au-dessus d'elle cette grande âme.

*La Mary*, de son côté, avait mis ses embarcations à la mer et venait au secours de ce naufrage qu'elle avait fait.

Le sauvetage s'opéra avec ordre et presque sans lutte. Il y avait, comme toujours, de tristes égoïsmes, il y eut aussi de pathétiques dévouements.

Harvey, impassible à son poste de capitaine, commandait, dominait, s'occupait de tout et de tous, gouvernait avec calme cette angoisse et semblait donner des ordres à la catastrophe. On eût dit que **le naufrage lui** obéissait. A un certain moment, il cria :

« Sauvez Clément ! »

Clément, c'était le mousse. Un enfant.

Le navire décroissait lentement dans l'eau profonde ; on hâtait le plus possible le va-et-vient des embarcations entre *le Normandy* et *la Mary*.

« Faites vite, » criait le capitaine.

A la vingtième minute, le steamer sombra.

L'avant plongea d'abord, puis l'arrière.

Le capitaine Harvey, debout sur la passerelle, ne fit pas un geste, ne dit pas un mot, et entra immobile dans l'abîme. On vit, à travers la brume sinistre, cette statue noire s'enfoncer dans la mer.

Ainsi finit le capitaine Harvey.

Victor Hugo.

## Questions et Exercices.

**I.** — **Expressions à expliquer :** un navire de *six cents tonneaux ;* — *ces spectres de navires ;* — *la fournaise râlait ;* — *tristes égoïsmes ;* — *pathétiques dévouements.*

**II.** — Relevez les expressions qui montrent que la vitesse de *la Mary* était très grande, et par suite l'abordage inévitable. — Pourquoi le dialogue est-il si bref entre le capitaine et les officiers du navire ? — Le capitaine Harvey n'a-t-il pas fait plus que son devoir ? — Quels sentiments avez-vous éprouvés à la lecture de ce morceau ?

**III.** — **Conjuguer** l'expression : *s'y précipiter* à la première personne du singulier et du pluriel des temps de l'indicatif.

**IV.** — **Rédaction :** Un héros. Vous avez été témoin ou l'on vous a fait le récit d'un incendie dans lequel un brave pompier risque sa vie pour arracher un enfant à la mort. Racontez le fait, et dites les sentiments que vous inspire cette action héroïque.

## Le Cochon de Lastapis.

AUTREFOIS, il y avait tout juste un an, un petit cochon noir d'Armagnac [1], on l'avait conduit pour le vendre à la foire de Barcelone. Là, parmi d'autres cochons, ceux qui viennent du Périgord [2] et qui sont tout blancs, ceux qui débarquent d'Angleterre en ballottant leurs chairs rosées, on l'avait parqué dès le matin, un matin brumeux de février. Tout de suite, Braunens l'avait remarqué et marchandé [3]. Long de corps, court de pattes, l'encolure et les épaules épaisses, la poitrine profonde, avec son petit œil vif et sa queue en tire-bouchon qu'il détendait perpétuellement, il avait mine engageante. Braunens prit son maître à part, lui parla longuement à l'oreille. Un verre de *piquepoult* [4] termina l'affaire. Le petit cochon noir fut livré pour quarante-cinq francs cinquante. A un autre, disait le vendeur, il en aurait demandé quarante-six.

Aussitôt l'animal fut soulevé, jeté en travers sur le cou de Braunens, les pattes de chaque côté, et il fendit avec lui la foule. D'abord il poussa des clameurs. Mais, comme tout le monde riait, il s'apaisa et peu à peu se tut. D'ailleurs il était flatté d'aller ainsi, porté par un homme.

----

[1] *Armagnac,* ancien pays de France (Gascogne) ayant pour capitale Lectoure, célèbre par ses eaux-de-vie.

[2] *Périgord,* ancien pays de France dans la Guyenne, chef-lieu Périgueux, célèbre par ses truffes.

[3] *L'avait marchandé,* en avait demandé et discuté le prix.

[4] *Piquepoult,* vin blanc vieux.

Braunens le déposa dans sa carriole. Il attela son âne et l'on partit. En route, le nez collé à la claire-voie du véhicule, le petit cochon regardait les passants, ou bien le soleil pâle émergeant[1] là-bas, ou bien les oreilles de l'âne qui pointaient sur le ciel. A Lastapis, on le reçut avec des cris de joie. Marinette et ses fils l'attendaient sur le seuil, on l'entoura. On le complimenta, et en jetant du grain devant lui sur le chemin, on le mena à sa loge. Vaste, avec des murs cimentés, planchéiée, elle s'ouvrait toute grande, au nord, au bord d'un courtil[2] clos d'aubépine. Il y entra, il s'y coucha. Alors, au-dessus de lui, sous le petit toit, un chant langoureux s'éleva. On avait pensé à tout, même à bercer son sommeil. Il s'endormit au roucoulement d'une tourterelle en cage.

JOSEPH DE PESQUIDOUX.

(*Chez nous.* — Plon-Nourrit, édit.)

## Questions et Exercices.

**I. — Expressions à expliquer :** la poitrine *profonde ;* — il *détendait perpétuellement ;* — une mine *engageante ;* — il *fendit* la foule ; — il poussa des *clameurs ;* — un chant *langoureux.*

**II.** — Que nous raconte l'auteur dans ce morceau? — Quel est le plan suivi? — Faites le portrait du petit cochon.

**III.** — Pourquoi est-il aussi bien reçu et soigné à la ferme? — Énumérez les diverses satisfactions qu'il éprouve. — Sera-t-il heureux longtemps encore?

**IV.** — *Mots de la même famille* que *encolure,* avec leur sens. Faites-les entrer dans de petites phrases.

**V. — Rédaction :** Étant allé à la foire avec un de vos parents, vous avez assisté à l'achat d'une vache ou d'un cheval. — Faites la description de l'animal, racontez les péripéties de l'achat. — Parlez ensuite de son attitude pendant le voyage, enfin de son étonnement en arrivant au logis.

---

[1] *Émergeant,* sortant de la brume ou la perçant.
[2] *Courtil,* jardin assez petit entouré d'une haie.

# Le vieil Aveugle.

*De retour au pays natal après une longue absence, Lamartine y rencontre un pauvre vieux qu'il a connu autrefois et qui est depuis devenu aveugle. Lamartine le questionne sur sa misère, et le vieil aveugle lui répond.*

« ... Je garde l'âne, ou plutôt l'âne me garde quand

les enfants n'y sont pas ; car il est vieux pour un animal presque autant que je suis vieux pour un homme. Il sait que je n'y vois pas, il ne s'écarte jamais trop des chemins ; et quand il veut s'en aller, il se met à braire,

ou bien il vient frotter sa tête contre moi tout comme
un chien, jusqu'à ce que nous revenions ensemble à la
cabane.

— Mais le jour ne vous paraît-il pas bien long ainsi,
tout seul dans les sentiers de la montagne? lui deman-
dai-je.

— Oh! non, jamais, dit-il, jamais le temps ne me
dure. Quand il fait beau hors de la maison, je m'assois
à une bonne place au soleil, contre un mur, contre une
roche, contre un châtaignier; et je vois en idée la vallée, le château, le clocher, les maisons qui fument, les
bœufs qui pâturent, les voyageurs qui passent et qui
devisent en passant sur la route, comme je les voyais
autrefois des yeux. Je connais les saisons tout comme
dans le temps où je voyais verdir les avoines, faucher
les prés, mûrir les froments, jaunir les feuilles des châtaigniers et rougir les prunes des oiseaux sur les buissons. J'ai des yeux dans les oreilles, continua-t-il en
souriant; j'en ai sur les mains, j'en ai sous les pieds. Je
passe des heures entières à écouter près des ruches les
mouches à miel qui commencent à bourdonner sous la
paille, et qui sortent une à une, en s'éveillant, par leur
porte, pour savoir si le vent est doux et si le trèfle
commence à fleurir. J'entends les lézards glisser sur les
pierres sèches; je connais le vol de toutes les mouches
et de tous les papillons dans l'air autour de moi, la
marche de toutes les petites bêtes du bon Dieu sur les
herbes ou sur les feuilles sèches au soleil. C'est mon
horloge et mon almanach[1] à moi, voyez-vous. Je me dis:
« Voilà le coucou qui chante, c'est le mois de mars,

---

[1] *L'almanach* est un petit livre où sont inscrits les dates des jours de
l'année, les changements de lune, les éclipses, et parfois où sont indiquées
les prévisions plus ou moins sûres du temps qu'il fera.

et nous allons avoir du chaud. Voilà le merle qui siffle, c'est le mois d'avril. Voilà le rossignol, c'est le mois de mai. Voilà le hanneton, c'est la Saint-Jean. Voilà la cigale, c'est le mois d'août. Voilà la grive, c'est la vendange, le raisin est mûr. Voilà la bergeronnette, voilà les corneilles, c'est l'hiver. »

« Il en est de même pour les heures du jour. Je me dis parfaitement l'heure qu'il est à l'observation des chants d'oiseaux, du bourdonnement des insectes et des bruits des feuilles qui s'élèvent ou s'éteignent dans la campagne, selon que le soleil monte, s'arrête ou descend dans le ciel. Le matin, tout est vif et gai ; à midi, tout baisse ; au soir, tout recommence un moment, mais plus triste et plus court ; puis tout tombe et tout finit. Oh ! jamais je ne m'ennuie. »

LAMARTINE.

## Questions et Exercices.

**I.** — **Expressions à expliquer :** *Je garde l'âne ou plutôt l'âne me garde ; — je vois en idée la vallée, le clocher, les maisons ; — j'ai des yeux dans les oreilles, ... sur les mains, ... sous les pieds.*

**II.** — Pourquoi cet aveugle dit-il qu'il ne s'ennuie jamais ? — Comment fait-il pour se conduire ? pour se reconnaître dans la campagne ? — De quelle vertu fait-il preuve ? — Quelle impression vous fait cette lecture ? — Plaignez-vous ce vieil aveugle ? — Pourquoi ne voudriez-vous pas être comme lui ?

**III.** — **Relevez** les expressions qui marquent des sensations que peut éprouver le vieil aveugle.

**IV.** — **Rédaction :** Dites les services que vous rendent vos yeux.

## Les Poussins.

Pêle-mêle, entourant une dame gloussante,
Surgissent[1] tout à coup au détour de la sente
Dix boules de coton[2] tout léger et tout neuf,
Gardant l'empreinte encor de la forme de l'œuf.

Avec précaution la poule avance, grave,
Sortant deux pieds poudreux d'un pantalon de zouave[3].
Elle jette sur tout un regard courroucé,
Examine le sol d'un air intéressé,
Découvre on ne sait quoi de comestible[4], et glousse
Pour appeler les dix poussins à la rescousse.
Au signal, les poussins se sont précipités...
Neuf arrivent trop tard, restent désappointés,
Se trouvent nez à nez, font demi-tour, hésitent,
Et puis, pour rien du tout, soudain se précipitent.

---

[1] *Surgissent*, du verbe surgir : se montrer en s'élevant.
[2] Que sont ces *boules de coton* ? Expliquez l'expresssion.
[3] Expliquez ce que vous entendez par là.
[4] *Comestible*, qui peut servir à la nourriture de l'homme.

La poule va toujours, procède à l'examen
Des mille petits riens rencontrés en chemin,
Signale chaque grain de blé, d'avoine ou d'orge
D'un rauque grognement qui lui sort de la gorge,
Répète son appel, œil fixe et cou tendu,
Pour les quelques distraits qui n'ont pas entendu,
Pour l'effronté, là-bas, grimpé sur une souche,
Pour cet autre, affolé, qui poursuit une mouche,
Ou pour, vous savez bien, le maladif traînard
Avant terme venu, mais toujours en retard.
Cependant il s'agit de franchir une ornière
Large comme un fossé, que dis-je, une rivière !
C'est très grave. La poule, avec son gloussement,
Avant de traverser sonne un rassemblement.
Attention. Passons... Un, deux, trois, on s'élance...
Trois empotés ont mal calculé la distance
Et sont au fond du trou : « Du courage, mignons !
Ouvrez, pour vous aider, vos ailes en moignons[1] !
Quoi, le mur est tout droit ? L'effort est fantastique[2] ?
Allons, un peu de nerf ! un peu de gymnastique !
Là ! c'est fait ! Comptez-vous, les boules de coton.
Nul ne manque à l'appel ? Pas même l'avorton ?
Bon. Regagnons la ferme... On a tiré la claie ?
Eh ! bien, nous rentrerons par le trou de la haie.

Miguel Zamacoïs.

## Questions et Exercices.

**I.** — **Expressions à expliquer :** Une *dame gloussante ;* — un air *intéressé ;* — *à la rescousse ;* — *le maladif traînard ;* — *sonner un rassemblement ;* — on a *tiré la claie.*

---

[1] *Moignons,* ce qui reste d'un membre coupé ; ou : membre rudimentaire, comme les ailes des poulets, qui ne sont pas développées.

[2] *Fantastique,* créé par l'imagination, extraordinaire.

**II.** — Quelles sont les préoccupations de la poule ? — *Dans quel ordre* sont-elles présentées dans le récit ?

**III.** — Quelles sont les expressions qui font naître notre intérêt pour les poussins ? — Quelles sont celles qui rendent ce petit tableau *amusant?*

**IV.** — Rétablissez l'ordre grammatical dans la première phrase qui comprend les quatre premiers vers.

**V.** — **Rédaction :** Vous avez vu dans une basse-cour une poule et ses poussins. Un chat survient. — Décrivez les attitudes du chat qui voudrait attraper un poulet, et de la poule qui le guette.

--------

# Le Buisson[1].

Le buisson dit un jour au jardinier .

« Si quelqu'un s'occupait de moi, que l'on me plantât dans le milieu du jardin, que l'on m'accordât arrosement[2] et culture, les rois me rechercheraient ; ils admireraient et ma fleur et mon fruit. »

Crédule[3], le jardinier planta le buisson dans le milieu du jardin, à l'endroit où la terre était la meilleure, et l'arrosa deux fois le jour. Bientôt, le buisson s'étendit, poussa de fortes branches, devint plus épais que les arbres d'alentour et couvrit la terre de ses feuilles.

Le jardin, en peu de temps, n'offrit que des épines, et personne ne put y pénétrer.

--------

[1] *Buisson,* touffe d'arbrisseaux sauvages, généralement épineux.
[2] *Arrosement,* mis ici pour arrosage.
[3] *Crédule,* qui croit tout ce qu'on lui dit.

## Questions et Exercices.

**I. — Expressions à expliquer :** *que l'on accordât arrosement ; —* le buisson *s'étendit ; —* le jardin ... *n'offrit que des épines.*

**II.** — De quoi ce buisson est-il l'image ? — Qu'arrive-t-il quand nous flattons, quand nous encourageons nos défauts

**III. — Rédaction :** Un buisson raillait un petit cerisier, poussé à son côté. — Faites-les parler. — Survint un homme armé d'une serpe. Que fait-il ? — Plaintes du buisson. Réponse de l'homme.

---

# Un Sergent de treize ans.

Édouard Martel, né le 16 juillet 1901, à Malzéville, près de Nancy, avait tout juste treize ans quand la guerre fut déclarée : il compte aujourd'hui trois mois de campagne et porte sur les manches les galons de sergent. C'est certainement le plus jeune soldat et le plus jeune sous-officier de l'armée.

La mobilisation[1] était déclarée et beaucoup de troupes traversaient Malzéville pour aller à la frontière. Le petit Martel les suivait. Un matin, — le 10 août, — ayant rapidement prévenu sa famille, il emboîte le pas au 6e du génie. Depuis lors, il l'a suivi fidèlement. Il partage avec les soldats la gamelle de rata, dort comme eux dans les tranchées qu'il creuse, et, n'ayant point peur, joue un rôle très utile : ses cent trente centimètres de taille lui permettent de se glisser partout et, comme il ne pèse que trente-sept kilos, il peut s'avancer sur les petites planches qui serviront à jeter un pont.

---

[1] *Mobilisation,* appel, en cas de guerre, de tous les hommes valides assujettis au service militaire.

On le récompense de son initiative[1] et de son courage en le nommant soldat de 1re classe. Quelle joie pour l'enfant, qui coud les galons rouges sur sa veste trop grande, qu'un camarade lui a donnée! Mais cela ne suffit pas. Il veut se battre; on lui passe un fusil, et à par-

tir de ce moment il fait le coup de feu comme un vrai troupier.

Un jour, pendant la retraite sur la Marne, il protège à lui seul, en tirant, les sapeurs[2] qui, hâtivement, se

---

[1] *Initiative*, qualité d'esprit qui porte celui qui la possède à agir de son propre mouvement, à se mettre en avant.

[2] *Sapeurs*, soldats du génie qui font des sapes ou travaux à la pioche.

préparent de nouvelles tranchées, et quand la section les a occupées, il s'en va, toujours seul, chercher des munitions.

Vingt fois il risque de se faire tuer ; mais rien ne l'arrête : les cartouches ne manqueront pas. Son capitaine le félicite et lui annonce qu'il le nomme sergent.

Cette bonne nouvelle enthousiasme le petit sous-officier ; elle ne réjouit pas moins ses compagnons. Le colonel entend parler du « gosse » ; il veut le voir et le féliciter, puis, devant toute la compagnie[1], il l'embrasse.

Malheureusement, quelque temps après, le petit tombe malade. Atteint d'appendicite[2], il est opéré et évacué sur Malo-les-Bains, où on l'admet à l'hôpital anglais de la duchesse de Sutherland. Convalescent, il trouve encore moyen de se rendre utile à quelqu'un : il soigne, lave, mouche et fait manger un adjudant de Sénégalais qui a les deux bras déchirés par un obus.

Le « Sergent de treize ans » est un brave soldat et un brave cœur.

Bulletin des Armées, 6-9 décembre 1914.

## Questions et Exercices.

**I.** — **Expressions à expliquer :** il *emboîte* le pas ; — il *fait le coup de feu ;* — cette bonne nouvelle *enthousiasme ;* — il est *évacué.*

**II.** — Quels sentiments éprouvez-vous à la lecture de ce morceau ? — Relevez les détails qui indiquent le grand courage du petit sergent.

**III.** — *Mots de la famille* de *mobilisation, troupier, compagnie,* avec leur signification.

**IV.** — **Rédaction :** *Racontez un acte de bravoure* dont vous avez été témoin pendant la Grande Guerre ou dont vous avez entendu le récit.

---

[1] *Compagnie,* corps d'infanterie commandé par un capitaine.

[2] *Appendicite,* maladie intestinale causée par l'inflammation de l'appendice petit intestin sans issue), nécessitant au plus tôt une opération chirurgicale.

# Le Bouillon de la Poule.

La paroisse de Maisoncelles-la-Jourdan était desservie par le prieur[1] de Plessis-Grimould. Il n'était pas bien riche, d'autant plus qu'il rendait d'une main ce qu'il recevait de l'autre. Ses paroissiens, qui le savaient, lui faisaient par ci par là quelques dons de chapons[2] bien dodus.

Un jour, un paysan vint lui apporter une belle poule. Le prieur, en retour, lui fit servir une bonne soupe et un verre de vin. De retour à son village, il vanta chaleureusement devant ses voisins l'excellent accueil du prieur. Et ceux-ci se promirent de passer au prieuré, mais sans poule. Huit jours après, l'un d'eux s'y présente.

« Monsieur le prieur, je suis le frère de l'homme de la Lande-Beaumont qui vous a apporté une poule ces jours derniers, et qui m'a dit tellement de bien de vous, que j'ai désiré vous voir en passant.

— Entrez, mon ami », dit le prieur.

Et il enjoignit à sa servante de servir une soupe et un verre de vin au visiteur. Celui-ci ne manqua point de se congratuler[3] avec ses parents et amis de la bonne réception du prieur.

La semaine suivante, un autre villageois arrivait aussi au prieuré.

« Bonjour, monsieur le prieur.

— Que désirez-vous, mon ami?

— Monsieur le prieur, je suis le cousin du frère de celui qui vous a apporté une poule. »

---

[1] *Prieur*, le supérieur du monastère de Plessis-Grimould, faisant fonction de prêtre.

[2] *Chapon*, poulet bien engraissé.

[3] *Se congratuler*, se féliciter, se réjouir de son ingéniosité pour profiter d'une bonne collation.

Le prieur fit encore donner une soupe et un verre de vin au visiteur. Mais il se promit de mettre fin à ces visites. Huit jours après un nouvel indigène[1] se présente.

« Monsieur le prieur, je suis le parent éloigné de celui qui vous a apporté une poule il y a quelque temps.

— A quel degré êtes-vous parent?

— Je suis un cousin issu de germain du neveu du beau-frère du frère de celui qui vous donna la poule.

— Bien, mon ami, entrez et vous ferez la collation. »

Et dame Gothon, la servante, qui avait le mot, arriva quelques instants après avec une écuelle recouverte d'une assiette. L'indigène but avidement[2] ce qu'il croyait être un bon bouillon, et fit la grimace ; car ce n'était qu'un bol d'eau chaude où trempait un peu de pain.

Comme il se plaignait :

« Mon ami, dit le prieur, ce bouillon est en effet très maigre. Il est cousin issu de germain du neveu du beau-frère du frère du bouillon de la poule. Il ne tiendra, à l'avenir, qu'aux habitants de la Lande-Beaumont de le boire meilleur, ce sera d'apporter avec eux une poule. »

Brunet.

## Questions et Exercices.

**I.** — **Expressions à expliquer :** il *rendait d'une main* ce qu'il recevait de l'autre ; — *avoir le mot.*

**II.** — Pourquoi les paysans firent-ils visite au prieur ? — Que pensez-vous de la réception faite au troisième villageois ? — Expliquez le sens de la réponse qui lui est faite. — En quoi cette réponse est-elle amusante ?

**III.** — Relevez dans le texte trois phrases à *l'imparfait* et trois phrases au *passé simple de l'indicatif*.

---

[1] *Indigène,* individu demeurant dans le même pays.
[2] *Avidement,* très vite, comme s'il avait très faim.

# Course Landaise.

« Hup ! Caracola ! Hup ! Hâ ! »

La petite ville du Houga palpite toute. C'est en juillet, le jour de sa fête patronale. Très fière de ses courses renommées à la ronde, dès 3 heures de cet après-midi torride elle a envahi son amphithéâtre.

« Hup ! Caracola ! Hup ! Hâ ! »

Et Marin Ier, écarteur[1] célèbre, face à la bête, haussé sur lui-même, pieds joints, le rein creusé, les mains en l'air, immobile, sa veste soutachée d'or serrant ses flancs et son béret brodé enfoncé, répète son appel.

Il a maintes fois attaqué des vaches dangereuses. Mais celle-ci est terrible. Elle a déjà tué. Lui seul, certains jours, ose l'affronter. Elle est dans un de ces jours. Duel poignant. Les hommes, penchés en avant, laissent éteindre leurs cigarettes à leurs lèvres, les femmes pétrissent leur mouchoir. On ne parle plus. On respire à peine. Car Marin, comme la vache ne part pas, redoutant une ruse, recule, recule encore. Il recule pour l'attirer.

Caracola[2] veut son moment. Cet homme tout chamarré, elle le connaît bien. Elle l'a souvent frôlé, touché, atteint presque, mais pris, percé, pas jusqu'ici. Si c'était cette fois ? Elle regarde ce peuple muet. Et puis lui, qui l'appelle. Des fils de bave pendent à son mufle. Elle gratte le sol du pied, secoue sa tête armée, mugit,

---

[1] *L'écarteur* est celui qui, dans les courses de taureaux, esquive les coups de la bête sans la frapper. Dans les Landes, on ne frappe pas les bœufs qu'on fait courir.

[2] *Caracola* est le nom de la vache qu'on fait courir.

mais ne part point. Une tempête d'injures s'abat sur elle. On la siffle et la hue. Plus haut que cette rafale, elle mugit de nouveau. On se tait. Le silence angoissé reprend.

Alors Marin, pâle un peu, jouant le tout pour le tout, à petits pas rapides marche sur elle.

C'en est trop. Des quatre pieds à la fois elle part,

fond sur lui. Ah! quel train! Soudain l'homme s'arrête, oscille à gauche, à droite, puis brusquement porte son corps sur sa jambe gauche écartée, feint de choir[1], et quand la bête, attirée de ce côté, tête basse, va l'éventrer, pivote[2], opère un demi-tour sur son pied droit, la trompe et la fait passer!... Et ce pied droit a tourné sur place!... Un cri, deux cris, une stupeur d'admiration et,

---

[1] *Feint de choir,* fait semblant de tomber.
[2] Quel est le sujet de ce verbe?

tout de suite, arraché à ces milliers de mains, un tonnerre de bravos qui va, dans la campagne, faire tressaillir les rares absents[1] et gronder comme un murmure de cloches dans la haute tour de l'église.

Joseph de Pesquidoux.<br>(Chez nous. — Plon-Nourrit, édit.)

## Questions et Exercices.

**I.** — **Expressions à expliquer :** La petite ville... *palpite toute ;* — *après-midi torride ;* — *amphithéâtre ;* — *duel poignant ;* — tout *chamarré ;* — *une tempête d'injures ;* — *le silence angoissé ;* — une *stupeur d'admiration.*

**II.** — De quoi est-il question dans ce récit ? — En quoi les courses landaises se distinguent-elles de celles qui se pratiquent à Nîmes, à Arles, à Avignon et en Espagne ? — Quelle est la tactique de l'homme pour échapper à l'assaut de la bête ?

**III.** — Que pensez-vous de ces jeux où l'on fait combattre des animaux, soit entre eux, soit contre des hommes ?

**IV.** — **Analyse grammaticale :** *Lui seul, certains jours, ose l'affronter.*

**V.** — **Rédaction :** Faites le récit d'un combat d'animaux (de **chiens**, de coqs) auquel vous avez assisté.

---

## Le Lièvre et la Tortue.

Rien ne sert de courir ; il faut partir à point :
Le lièvre et la tortue en sont un témoignage.
« Gageons, dit celle-ci, que vous n'atteindrez **point**
Sitôt que moi ce but. — Sitôt ! êtes-vous sage ?
  Repartit l'animal léger :
  Ma commère, il vous faut purger

---

[1] Pourquoi dit-on : les *rares absents ?*

Avec quatre grains d'ellébore[1].
— Sage ou non, je parie encore. »
Ainsi fut fait ; et de tous deux
L'on mit près du but les enjeux.
Savoir quoi, ce n'est pas l'affaire,
Ni de quel juge l'on convint[2].
Notre lièvre n'avait que quatre pas à faire ;
J'entends de ceux qu'il fait lorsque, près d'être atteint,

Il s'éloigne des chiens, les renvoie aux calendes[3]
Et leur fait arpenter les landes.
Ayant, dis-je, du temps de reste pour brouter,
Pour dormir et pour écouter
D'où vient le vent, il laisse la tortue
Aller son train de sénateur[4].
Elle part, elle s'évertue ;

---

[1] L'*ellébore* est une plante que les anciens croyaient capable de guérir de la folie.

[2] *L'on convint*, c'est-à-dire : l'on s'accorda. Quels pouvaient bien être ce but  ces enjeux, ce juge  Quels sont-ils sur la gravure ?

[3] Aux *calendes*, à un temps incertain, qui n'arrivera jamais.

[4] Dans les républiques de l'antiquité, le *Sénat* était composé des plus vieux citoyens.

Elle se hâte avec lenteur.
Lui cependant méprise une telle victoire,
　　Tient la gageure à peu de gloire,
　　Croit qu'il y va de son honneur
De partir tard. Il broute, il se repose ;
　　Il s'amuse à tout autre chose
Qu'à la gageure. A la fin, quand il vit
Que l'autre touchait presque au bout de la carrière[1],
Il partit comme un trait ; mais les élans qu'il fit
Furent vains : la tortue arriva la première.
« Eh! bien, lui cria-t-elle, avais-je pas raison?
　　De quoi vous sert votre vitesse?
　　Moi l'emporter! et que serait-ce
　　Si vous portiez une maison? »

La Fontaine.

## Questions et Exercices.

**I.** — **Expressions à expliquer :** *animal léger,* — *enjeux;* — *arpenter les landes;* — *aller son train de sénateur;* — tient la gageure *à peu de gloire;* — *partir comme un trait;* — *moi l'emporter!*

**II.** — Relevez les expressions qui marquent le mieux : 1º la folle légèreté du lièvre ; 2º les efforts de la tortue ; 3º sa malice, son ironie à l'égard du lièvre.

**III.** — Quelles résolutions vous inspire, pour votre conduite d'écolier, cette fable?

**IV.** — Décomposez en **propositions** et **analysez grammaticalement :** *Que serait-ce si vous portiez une maison?*

---

[1] La *carrière* est l'espace où a lieu une course, où couraient, dans les jeux antiques, les *chars.*

---

# Les Émotions d'un Perdreau rouge.

Vous savez que les perdreaux vont par bandes et nichent ensemble au creux des sillons pour s'enlever à la moindre alerte, éparpillés dans la volée comme une poignée de grains qu'on sème. Notre compagnie à nous

est gaie et nombreuse, établie en plaine sur la lisière d'un grand bois, ayant du butin[1] et de beaux abris de deux côtés. Aussi, depuis que je sais courir, bien emplumé, bien nourri, je me trouvais très heureux de vivre. Pourtant quelque chose m'inquiétait un peu, c'était cette fameuse ouverture de la chasse dont nos mères commençaient à parler tout bas entre elles. Un ancien de notre compagnie me disait toujours à ce propos :

« N'aie pas peur, Rouget, — on m'appelle Rouget à cause de mon bec et de mes pattes couleur de sorbe[2], — n'aie pas peur, je te prendrai avec moi le jour de l'ouverture et je suis sûr qu'il ne t'arrivera rien. »

---

[1] *Butin*, au sens propre : ce qu'on enlève à l'ennemi ; dans le texte, a le sens de nourriture.

[2] *Sorbe*, fruit du sorbier, de couleur rouge corail.

L'autre matin, au petit jour, j'entends qu'on appelait
tout bas dans le sillon :

« Rouget ! Rouget ! »

C'était mon vieux coq. Il avait des yeux extraordinaires.

« Viens vite, me dit-il, et fais comme moi. »

Je le suivis, à moitié endormi, en me coulant entre

les mottes de terre, sans voler, sans presque sauter,
comme une souris. Nous allions du côté du bois ; et je
vis en passant qu'il y avait de la fumée à la cheminée
de la petite maison nichée dans les châtaigniers, du jour
aux fenêtres, et devant la porte grande ouverte des
chasseurs tout équipés, entourés de chiens qui sautaient. Comme nous passions, un des chasseurs cria :

« Faisons la plaine ce matin, nous ferons le bois
après déjeuner. »

Alors je compris pourquoi mon vieux compagnon nous emmenait d'abord sous la futaie[1]. Tout de même le cœur me battait, surtout en pensant à nos pauvres amis.

Tout à coup, au moment d'atteindre la lisière, les chiens se mirent à galoper de notre côté.

« Rase-toi, rase-toi », me dit le vieux en se baissant.

En même temps, à dix pas de nous, une caille effarée ouvrit ses ailes et son bec tout grands, et s'envola avec un cri de peur. J'entendis un bruit formidable et nous fûmes entourés par une poussière d'une odeur étrange, toute blanche et toute chaude, bien que le soleil fût à peine levé. J'avais si peur, que je ne pouvais plus courir. Heureusement nous entrions dans le bois. Mon camarade se blottit[2] derrière un petit chêne, je vins me mettre près de lui et nous restâmes là, cachés, à regarder entre les feuilles.

Dans les champs c'était une terrible fusillade. A chaque coup je fermais les yeux, tout étourdi; puis, quand je me décidais à les ouvrir, je voyais la plaine grande et nue, les chiens courant, furetant dans les brins d'herbe, dans les javelles, tournant sur eux-mêmes comme des fous. Derrière eux les chasseurs juraient, appelaient, les fusils brillaient au soleil. Un moment, dans un petit nuage de fumée, je crus voir — quoiqu'il n'y eût aucun arbre alentour — voler comme des feuilles éparpillées. Mais mon vieux coq me dit que c'étaient des plumes. Et en effet, à cent pas devant nous, un superbe perdreau gris tombait dans le sillon en renversant sa tête sanglante.

---

[1] *Futaie,* forêt de grands arbres.
[2] *Se blottir,* s'accroupir, se pelotonner.

... La fin du jour arriva. Les coups de fusil s'éloignaient, devenaient plus rares. Puis tout s'éteignit. C'était fini. Alors nous revînmes tout doucement vers la plaine pour avoir des nouvelles de notre compagnie. En passant devant la petite maison du bois, je vis quelque chose d'épouvantable. Au rebord d'un fossé, les lièvres au poil roux, les petits lapins gris à queue blanche gisaient à côté les uns des autres. C'étaient des petites pattes jointes par la mort, qui avaient l'air de demander grâce, des yeux voilés qui semblaient pleurer ; puis des perdreaux rouges, des perdreaux gris...

Et les chasseurs étaient là, penchés sur cette tuerie, comptant et tirant vers leurs carniers les pattes sanglantes, les ailes déchirées, sans respect pour toutes ces blessures fraîches. Les chiens, attachés pour la route, fronçaient encore leurs babines en arrêt, comme s'ils s'apprêtaient à s'élancer de nouveau dans les taillis.

Et pendant que le grand soleil se couchait là-bas et qu'ils s'en allaient tous, harassés, allongeant leurs ombres sur les mottes de terre et les sentiers humides de la rosée du soir, nous entendions à la lisière du bois, au bord du pré et là-bas dans l'oseraie de la rivière, des appels anxieux, tristes, disséminés, auxquels rien ne répondait.

ALPHONSE DAUDET.<br>
(Contes du lundi. — Fasquelle, édit.)

## Questions et Exercices.

**I.** — **Expressions à expliquer :** à la moindre alerte ; — du jour aux fenêtres ; — tout équipés ; — rase-toi ; — furetant ; — tout s'éteignit ; — des yeux voilés.

**II.** — Donner des **synonymes** de lisière, en indiquant un complément pour chacun. Ex. : La lisière d'un champ.

**III.** — Qui parle dans ce récit? — Quels effets produisent sur Rouget les détonations qu'il entend? — De quels *appels anxieux* est-il question dans les dernières lignes?

**IV.** — Relevez les expressions qui indiquent *l'inexpérience du perdreau*. — Et celles qui provoquent chez le lecteur *un sentiment de pitié*.

**V.** — **Conjuguer** à *l'impératif : Viens vite et fais comme moi ;* au *passé composé : J'avais si peur que je ne pouvais courir.*

**VI.** — **Rédaction :** L'ouverture de la chasse. Médor raconte ce qu'il a fait et décrit ce qu'il a vu la première fois qu'il a assisté à l'ouverture de la chasse.

---

## Promenade mouvementée.

*Deux femmes et deux enfants, dont une fillette et un garçon, rentrent le soir à la ferme à travers des herbages où paissent des bœufs.*

Un soir d'automne, on s'en retourna par les herbages. La lune à son premier quartier éclairait une partie du ciel, et un brouillard flottait comme une écharpe sur les sinuosités[1] de la Toucques[2]. Des bœufs étendus au milieu du gazon regardaient tranquillement ces quatre personnes passer.

Dans la troisième pâture, quelques-uns se levèrent, puis se mirent en rond devant elles.

« Ne craignez rien ! » dit Félicité.

Et murmurant une sorte de complainte[3], elle flatta

---

[1] Détours, méandres.

[2] La *Toucques* est une rivière de Normandie.

[3] Chanson sur un sujet triste ou religieux ; ici, chanson monotone, afin de calmer les bœufs.

sur l'échine celui qui se trouvait le plus près ; il fit volte-face, les autres l'imitèrent. Mais quand l'herbage suivant fut traversé, un beuglement formidable s'éleva. C'était un taureau, que cachait le brouillard. Il avança vers les deux femmes. M^me Aubain allait courir.

« Non ! non ! moins vite ! »

Elles pressaient le pas cependant, et entendaient par derrière un souffle sonore qui se rapprochait. Ses sabots, comme des marteaux, battaient l'herbe de la prairie ; voilà qu'il galopait maintenant. Félicité se retourna, et elle arrachait à deux mains des plaques de terre qu'elle lui jetait dans les yeux. Il baissait le mufle, secouait les cornes et tremblait de fureur en beuglant horriblement.

M^me Aubain, au bout de l'herbage avec ses deux petits, cherchait éperdue[1] comment franchir le haut bord. Félicité reculait toujours devant le taureau, et continuellement lançait des mottes de gazon qui l'aveuglaient, tandis qu'elle criait :

« Dépêchez-vous ! dépêchez-vous ! »

M^me Aubain descendit dans le fossé, poussa Virginie, Paul ensuite, tomba plusieurs fois en tâchant de gravir le talus, et à force de courage y parvint.

Le taureau avait acculé Félicité contre une claire-voie ; sa bave lui rejaillissait à la figure, une seconde de plus il l'éventrait[2]. Elle eut le temps de se couler entre deux barreaux, et la grosse bête, toute surprise, s'arrêta.

Cet événement, pendant bien des années, fut un sujet de conversation à Pont-l'Évêque. Félicité n'en tira aucun orgueil, ne se doutant même pas qu'elle eût rien fait d'héroïque.            Gustave Flaubert.

(*Un Cœur simple*. — Fasquelle, édit.)

---

[1] *Eperdue*, affolée, comme si elle avait *perdu* la tête.
[2] Lui ouvrait le ventre avec ses cornes.

## Questions et Exercices.

**I.** — **Expressions à expliquer :** *flottait comme une écharpe ; —* un *souffle sonore ; —* un *sujet de conversation.*

**II.** — Pourquoi Félicité donne-t-elle à M^me Aubain le conseil de ne pas courir ? — De quelles vertus fit preuve Félicité pendant cette promenade ? — Dans le dernier paragraphe, l'auteur nous révèle une autre qualité de Félicité. Laquelle ?

**III.** — Relevez dans le texte les *adjectifs numéraux.*

**IV.** — Citez cinq mots composés avec le mot *paître,* et donnez leur sens.

**V.** — **Rédaction :** Vous avez été témoin d'un incident (cheval emballé, chien enragé parcourant les rues, baignade imprudente, etc.) qui aurait pu avoir de graves conséquences sans le sang-froid et le courage d'un passant. — Racontez le fait.

---

# Prise d'Orléans.

Vers huit heures du matin commença la lutte, lutte de géants. Les Anglais criblèrent les assaillants de boulets et de traits. Les Français, sous le feu des canons, à travers flèches et pierres lancées contre eux, arrachaient les palissades, comblaient les fossés, escaladaient les murs. Quelques-uns arrivaient au sommet. Ils retombaient aussitôt, frappés par les haches, les piques de l'ennemi. Mais rien ne décourageait les survivants. Ils recommençaient leurs assauts ; et les braves Anglais ne pouvaient s'empêcher de dire :

« Ces Français se croient donc immortels ? »

Jeanne était partout, animant les courages :

« Ayez bon cœur et bon espoir ! s'écriait-elle Tout viendra à bonne fin. »

Cependant, vers une heure après-midi, les assaillants lassés semblaient mollir.

« Ne doutez point. La place est vôtre, dit Jeanne. Qui m'aime me suive ! »

Elle descendit dans le fossé, appliqua une échelle contre le rempart[1] et se mit à monter. A peine avait-elle gravi quelques échelons, elle tomba atteinte d'un

---

[1] *Rempart*, autrefois haute et épaisse muraille qui entourait une ville, une forteresse, pour la protéger contre les attaques de l'ennemi.

trait d'arbalète[1] entre l'épaule et la gorge. On accourt, on l'emporte, on la désarme pour panser sa blessure. Elle était percée de part en part. Quand elle vit son sang couler, le cœur lui faillit[2] et elle se prit à pleurer. Mais bientôt, ayant prié, elle n'eut plus peur. Elle-même arracha le fer de sa plaie.

La nouvelle que Jeanne était blessée avait jeté le découragement dans l'armée. Les capitaines faisaient sonner la retraite. Jeanne, retrouvant ses forces, courut à eux.

« Ne partez pas, dit-elle; faites seulement reposer vos gens, mangez et buvez; puis retournez à l'assaut. Sans nulle faute les Anglais seront vaincus, et seront pris leurs tourelles et leurs boulevards. »

On l'écouta, et pendant que ses compagnons reprenaient haleine, Jeanne se mit en prières dans une vigne. Bientôt l'attaque recommence plus ardente que jamais. Au milieu des combattants, un soldat tenait l'étendard de la Pucelle[3]. Voyant au loin remuer son étendard, Jeanne ne put rester en place. Elle courut le ressaisir, malgré sa blessure. Les Anglais croyaient Jeanne mourante. Quand ils l'aperçurent debout sur le bord du fossé, sa bannière à la main, ils furent tout stupéfaits.

« Regardez si mon étendard touche le mur, dit Jeanne à un gentilhomme.

— Il y touche.

— Eh! bien, tout est à vous. Entrez! » s'écria-t-elle à voix très haute.

Les Anglais frissonnaient d'épouvante et les Français se ruaient à l'assaut avec ardeur. Aussi pressée est une

---

[1] *Arbalète,* ancienne arme pour lancer des traits.
[2] *Le cœur lui faillit,* lui manqua, elle eut un instant de faiblesse.
[3] *La Pucelle,* c'est Jeanne d'Arc.

bande d'oisillons allant percher sur un buisson, aussi serrée était cette nuée d'assaillants. Ils escaladaient le mur si lestement, qu'on eût dit qu'ils montaient les degrés d'un escalier.

Le soir, les cloches d'Orléans sonnaient à toute volée; tout le peuple faisait cortège à Jeanne rentrant dans la ville, et des milliers de voix chantaient l'hymne[1] d'actions de grâces.

Joseph Fabre. (Le mois de Jeanne d'Arc.<br>Librairie Armand Colin, édit.)

## Questions et Exercices.

**I.** — **Expressions à expliquer** : lutte de *géants ;* — *criblèrent les assaillants ;* — les assaillants lassés *semblaient mollir ;* — se ruaient à *l'assaut ;* — cette *nuée* d'assaillants.

**II.** — Quel est le sujet de ce morceau ? — Faites le plan, d'après ce récit, des différentes phases de la prise d'Orléans. En rappeler la date. — Comment Jeanne d'Arc anime-t-elle le courage de ses soldats ? — Quels sont les détails qui peignent l'ardeur de la lutte ?

**III.** — Qu'admirez-vous le plus dans la conduite de Jeanne ?

**IV.** — Lisez ce texte au *présent de l'indicatif.*

**V.** — **Analyse grammaticale :** *aussi pressée est une bande d'oisillons.*

**VI.** — **Rédaction :** Racontez comment on célèbre aujourd'hui la fête de notre héroïne nationale Jeanne d'Arc.

---

[1] L'*hymne,* dans le texte, chant d'église, cantique pour remercier Dieu.

## Sur le grand Chemin.

Heureux l'enfant pour qui le don n'est pas l'aumône !
L'été flambe[1], le blé mûrit, la plaine est jaune.
Une enfant en haillons, pieds nus sur le chemin,
A cueilli des bluets qu'elle tient à la main.
Elle a quatre ans, on la laisse errer[2] sur la route,
Mendiante, non pas, mais bien pauvre sans doute.
Chez elle, on est souvent sans pain à la maison.
L'enfant n'y songe pas : c'est la belle saison,
Elle est libre. Ses pieds nus dans la poussière ardente[3]
Ont chaud. Elle a cueilli des fleurs, elle est contente,
Et près des peupliers dont tremble le rideau,
Elle marche.
       Bercée au trot de son landau[4],
Une dame, à côté de sa petite fille,
Est prise de pitié pour l'errante en guenilles
Et veut semer un peu de bonheur en passant.
« Halte un instant, cocher ! »
              La petite descend,
Et présente un louis[5] à l'enfant demi-nue.
Toutes deux ont quatre ans. L'ignorance ingénue[6]
Qui vit dans leurs yeux clairs ne peut encore savoir
Le sens de ces deux mots : donner et recevoir,
Ni que la charité contient un peu d'offense.
O candeur admirable et sainte de l'enfance !

---

[1] *Flamber :* 1º sens propre, brûler en jetant des flammes ; 2º sens figure,
ici : les rayons du soleil, en été. brûlent comme un grand feu.

[2] *Errer,* aller çà et là, au hasard.

[3] *Ardente,* la poussière chauffée par le soleil est brûlante.

[4] *Landau,* voiture découverte à quatre roues.

[5] *Louis,* monnaie d'or valant autrefois 24 livres. Son nom vient de celui du
roi Louis XIII, sous le règne de qui on en commença la fabrication. Ce nom
désigne aujourd'hui la pièce de 20 francs en or,

L'une tend sans façon le louis comme un sou.
L'autre accepte, ainsi qu'un étrange joujou,
Et le prend simplement parce qu'on le lui donne ;
Puis, cédant à son tour à l'instinct d'être bonne,
Elle offre ses bluets, dans la moisson cueillis.
Alors la riche enfant, trouvant bien plus jolis
Que l'or ces bluets purs comme les yeux des anges,
Et surprise devant le généreux échange,
Et très reconnaissante, et le cœur tout saisi,
Embrasse l'enfant pauvre en lui disant merci.

François Coppée.

## Questions et Exercices.

**I.** — **Expressions à expliquer :** une enfant *en haillons ;* — une dame... est *prise de pitié pour l'errante en guenilles ;* — *semer du bonheur ;* — *l'instinct d'être bonne.*

**II.** — Quels sont les personnages de ce récit ? — Quel est celui d'entre eux qui tient le plus de place ? — Que pensez-vous de la façon dont se termine l'histoire ? — La dame riche avait-elle prévu une telle fin ?

**III.** — Comment appelle-t-on l'adjectif qui accompagne le verbe *être ?* — **Analysez grammaticalement :** *La plaine est jaune ; l'enfant est contente.*

**IV.** — **Rédaction :** C'est l'été. Lise a cueilli des fleurs (dites lesquelles). Assise, elle compose son bouquet. Dites ce qu'elle en fera.

## Le Merle.

Un de mes voisins possède un merle dont l'histoire vaut la peine d'être racontée. Cet oiseau appartenait à son fils, un enfant de dix ans, frais, rose et joufflu, lequel l'avait déniché et élevé non sans peine. Quelques mois après sa capture, l'oiseau ayant engagé sa patte entre les fils de fer de sa cage, elle s'était cassée.

La suppuration[1] sépara du membre la partie brisée, la plaie se cicatrisa[2] et, avec son unique patte, le prisonnier ne se porta pas plus mal et n'en siffla que de plus belle.

Malheureusement, à quelque temps de là, un vent de fièvre passa sur la chaumière et enleva le pauvre petit blondin.

Le père et la mère, qui n'avaient que lui, étaient désespérés, et bientôt le bonhomme déclara qu'il ne pouvait plus voir ce merle qui, à chaque instant, ravivait[3] sa douleur en lui rappelant son enfant. Un jour, il mit l'oiseau dans une manche de sa blouse et s'en alla le lâcher dans un bois à une lieue de sa maison.

Le lendemain, au petit point du jour, il était encore dans son lit quand il entendit au dehors un sifflement qui le fit frissonner. Il se leva, il ouvrit la porte : le

---

[1] *Suppuration*, écoulement de pus d'une plaie infectée.
[2] *Se cicatrisa*, se ferma, se dessécha, guérit.
[3] *Ravivait*, rendait sa douleur plus vive, plus aiguë.

merle boiteux était perché sur la cage restée accrochée à la muraille.

« Tenez, me disait-il en me racontant ce retour au moins étrange, quand j ai revu cet oiseau, les larmes me sont venues aux yeux comme une pluie ; il me faisait honte de la lâcheté avec laquelle j'avais été perdre celui que le petit gars aimait tant. Et quand je l'ai embrassé avant de le remettre dans sa cage, ça m'a secoué le cœur, comme s'il y avait quelque chose de mon pauvre Charles sous les plumes ! »

G. de Cherville.

*(La Vie à la campagne. —* Maurice Dreyfous, édit.)

Questions et Exercices.

**I. — Expressions à expliquer :** l'histoire *vaut la peine* d'être racontée ; — le prisonnier... *n'en siffla que de plus belle ;* — le père et la mère *qui n'avaient plus que lui ;* — un *vent de fièvre ;* — *comme une pluie ;* — ça m'a *secoué le cœur.*

**II. —** Pourquoi le père ne voulait-il plus voir ce merle ? — Que fit-il pour s'en défaire ? — Qu'éprouva - t - il en entendant le merle revenu ?

**III. —** Relevez *cinq adjectifs qualificatifs* se rapportant à l'enfant, et faites entrer chacun d'eux dans une petite phrase.

---

## Trott et la Mouche.

Trott se trouve tout à coup un creux énorme. Oh ! qu'il a faim !... Heureusement sa tasse de lait est toute prête. Trott prend sa tasse des deux mains. Il la soulève et se prépare à boire. Tiens ! il y a une mouche au milieu du lait.

Trott s'arrête, offensé[1]. C'est bien fait. Vilaine gourmande! Qui lui a permis de boire le lait de Trott? Elle va se noyer, et elle ne l'aura pas volé.

Comme elle a l'air épouvantée, la mouche! Elle remue désespérément les pattes; elle essaye de battre les ailes; elle n'y arrive pas. Chaque mouvement qu'elle fait l'enfonce davantage. Bientôt ce sera fini. Pauvre mouche! Après tout, c'est une bien grosse punition. Trott lui tend la cuillère :

« Grimpe dessus et va-t'en. »

Mais la mouche a tout à fait perdu la tête. Au lieu de s'approcher, elle s'éloigne... Ah! bien, alors, tant pis pour elle!

Mais non! Tout à coup Trott se sent pris d'une immense pitié[2]. Trott poursuit la mouche avec la cuillère. Est-ce qu'il n'arrivera donc jamais à l'attraper? Les pattes remuent moins. Oh! elle ne va pas mourir?

Enfin la mouche est prise dans la cuillère et Trott la verse avec un peu de lait sur la table de fer-blanc. N'est-il pas trop tard, hélas? Elle est échouée lamentablement sur un côté; les ailes sont collées; les pattes ne remuent plus; c'est une petite loque. Elle a l'air étouffée, noyée, morte définitivement.

Trott la pousse de côté, légèrement, avec la cuillère. Il oublie de boire... Rien ne bouge. Elle est morte. Non! Est-ce bien possible? Voilà une patte qui s'agite faiblement. Puis plus rien. Ah! en voici deux! Elle se les frotte l'une contre l'autre. Puis, tout de suite, elle s'essuie la figure. Ça, c'est propre, madame la mouche. Elle fait un grand effort, en dégage une troisième et se traîne

---

[1] *Offensé,* fâché, froissé. Pourquoi?

[2] *Une immense pitié* un profond sentiment de compassion pour les souffrances de la mouche.

à trois pattes. Oh! mais ça va vite maintenant. Voilà la quatrième délivrée, et puis les deux dernières. Il n'y a que les ailes qui ne vont pas encore. Elle a beau se les lisser, se les lustrer, se les gratter avec ses pattes : elles ne veulent pas se décoller. Pourtant, on dirait que l'une... Allons donc! courage! Ça y est. On entend un zzzon significatif. L'aile droite est libre ; l'aile gauche est encore poisseuse[1], mais pas pour longtemps. Elle se met à remuer, à remuer... Zzzon... Les voilà toutes deux rétablies.

La mouche se promène de long en large d'un air affairé. Elle va, elle vient, elle s'arrête, elle reprend sa route comme si elle cherchait très vite quelque chose d'égaré, par-ci, par-là, par-là encore. Et tout à coup pfttt, la voilà envolée!

Elle aurait pu dire merci. Trott est un peu choqué ; mais il est tout de même bien content.

ANDRÉ LICHTENBERGER.

(Mon petit Trott. — Plon-Nourrit et Cie, édit.)

## Questions et Exercices.

**I. — Expressions à expliquer** : Trott *se trouve un creux énorme ; — la mouche a l'air épouvantée ; — elle remue désespérément ; —* elle est *échouée lamentablement, — se les lustrer ; — Trott est choqué.*

**II. —** Quels efforts fait la mouche pour sortir du bol de lait? — Après qu'elle a été placée sur la table, quels efforts fait-elle pour reprendre son vol?

**III. —** Trott a-t-il bon cœur? Qu'est-ce qui le prouve? — Relevez les expressions où ce bon cœur se marque le mieux. — Que pensez-vous des enfants qui torturent les mouches, les hannetons, etc.?

**IV. — Conjuguez** à la troisième personne du singulier de tous les temps de l'indicatif : *Elle va, elle vient, elle s'arrête, elle reprend sa route.*

**V. — Analysez grammaticalement** : *Qui lui a permis de boire le lait?*

---

[1] *Poisseuse,* couverte d'une matière gluante, collante comme la poix : c'est la graisse du lait.

## Les Sauveteurs.

J'allais regagner le village, courbé par le vent, lorsqu'un canon tonne et une sirène mugit dans Saint-Guenolé. Une vingtaine de matelots, jambes nues, en chandail, courent vers le hangar du canot sauveteur avec une sorte de rage. Des femmes, des enfants, et jusqu'à des vieillards, galopent derrière eux en s'interpellant :

« Désemparé?

— Oui, un quatre-mâts de Nantes.

— Signalé par Eckmülh[1]!

— Oh! mon Dieu! que de gens en train de perdre leur corps! »

Les portes de son abri ouvertes, apparaît le grand canot blanc cambré comme un cygne sur son chariot aux roues ferrées. Debout sur le caisson à air, le patron, un athlète à mufle de lion, ordonne la manœuvre.

La foule hurle en cadence[2] pour arriver à traîner le lourd appareil. Enfin l'embarcation bascule dans le port et flotte. Les sauveteurs se jettent tous alors à la mer avec de l'eau jusqu'à la taille, souffletés par les houles[3]. Empoignant les bordages, intrépides et lestes, ils font un rétablissement et retombent à leurs bancs, où ils s'attachent aussitôt les cuisses avec des courroies[4].

« Parez[5]? » interroge le patron debout à l'arrière.

Toutes les têtes se baissent..

Alors le sauveteur en chef clame :

« Armez! »

---

[1] *Eckmülh* est le nom d'un poste de vigie de la côte sud de Bretagne.
[2] Dans une manœuvre en commun, on se donne une cadence avec la voix.
[3] *La houle* est le mouvement de la mer en tempête.
[4] Pourquoi?
[5] *Parez!* commandement qui équivaut à : Préparez-vous

Toutes les rames se dressent.

Un geste de commandement encore, elles plongent au flot.

« Il y a du monde en péril, hurle alors le patron, faut sortir toute la force de vos corps. »

Les parents de ces canotiers voient alors la blanche embarcation aborder la barre[1] qui ferme l'étroit goulet servant d'entrée et de sortie à ce port de fortune. Ce cylindre d'eau, d'environ trois mètres de hauteur, tourne sur lui-même dans une rage stupide. Le patron lève un bras : le canot s'enfonce dans ce tunnel de mort et disparaît.

---

[1] A l'entrée étroite d'un port, la vague se fait plus violente ; c'est ce qu'on appelle la *barre*.

« Ma Doué ! » gémissent toutes les femmes en cachant leurs visages.

Quelques secondes s'écoulent.

« S'ils avaient chaviré, déclare le syndic[1], leur caisson les ferait surnager et la soupape automatique dégorgerait l'eau. Confiance ! »

Or, tandis qu'il parle ainsi, peut-être ces rameurs se trouvent-ils la tête en bas dans le flot, retenant leurs respirations. Ce supplice leur arrive parfois ; et puis l'embarcation se redresse en effet, et ces héros, crispés à leurs bancs, entendent à nouveau la voix de leur patron crier :

« Armez ! »

Et son geste leur montre sur l'Océan le chemin d'épouvante qu'ils doivent suivre.

Après une nuit entière de bataille, ils reviendront du large, épuisés, les mains en sang, avec leur cargaison de noyés et de vivants, tout ce qu'ils auront trouvé à bord du navire en perdition. Un diplôme de papier les récompensera de cette sortie. Mais c'est pour l'honneur que ces marins sauvent leurs frères de toutes les nations.

Charles Géniaux.

## Questions et Exercices.

**I.** — **Expressions à expliquer :** *il y a du monde en péril ; — port de fortune ; — le chemin d'épouvante* qu'ils doivent suivre.

**II.** — Où cette scène se passe-t-elle ? — Quels en sont les acteurs ? les spectateurs ?

**III.** — Citez les passages qui montrent le mieux les difficultés de l'œuvre des sauveteurs, et par conséquent leur courage. — Pourquoi ces marins affrontent-ils ainsi la mort ?

**IV.** — **Rédaction :** Imaginez un sauvetage dont **vous avez été** ou dont vous auriez pu être témoin, et racontez-le.

---

[1] *Le syndic* est le chef des matelots **du port**.

# Le Jour de Catherine.

Il est 5 heures. M^lle Catherine reçoit ses poupées. C'est son jour. Les poupées ne parlent pas; le peut génie qui leur donna le sourire leur refusa la parole. Il agit ainsi pour le bien du monde : si les poupées parlaient, on n'entendrait qu'elles. Pourtant le cercle[1] est animé. M^lle Catherine parle pour ses visiteuses aussi bien que pour elle-même; elle fait les demandes et les réponses :

« Comment allez-vous, madame?

— Très bien, madame. Je me suis cassé le bras hier matin en allant acheter des gâteaux. Mais c'est guéri.

— Ah! tant mieux!

— Et comment va votre petite?

— Elle a la coqueluche.

— Ah! quel malheur! Elle tousse?

— Non, c'est une coqueluche qui ne tousse pas.

— Vous savez, madame, j'ai encore eu deux enfants la semaine dernière.

— Vraiment? cela fait quatre.

— Quatre ou cinq, je ne sais plus. Quand on en a tant, on s'embrouille.

— Vous avez une bien jolie toilette.

— Oh! j'en ai de bien plus belles encore à la maison.

— Allez-vous au théâtre?

— Tous les soirs. J'étais, hier, à l'Opéra; mais Polichinelle n'a pas joué, parce que le loup l'avait mangé.

---

*Cercle*, sens figuré, la réunion de Catherine et de ses poupées.

« — Moi, ma chère, je vais au bal tous les jours.

— C'est amusant.

— Oui, je mets une robe bleue et je danse avec des jeunes gens, tout ce qu'il y a de mieux, des généraux, des princes, des confiseurs.

— Vous êtes jolie comme un cœur aujourd'hui, ma mignonne.

— C'est le printemps.

— Oui, mais quel dommage qu'il neige !

— Moi, j'aime la neige parce qu'elle est blanche.

— Oh ! il y a de la neige noire !

— Oui ; mais c'est de la vilaine neige. »

Voilà une belle conversation ; Mlle Catherine la soutient avec agilité. Je lui ferai pourtant un reproche : elle cause sans cesse avec la même visiteuse, qui est jolie et qui a une belle robe. Elle a tort. Une bonne maîtresse de maison est également affable[1] avec toutes les invitées. Elle les traite toutes avec sollicitude[2] et, si elle peut montrer quelque préférence, ce n'est qu'aux plus modestes et aux moins heureuses. Il faut flatter le malheur : c'est la seule flatterie qui soit permise. Mais Catherine l'a compris d'elle-même. Elle a deviné la vraie politesse : c'est le cœur qui l'inspire. Elle sert le thé à ses hôtesses[3] et elle n'en oublie aucune. Elle insiste, au contraire, auprès des poupées qu'elle sait pauvres, malheureuses et timides, pour qu'elles prennent des petits gâteaux invisibles et des sandwichs faits avec des dominos. Catherine aura, un jour, un salon où fleurira la vieille politesse française.

ANATOLE FRANCE.

---

[1] *Affable*, d'une amabilité affectueuse.

[2] *Sollicitude*, soins affectueux dont on entoure quelqu'un.

[3] *Hôtesses*, les poupées que Catherine reçoit.

## Questions et Exercices.

**I.** — **Expressions à expliquer :** *le cercle est animé ; — tout ce qu'il y a de mieux ; — jolie comme un cœur ; — c'est la seule flatterie qui soit permise ; — un salon où fleurira la vieille politesse française.*

**II.** — Que fait Catherine à 5 heures ? — Pourquoi riez-vous quand elle dit : « Une coqueluche qui ne tousse pas ? » — Relevez les traits amusants de la conversation des poupées de Catherine. — Pourquoi Catherine trouve-t-elle les confiseurs « tout ce qu'il y a de mieux » ? — Comment certaines poupées de Catherine peuvent-elles être « pauvres, malheureuses et timides » ? — Quelle est la conduite de Catherine à l'égard de celles qui sont pauvres ? — Quels vous paraissent être les qualités et les défauts de Catherine ?

**III.** — **Analyse grammaticale :** *Si les poupées parlaient, on n'entendrait qu'elles.*

---

## L'Employé aux yeux de bouillon.

Vous voyez en moi l'Employé aux yeux de bouillon. Enfant, je n'ai jamais mangé. Manger, voilà la grande affaire. Il y a deux races d'hommes : celle qui mange et celle qui ne mange pas. Les pauvres haïssent les riches parce que les riches mangent ; les riches exècrent[1] les pauvres parce que les pauvres voudraient manger. Je vis, en avançant en âge, que tout est là, et que le sort de l'humanité s'agite autour des endroits où l'on fait de la cuisine.

Fort de cette idée, j'entre comme employé à la *Jambe-de-bois,* un établissement de bouillons à un sou, concurrence du *Grand Vainqueur.*

Un matin, tous les Auvergnats de la *Jambe-de-bois* émigrèrent pour le *Grand-Vainqueur.* Quand mon

---

[1] *Exècrent,* ont en horreur.

maître leur en demanda en pleurant la raison, ils lui répondirent que son bouillon n'avait pas d'yeux, tandis que celui du *Grand-Vainqueur* en était inondé comme une queue de paon.

J'eus le courage de passer une nuit entière, caché dans une armoire de cuisine, au *Grand-Vainqueur*. Le lendemain, à l'heure où l'Aurore profite de ce qu'elle a des doigts de rose pour ouvrir les portes de l'Orient, je pris le secret de notre rival[1] : le misérable fourrait ses doigts dans un vase plein d'huile de poisson et les secouait ensuite sur les bols de bouillon alignés autour de la table. C'est ainsi qu'il y faisait des yeux.

Les yeux étaient nombreux, je ne dis pas ; mais quels yeux ! comme c'était fait ! Pas de goût, pas de grâce, ni vraisemblance[2] ni idéal[3] ! Dans le trajet du *Grand-Vainqueur* à la *Jambe-de-bois*, mille idées jetèrent tour à tour leurs ombres sur mon front, mais enfin une création lumineuse éclaira tout à coup mon cerveau de ses flammes aveuglantes : la seringue était trouvée !

Tous les matins, armé de cette bienheureuse seringue, je vise les bouillons et j'y exécute, la main levée, une mosaïque d'yeux à faire pâlir la nature.

THÉODORE DE BANVILLE.

(Esquisses parisiennes. — Fasquelle, édit.)

### Questions et Exercices.

**I.** — **Expressions à expliquer** : *le sort de l'humanité s'agite* autour des endroits où l'on fait de la cuisine ; — *fort de cette idée ;* — *flammes aveuglantes* (sens propre, sens figuré) ; — *une mosaïque d'yeux.*

**II.** — Que pensez-vous de cette façon de faire des yeux au bouillon ? — Quelle différence pouvait-il y avoir entre des yeux faits avec

---

[1] *Le secret de notre rival*, le moyen employé par le concurrent.

[2] *Vraisemblance*, décomposez le mot.

[3] Qui n'existe que dans l'idée, c'est-à-dire **que ces yeux de bouillon ne** donnaient pas *l'idée* de quelque chose de bon.

une seringue et ceux qui étaient faits avec les doigts? — Par quels mots s'exprime, dans le texte, cette différence? — Dans la phrase : « Mille idées jetèrent tour à tour leurs *ombres* sur mon front; mais enfin une *création lumineuse éclaira* tout à coup mon cerveau de ses *flammes aveuglantes,* » sur quelle idée insiste l'auteur? — L'employé n'est-il pas très fier de son invention?

**III.** — Pluriel du mot *œil.* — Mots de la famille de *secret.* — Ce récit. vous amuse-t-il? En quoi?

**IV.** — **Rédaction :** A table, devant une soupe excellente, vous racontez à votre maman comment l'employé de l'établissement de bouillons à un sou s'y prenait pour que son bouillon eût des yeux. Vous demandez à votre maman si elle emploie le même procédé. Que vous répond-elle?

---

## Le Cochet, le Chat et le Souriceau.

Un souriceau tout jeune, et qui n'avait
[rien vu,
Fut presque pris au dépourvu[1].
Voici comme il conta l'aventure à
[sa mère :
« J'avais franchi les monts qui bornent cet État,
Et trottais comme un jeune rat
Qui cherche à se donner carrière,.
Lorsque deux animaux m'ont arrêté les yeux :
L'un doux, bénin et gracieux,
Et l'autre turbulent et plein d'inquiétude;
Il a la voix perçante et rude,

---

[1] A l'improviste, sans s'y attendre. Commentez ce « *presque* pris au dépourvu ».

Sur la tête un morceau de chair,
Une sorte de bras dont il s'élève en l'air
Comme pour prendre sa volée,
La queue en panache étalée. »
Or c'était un cochet dont notre souriceau
Fit à sa mère le tableau
Comme d'un animal venu de l'Amérique.
« Il se battait, dit-il, les flancs avec ses bras,
Faisant tel bruit et tel fracas,
Que moi, qui grâce aux dieux de courage me pique[1],
En ai pris la fuite de peur,
Le maudissant de très bon cœur.

Sans lui j'aurais fait connaissance
Avec cet animal qui m'a semblé si doux :
Il est velouté comme nous,
Marqueté, longue queue, une humble contenance,
Un modeste regard, et pourtant l'œil luisant.
Je le crois fort sympathisant
Avec messieurs les rats : car il a des oreilles
En figure[2] aux nôtres pareilles.
Je l'allais aborder, quand d'un son plein d'éclat
L'autre m'a fait prendre la fuite.
— Mon fils, dit la souris, ce doucet est un chat,
Qui, sous son minois hypocrite,
Contre toute ta parenté
D'un malin vouloir est porté.

---

[1] Me flatte, me glorifie.
[2] En apparence.

L'autre animal, tout au contraire,
Bien éloigné de nous mal faire,
Servira quelque jour peut-être à nos repas.
Quant au chat, c'est sur nous qu'il fonde sa cuisine.
Garde-toi, tant que tu vivras,
De juger les gens sur la mine. »

La Fontaine.

## Questions et Exercices.

**I.** — **Expressions à expliquer :** *doux, bénin, gracieux;* — les deux premiers de ces mots sont-ils exactement synonymes? — *sympathisant;* — *minois hypocrite;* — d'un *malin vouloir.*

**II.** — Le souriceau ne juge-t-il pas trop vite le cochet et le chat? — Lequel de ces animaux était en réalité pour lui, le plus dangereux? — Relevez les expressions qui montrent que le souriceau : 1º avait bien observé les caractères extérieurs du coq et du chat; 2º qu'il s'était trompé en les interprétant. — Que faut-il faire avant de juger les gens?

**III.** — Indiquez le féminin des mots : *doux, bénin.* — Citez un adjectif, un verbe et un adverbe formés avec le mot *courage.*

**IV.** — **Conjuguez** le verbe *prendre* à l'indicatif présent et au passé composé, en ajoutant un complément à chaque personne.

**V.** — **Récitation :** Apprendre et réciter cette fable.

---

# La Bonté de Lamartine[1].

Un pauvre jeune poète que je connaissais, nommé Armand Lebailly, mourait de phtisie[2] à l'hôpital Saint-Louis, à Paris. J'y entraîne Lamartine, certain que sa

---

[1] *Lamartine* fut un grand poète et un homme politique. Après l'abdication de Louis-Philippe en 1848, i. fit partie du gouvernement provisoire qui proclama la République. Il rendit de réels services à la France à cette époque troublée et rentra dans la vie privée après le coup d'État du 2 décembre 1851.

[2] *Phtisie*, tuberculose des poumons; effrayante maladie contagieuse.

visite ferait plus de bien au moribond[1] que dix visites de médecin. Nous arrivons, nous montons à la salle Sainte-Catherine. En entrant, j'aperçois au bout de la salle le pauvre misérable, assis près du poêle, les deux bras étendus sur une table, la tête entre les bras et le visage enseveli sous ses longs cheveux en désordre. Au

bruit de nos pas, il relève un peu le front. A peine a-t-il reconnu mon compagnon, que la stupéfaction, la joie[2], l'orgueil, l'attendrissement[3] éclatent sur sa figure. Tout tremblant il se lève, vient à nous, et n'a que la force de prendre la main que lui tendait le grand poète et de la baiser.

---

[1] *Moribond*, qui est sur le point de mourir.

[2] *Stupéfaction*, étonnement devant un fait extraordinaire, inattendu.

[3] Justifiez tous ces sentiments qu'éprouve le pauvre poète ; montrez-en *la gradation*.

La conversation fut de la part de Lamartine un mélange charmant de bonté de père et de bonté de poète. Il parla à Lebailly de ses vers, il lui en répéta même quelques-uns; une sœur de charité n'aurait pas si bien fait. Après un quart d'heure il se leva, et voyant que le malade voulait nous accompagner jusqu'à la porte :

« Prenez mon bras, lui dit-il, et appuyez-vous sur moi. »

Nous traversâmes ainsi cette longue salle entre deux rangées de malades, les uns debout au pied de leur lit, les autres assis, les autres levés sur leur séant[1], tous se découvrant à notre passage. Ce grand nom avait mis tout l'hôpital en rumeur.

Lebailly jetait à droite et à gauche des regards étincelants qui semblaient dire :

« C'est mon ami, je lui donne le bras. »

Il pleurait, il riait, il ne souffrait plus.

Une fois dans sa voiture, Lamartine, après un moment de silence, me dit :

« Ce pauvre jeune homme est bien malade; mais il n'est pas à la veille de mourir. De longs soins lui seront encore utiles; joignez cela à ce que vous lui donnez. »

Il me tendit un billet de cinq cents francs.

Trois jours après, quelle fut ma stupéfaction en apprenant que lui-même était poursuivi pour une somme de quatre mille francs qu'il ne pouvait pas payer. Il avait oublié qu'il devait, en voyant qu'un autre souffrait.

Legouvé.

*(Soixante ans de souvenirs.*

Librairie Hachette, édit.)

---

[1] *Son séant,* posture d'un homme assis dans son lit.

## Questions et Exercices.

**I.** — **Expressions à expliquer :** *sa visite ferait plus de bien,* pourquoi ? — un *mélange* charmant *de bonté de père* et *de bonté de poète,* — tous *se découvrant* à notre passage, pourquoi ? — en *rumeur* — des regards *étincelants ;* — lui-même *était poursuivi.*

**II.** — Où se passe cette scène ? — Quels en sont les personnages ? — Pourquoi le malade est il fier de la visite de Lamartine ? — Relevez les expressions qui marquent la joie du malade. — Relevez les traits qui marquent le mieux la bonté de Lamartine. — Il en est un qui est particulièrement touchant. Lequel ? — Quelle grande leçon nous donne Lamartine ?

**IV.** — Relevez les *pronoms personnels compléments* contenus dans le premier paragraphe, et analysez-les.

---

# Distraction d'un Cordon bleu.

La tiède température des derniers jours de la période autorisée[1] a été fatale aux perdrix. Un monsieur de notre connaissance en a tué sept dans la même journée.

Sept perdrix tuées à la clôture ! Un festin peut seul dignement célébrer un pareil fait d'armes. Le héros ne voulut pas manquer à la tradition.

Quelques jours auparavant, il avait rapporté une bécasse qui avait servi aux débuts d'un cordon bleu[2] nouvellement engagé : débuts malheureux, marqués par un effroyable barbarisme culinaire, Mlle Marguerite ayant cru devoir débarrasser l'oiseau de ses organes digestifs et de leur contenu, lesquels, douillettement

---

[1] *Autorisée* pour la chasse.
[2] On appelle *cordon bleu* une cuisinière de grand métier.

étendus sur une rôtie, constituent, au dire des connaisseurs, un mets savoureux.

Rudement tancée[1], le cordon bleu avait promis de mieux faire. On y comptait, ce qui n'empêcha pas son maître de lui recommander vingt fois ses perdrix. Effectivement, quand elles parurent, le chœur des convives s'extasia sur leur mine. Galamment troussées, dodues, rondes, dorées à point, leur seul aspect faisait arriver l'eau à la bouche.

L'amphitryon[2] y porta la fourchette, puis le couteau, et sa figure se rembrunit. Il poussa plus loin ses investigations, il lui échappa un cri d'horreur

que répétèrent à l'envi ses invités : les appétissantes perdrix n'avaient pas été vidées! Cette fois, ce fut une tempête qui s'abattit sur la tête de l'infortunée Marguerite; mais sans s'épouvanter de ces éclats, celle-ci, dénouant lestement son tablier, le jeta sur l'assiette de son patron.

« Cherchez une cuisinière! s'écria-t-elle. Un jour, vous voulez en manger, le lendemain, cela vous dégoûte. Je ne resterai pas une minute de plus chez un homme aussi capricieux. »

G. DE CHERVILLE.

---

[1] *Tancée,* grondée.
[2] *L'amphitryon* est celui qui reçoit ses amis à sa table.

## Questions et Exercices.

**I.** — **Expressions à expliquer :** un effroyable *barbarisme culinaire ;* — *au dire des connaisseurs ;* — *un mets savoureux ·* — *le chœur
des convives ;* — *leur seul aspect faisait arriver l'eau à la bouche ;* — *sa
figure se rembrunit ;* — *dénouant lestement son tablier.*

**II.** — Que comprenez-vous à ce récit? — Comment faut-il préparer
les bécasses? — Faut-il faire de même pour les perdrix? — La cuisinière le savait-elle? — Qui nous fait rire dans ce récit? — Plaignons-
nous beaucoup les convives du festin manqué?

**III.** — **Analyse grammaticale :** *Un festin peut seul dignement
célébrer un pareil fait d'armes.*

**IV.** — .**Rédaction :** Racontez un grand dîner auquel vous avez
assisté et décrivez les mets rares et savoureux qui y furent servis.

---

# Une Méprise.

*L'illustre Tartarin de Tarascon est dans les Alpes,
où il doit faire l'ascension d'une montagne. Un matin,
à l'hôtel du* Rigi-Kulm, *sur le Rigi, en Suisse, il est
réveillé en sursaut.*

« Quès aco[1]?... Qui vive?... » fit le Tarasconnais,
l'oreille tendue, les yeux écarquillés dans les ténèbres.

Des pas couraient partout dans l'hôtel, avec des cla-
quements de portes, des souffles haletants, des cris :
« Dépêchez-vous!... » tandis qu'au dehors sonnaient
comme des appels de trompe et que de brusques mon-
tées de flammes illuminaient vitres et rideaux...

Le feu!...

---

[1] *Quès aco?* locution provençale signifiant : qu'est-ce que c'est que ça?

D'un bond il fut hors du lit, chaussé, vêtu, dégringolant l'escalier où le gaz brûlait encore et que descendait tout un essaim[1] bruissant de miss[2] coiffées à la hâte, serrées dans des châles verts, des fichus de laine rouge, tout ce qui leur était tombé sous la main en se levant.

Tartarin, pour se réconforter lui-même et rassurer ces demoiselles, criait en se précipitant et bousculant tout le monde :

« Du sang-froid ! du sang-froid ! » avec une voix de goéland[3], blanche[4], éperdue, une de ces voix comme on en a dans les rêves, à donner la chair de poule aux plus braves.

Et comprenez-vous ces petites miss qui riaient en le regardant, et semblaient le trouver très drôle ! On n'a aucune notion du danger, à cet âge !

Heureusement, le vieux diplomate[5] venait derrière elles, très sommairement vêtu d'un pardessus que dépassaient des caleçons blancs et des bouts de cordonnets.

Enfin, voilà un homme !

Tartarin courut à lui en agitant les bras :

« Ah ! monsieur le baron, quel malheur !... Savez-vous quelque chose ?... Où est-ce ?... Comment a t-il pris ?...

— Qui ? Quoi ?... bégayait le baron ahuri, sans comprendre.

— Mais, le feu...

— Quel feu ?... »

---

[1] *Essaim*, groupe. Au sens propre : un *essaim* d'abeilles.

[2] *Miss*, nom donné aux demoiselles en Angleterre.

[3] *Goéland*, nom vulgaire donné à la grosse mouette, oiseau de mer, dont le cri est lugubre.

[4] *Voix blanche*, sans couleur, comme morte.

[5] *Diplomate*, personne chargée de représenter une nation à l'étranger, de défendre ses intérêts, de négocier des traités avec les autres États.

Le pauvre homme avait une mine si extraordinairement déprimée et stupide[1], que Tartarin l'abandonna et s'élança dehors, brusquement, pour « organiser les secours ».

« Des secours ! » répétait le baron et, après lui, cinq

ou six garçons de salle qui dormaient debout dans l'antichambre et s'entre-regardèrent absolument égarés... « Des secours !... »

Au premier pas dehors, Tartarin s'aperçut de son erreur. Pas le moindre incendie. Un froid de loup, la nuit profonde à peine éclaircie des torches de résine

---

[1] Du moins Tartarin le jugeait ainsi.

qu'on agitait çà et là et qui faisaient sur la neige de grandes traces sanglantes.

Au bas du perron, un joueur de cor des Alpes mugissait sa plainte modulée[1], un monotone ranz des vaches[2] à trois notes avec lequel il est d'usage, au *Rigi-Kulm*, de réveiller les adorateurs du soleil et de leur annoncer la prochaine apparition de l'astre[3].

ALPHONSE DAUDET.<br>(*Tartarin sur les Alpes.*)

## Questions et Exercices.

**I. — Expressions à expliquer :** des souffles *haletants ; — se réconforter ; —* du *sang-froid ; —* une voix à *donner la chair de poule aux plus braves ; —* très *sommairement* vêtu ; — une mine *déprimée ; — un froid de loup ; — les adorateurs du soleil.*

**II. —** Qu'est-ce que des *yeux écarquillés,* des *yeux à fleur de tête,* des *yeux cernés,* des *yeux voilés,* des *yeux clignotants ?*

**III. —** Qu'est-ce qu'une *voix rauque,* une *voix nasillarde,* une *voix grêle,* une *voix cassée,* une *voix éraillée,* une *voix sourde,* une *voix voilée,* une *voix caverneuse,* une *voix enrouée ?*

**IV. —** Qu'est-ce qui fait croire à Tartarin que le feu était dans l'hôtel ? — Pourquoi sonnait-on du cor ? — Pourquoi les petites miss riaient-elles en le regardant ? — Quel effet produisit-il sur le vieux diplomate, sur les garçons de salle ? — Quels sont, à la lecture de ce récit, les deux traits principaux du caractère de Tartarin ? — Relevez les expressions et les phases du récit où se *marquent* le mieux : 1º sa poltronnerie ; 2º sa fanfaronnerie.

**V. — Conjuguer** à la première personne du singulier et du pluriel du futur de l'indicatif les verbes *courir, descendre, crier, venir, savoir, bégayer, s'élancer, faire, annoncer.*

**VI. — Conjuguer :** *S'apercevoir de son erreur* au passé composé, forme négative.

---

[1] *Plainte modulée,* plainte rendue avec des inflexions de voix variées.

[2] *Ranz des vaches,* air que les pâtres suisses jouent sur la cornemuse en gardant leurs troupeaux.

[3] On sait que le lever du soleil sur le Rigi est l'un des plus beaux spectacles naturels qu'il soit possible de contempler.

## Le Bouchon.

Pendant le dîner, M. Bornet saisit une bouteille de champagne. Il disperse[1] d'un souffle puissant les grains de poussière qu'elle a sur la tête. On le regarde. Il enlève son capuchon d'or. On devient grave. Il coupe les fils qui la serrent au cou. Les dernières paroles lancées retombent à droite et à gauche, molles. Il appuie son pouce sur la nuque[2].

« Attention !

— Bon ! dit M^me Bornet, tu vas recommencer tes bêtises. Tu ne pourrais point faire ça à la cuisine ? »

M. Bornet n'a même pas un geste de mépris. Il exerce par degrés les pressions accoutumées. Il semble pétrir une figurine[3] de glaise. S'il s'aperçoit que le bouchon a grandi d'une ligne, il se repose. Il donne aussi d'amicales tapes au ventre, au derrière de la bouteille. Parfois il l'incline, comme une arme chargée, dans la direction d'une poitrine. Mais il rassure bientôt ces dames :

« N'ayez pas peur, je suis là.

— C'est crispant, dit M^me Bornet. Prends un tire-bouchon et finis-en, à la fin !

— Prendre un tire-bouchon pour déboucher une bouteille de champagne ! répond M. Bornet, syllabe par syllabe. J'ai dans ma longue vie entendu des choses prodigieuses ; mais celle-ci l'emporte, je l'avoue. »

Un monsieur qu'on approuve exprime en beaux termes la gêne commune :

« J'ai été soldat, dit-il, je ne crains pas la mort. Tirez

---

[1] *Disperser*, répandre, lancer çà et là.

[2] *Nuque*, partie arrière du cou, sous la tête. Il s'agit de la tête du bouchon.

[3] *Figurine*, petite figure. On dirait qu'il pétrit un peu de terre, pour en faire une figure.

un coup de canon, et vous verrez si je sourcille. Mais, Dieu ! que ceci m'énerve donc, c'est plus fort que moi !

— Ce n'est qu'une affaire de temps, répond M. Bornet ; et dès qu'il sera parti, vous n'y penserez plus. »

On le traite de monstre. Il garde sa sérénité. Il organise l'angoisse [1]. L'anxiété [2] atteint ses limites.

« Il est à gifler, dit M^me Bornet. Tu nous exaspères. On se trouverait mal. Donne-moi cette bouteille.

— Veux-tu lâcher ça, dit M. Bornet, ou je renfonce le bouchon ! »

Tiraillée en divers sens, la bouteille de champagne résiste aux efforts qui se contrarient, s'immobilise, étouffe, pousse toute seule, et le bouchon sort sans bruit, se couche sur le côté, au bord du goulot, paresseusement.

JULES RENARD.

*(Bucoliques. —* Librairie Ollendorff, édit.)

### Questions et Exercices.

**I. — Expressions à expliquer :** les dernières paroles lancées *retombent molles ;* — un *geste de mépris ;* — le bouchon *a grandi d'une ligne ;* — ce n'est qu'*une affaire de temps ;* — il *organise* l'angoisse ; — *tiraillée en divers sens.*

**II. —** A quel résultat voulait arriver M. Bornet en pressant progressivement sur le bouchon ? — Qu'y a-t-il d'amusant dans la façon dont s'est achevée l'opération ? — Qui fut déçu ? — Relevez les expressions qui marquent : 1° le calme de l'opérateur ; 2° l'agitation des assistants. — Cette agitation était-elle justifiée ? — Qu'est-ce qui vous amuse dans ce récit ?

**III. —** Relevez dans le texte les noms complétés par un autre nom. Exemple : *bouteille* de champagne.

**IV. — Rédaction :** Vous avez assisté à un grand repas de famille. Dans quelles circonstances ? Racontez-le.

---

[1] *Angoisse,* profonde inquiétude, dans l'attente d'un événement important.
[2] *Anxiété,* grande angoisse

# Le vieux Baudet.

Rien ne m'amusait plus, lorsque j'étais enfant,
Que d'aller chercher l'âne au fond d'une prairie
Et de le ramener jusqu'à son écurie.
En vain le vieux baudet sentait ses dents jaunir,
Ses sabots s'écailler[1], sa peau se racornir :

A ma vue, il songeait au galop de la veille,
Et parmi les chardons commençant à brunir,
Il se mettait à braire et redressait l'oreille.
Alors je l'enfourchais[2], et ma blouse, en bouffant,
Claquait comme un drapeau dans la bise en furie,
Qui, par les chemins creux, tantôt m'ébouriffant,
Tantôt me suffoquant sous la nue assombrie,
Déchaînait contre moi toute sa soufflerie[3].
Quel train ! Parfois, ayant grand'peine à me tenir,

---

[1] *S'écailler*, se détacher en formant des *écailles*.
[2] *E-fourcher*, monter à califourchon.
[3] *Soufflerie*, ensemble des soufflets d'une forge, d'un **orgue**. **Ici, c'est la bise**, le vent, qui semble mettre en jeu tous ses *souffles*.

J'aurais voulu descendre ou pouvoir aplanir
Ses reins coupants et d'une âpreté sans pareille ;
Mais lui, fier d'un jarret qui semblait rajeunir,
Il se mettait à braire et redressait l'oreille.

ROLLINAT.
(Le Livre de la nature. — Fasquelle, édit.)

## Questions et Exercices.

**I.** — **Expressions à expliquer** : *rien ne m'amusait plus;* — *que la bise en furie;* — *la nue assombrie;* — *quel train !* — *ses reins coupants et d'une âpreté sans pareille.* — *Fier d'un jarret.*

**II.** — A quels signes voit-on que le baudet est vieux? — Comment montre-t-il qu'il est content?

**III.** — Pourquoi court-il si vite et si joyeusement?

**IV.** — Énumérez *les actions de l'âne* racontées dans ce texte, en mettant les verbes à *l'infinitif,* au besoin avec un complément.

**V.** — **Rédaction** : Racontez une promenade à âne dans la campagne.

---

# Joseph II et l'Invalide.

L'empereur d'Autriche Joseph II n'aimait pas la représentation, et son goût pour la simplicité est assez connu.

Un jour que, vêtu d'une simple redingote boutonnée, accompagné d'un seul domestique sans livrée[1], il était allé, dans une calèche à deux places qu'il conduisait lui-même, faire une promenade du matin aux environs de

---

[1] Une *livrée* est le costume uniforme des domestiques d'une maison, à l'aide duquel on peut connaître leur maître.

Vienne[1], il fut surpris par la pluie comme il reprenait le chemin de la ville.

Il en était encore éloigné, lorsqu'un invalide[2], qui regagnait aussi la capitale, fit signe au conducteur d'arrêter. Joseph II arrête ses chevaux.

« Monsieur, lui dit le militaire (car c'était un sergent), y aurait-il de l'indiscrétion à vous demander une place à côté de vous? Cela ne vous gênerait pas prodigieusement, puisque vous êtes seul dans votre calèche, et cela ménagerait mon uniforme, que je mets aujourd'hui pour la première fois.

— Ménageons votre uniforme, mon brave, lui dit Joseph, et mettez-vous là. D'où venez-vous?

— Ah! dit le sergent, je reviens de chez un garde-chasse de mes amis, où j'ai fait un fier déjeuner.

— Qu'avez-vous mangé de si bon?

— Devinez.

— Que sais-je, moi! Une soupe à la bière?

— Ah! bien, oui, une soupe! Mieux que ça.

— De la choucroute?

— Mieux que ça.

— Une longe de veau?

— Mieux que ça, vous dit-on!

— Oh! ma foi, je ne puis plus deviner, dit Joseph.

— Un faisan, mon digne homme, un faisan tiré sur les plaisirs de Sa Majesté, dit le camarade en lui frappant sur la cuisse.

— Tiré sur les plaisirs de Sa Majesté! Il n'en devait être que meilleur.

— Je vous en réponds. »

------

[1] *Vienne*, capitale de l'Autriche.
[2] *Invalide*, soldat qui a des infirmités résultant de blessures.

Comme on approchait de la ville et que la pluie tombait toujours, Joseph demanda à son compagnon dans quel quartier il logeait, où il voulait qu'on le descendît.

« Monsieur, c'est trop de bonté ; je craindrais d'abuser de...

— Non, non, dit l'empereur. Votre rue ? »

Le sergent, indiquant sa demeure, demande à connaître celui dont il recevait tant d'honnêtetés.

« A votre tour, dit Joseph, devinez !

— Monsieur est militaire, sans doute ?

— Comme dit monsieur.

— Lieutenant ?

— Ah ! bien, oui, lieutenant ! Mieux que ça.

— Capitaine ?

— Mieux que ça.

— Colonel, peut-être ?

— Mieux que ça, vous dit-on !

— Comment, diable ! dit l'autre, en se rencognant dans un coin de la calèche, seriez-vous feld-maréchal[1] ?

— Mieux que ça.

— Ah ! mon Dieu, c'est l'empereur !

— Lui-même, » dit Joseph, se déboutonnant pour montrer ses décorations.

Il n'y avait pas moyen de tomber à genoux dans la voiture. L'invalide se confond en excuses et supplie l'empereur d'arrêter pour qu'il puisse descendre.

« Non pas, lui dit Joseph. Après avoir mangé mon faisan, vous seriez trop heureux, malgré la pluie, de vous débarrasser de moi aussi promptement : j'entends bien que vous ne me quittiez qu'à votre porte. »

Et il l'y descendit.

## Questions et Exercices.

**I. — Expressions à expliquer :** y aurait-il de *l'indiscrétion ?* — ne vous gênerait pas *prodigieusement ;* — *ménagerait* mon uniforme ; — un *fier* déjeuner ; — *honnêtetés ;* — un faisan *tiré sur les plaisirs de Sa Majesté ;* — se *rencognant ;* — se *confond* en excuses.

**II. —** Quel est le sujet de cette anecdote ? — En combien de parties peut-on diviser ce récit ? — L'aventure arrivée à l'invalide est-elle amusante ? — Quelle petite leçon de prudence pouvons-nous tirer ? — De quelle punition se contente l'empereur ?

**III. —** Appréciez la conduite de l'empereur Joseph II. — Quelles qualités devait-t-il avoir, d'après ce récit ?

**IV. — Conjuguez** l'expression : *Il fut surpris par la pluie,* aux deux temps du futur.

---

[1] *Feld-maréchal,* la plus haute dignité militaire en Autriche.

## Le Major Spique.

« Vous êtes bien Grossemy ?

— Oui, monsieur le major[1].

— Qu'est-ce que vous avez ?

— J'ai mal dans les reins, monsieur le major.

— Ah ! vous avez mal dans les reins, ah !... Et qu'est-ce que vous faisiez chez vous, mon garçon ?

— Monsieur le major ?

— Qu'est-ce que vous faisiez ? Votre métier, quoi ?

— Je suis charron, monsieur le docteur.

— Charron, ah ! charron... Vous gagniez beaucoup ?

— Oh ! ça dépend, monsieur le docteur, dans les trois francs...

— Trois francs ; très bien. Ipéca[2], exempt de service. »

A un autre :

« Ah ! Lamouche ! c'est encore vous, Lamouche ? Eh ! bien, ça ne va donc pas mieux ?

— Je souffre toujours, monsieur le docteur.

— Et puis, ça vous embêtait d'aller à la revue ce matin. Vous avez eu tort de ne pas y aller. Moi, si j'avais été libre, je ne l'aurais pas ratée, la revue. Allocution du général, mon ami, vous avez raté l'allocution[3] du général : « Je suis content des mouvements d'ensemble, « mais le maniement d'armes laisse à désirer... » Ah ! vous ne savez pas ce qui est beau !... Exempt de service. »

Brave petit major Spique ! Rarement il refusait

---

[1] Un *major* est un médecin militaire. Il s'agit ici de la visite que le médecin passe, chaque matin, aux soldats malades de la garnison.

[2] Remède ayant des propriétés vomitives.

[3] Petit discours, harangue.

d'exempter les hommes ; mais il avait la manie de les questionner sur leur vie civile, sur leurs parents, sur la ville où ils étaient nés. Quant à l'ipéca, c'était une folie ! Lorsqu'il était de mauvaise humeur, il en donnait à tout le monde, et quelle que fût la maladie déclarée.

Un jour, pourtant, il trouva son maître. Je veux parler du terrible Ventrepotte, de la 3/3[1]. Consigné pour trente jours, Ventrepotte eut l'idée de se faire porter malade. Une vieille ampoule qu'il avait eue jadis au talon gauche fut aussitôt remise à neuf grâce à des procédés spéciaux.

« Qu'est-ce que vous voulez, vous ? demanda le major d'une voix rauque.

— Monsieur le docteur, j'ai mal au pied ; pas moyen de marcher, ça me répond jusqu'au cœur.

— Mal au pied, oui, je la connais ; vous êtes un mauvais bougre, vous... Toujours à la boîte ! Donnez-lui un ipéca, et qu'il le prenne devant moi. »

Sur cet ordre formel, l'infirmier présenta le terrible gobelet au pauvre Ventrepotte. Alors, sans se troubler, Ventrepotte se baissa lentement ; lentement il ôta son godillot et, avec un soin infini, il y versa l'infâme vomitif.

« Qu'est-ce que vous faites ? cria le major.

— Dame ! monsieur le docteur, répondit l'autre, j'ai mal au pied, je pense que ce que vous m'ordonnez est pour le mal de pied : j'applique le médicament sur la partie malade ! »

Le major Spique ne s'attendait pas à celle-là. Un sourire indulgent illumina sa figure desséchée.

« C'est bien, répondit-il, soudainement radouci. As-

---

[1] *La* 3/3, c'est-à-dire la 3e compagnie du 3e bataillon

seyez-vous là, mon ami : tout à l'heure je vous ferai conduire à l'infirmerie. »

Puis il ajouta, paternellement :

« Régime spécial, bouillon, viande rôtie, demi-bouteille de vin. »

Georges Auriol.

## Questions et Exercices.

**I. — Expressions à expliquer :** *exempt de service ·* — vous avez *raté l'allocution ;* — *une ampoule remise à neuf ;* — *l'infâme vomitif ;* — sourire *indulgent.*

**II.** — Pourquoi le major Spique abuse-t-il de l'ipéca envers les militaires qui se prétendent malades ? — Pourquoi la revue  qui semble intéresser si vivement le major Spique, n'intéresse-t-elle pas également le soldat Lamouche ? — Croyez-vous Ventrepotte bien malade ? — Ne trouvez-vous pas amusante la façon dont Ventrepotte exécute les prescriptions du docteur ? — Pourquoi le major, d'abord fâché contre « ce mauvais bougre », se montre-t-il ensuite si bienveillant ?

**III. — Analyse grammaticale :** *Donnez-lui un ipéca.*

**IV. — Rédaction :** Une maladie imaginaire. Un matin, pour ne pas aller en classe, vous vous dites malade : maman n'est pas dupe. — Elle vous met à la diète et vous oblige à garder le lit pendant toute la journée. — Vous réfléchissez, vous vous ennuyez. — Que ferez-vous à l'avenir ?

---

# Les Revenants.

Il courait dans Maillane[1] une rumeur étrange : la maison de Claudillon était hantée[2]. Les locataires entendaient ravauder[3] et farfouiller[4] toute la nuit : un bruit

---

[1] *Maillane,* petite commune des Bouches-du-Rhône où est né le poète Mistral.

[2] *Hantée,* fréquentée, visitée par des êtres mystérieux, des revenants.

[3] *Ravauder,* au sens propre, veut dire raccommoder de vieilles hardes ; ici, tourner et retourner toutes sortes de choses.

[4] *Farfouiller,* fouiller en mêlant.

particulier, comme si on remuait du papier, du parchemin. Dès qu'on allumait la lampe, on n'entendait plus rien ; et dès qu'on l'éteignait, recommençait de plus belle le froissement mystérieux.

Ils eurent beau, les locataires, fureter, virer, tourner dans tous les coins de la maison, nettoyer le buffet, regarder sous le lit, sous l'escalier, sur les planches de l'évier, ils ne virent rien qui pût expliquer peu ou prou[1] le remuement nocturne. Et ce bruit, tous les jours, renaissait dans la nuit ; à ce point, vous dirai-je, que ces gens prirent peur et qu'ils déménagèrent en disant aux voisins :

« Y couche qui voudra dans la maison de Claudillon : les revenants la hantent. »

Et ils partirent.

Les voisins, assez effrayés, voulurent voir ce qui se passait par là ; et les plus courageux, armés de fourches et de fusils, vinrent tour à tour coucher dans la maison de Claudillon. Mais, sitôt la lampe éteinte, le maudit remuement avait lieu de nouveau, les parchemins se maniaient,... et on ne pouvait jamais voir d'où provenait le bruit.

Les veilleurs, en se signant, disaient bien les paroles qu'on adresse aux revenants pour les exorciser[2] :

> Si tu es bonne âme, parle-moi !
> Si tu es mauvaise, disparais !

Cela ne leur faisait pas plus qu'une pâtée de son aux chats, et le bruit s'entendait toujours la même chose. Et au four, au moulin, aux lavoirs et à la veillée on ne parlait que des revenants.

---

[1] Peu ou *prou*, peu ou *beaucoup*.
[2] *Exorciser*, chasser.

Les hommes, le dimanche, près du puits de la place, s'entretenaient tous de la chose et disaient :

« Claudillon, le pauvre Claudillon était pourtant un brave homme : il n'est pas probable que ce soit lui.

— Mais alors, qui serait-ce ? »

Le grand Charles, un pince-sans-rire [1], dit, après avoir toussé :

« N'est-ce pas clair ? Du moment qu'on remue des papiers, ce doit être des notaires. »

Tout le monde s'écria :

« Le grand Charles a raison, ce doit être des notaires puisqu'ils remuent des papiers.

— Ce sont des notaires ! ce sont des notaires ! »

L'on n'entendait plus que cela dans les rues de Maillane. Les Maillanais n'en dormaient plus, et lorsqu'ils en parlaient, en avaient la chair de poule [2].

« Ha ! nous le verrons bien, si ce sont des notaires, » dit flegmatiquement [3] M. Jérôme, qui avait servi dans les dragons au temps de Bonaparte.

Il chargea ses pistolets et il vint, à la nuit close [4], se blottir dans la maison du pauvre Claudillon. Muni d'une lanterne sourde [5], qu'il recouvrit de son manteau, il s'étendit là sur deux chaises, attendant que les « notaires » remuassent leurs papiers.

Tout à coup : frou-frou ! cra-cra ! voilà les papiers qui se froissent. M. Jérôme promptement découvre la lanterne, et que voit-il ? deux rats, deux gros rats qui s'enfuient là-haut sous la soupente [6]...

---

[1] *Un pince-sans-rire*, celui qui plaisante ou raille **sans rire**.
[2] *En avaient la chair de poule*, en frissonnaient.
[3] *Flegmatiquement*, avec calme, froidement.
[4] *A la nuit close*, à la nuit complète.
[5] *Lanterne sourde*, dont on peut cacher la lumière à volonté.
[6] *Soupente*, petit réduit en planches pour recouvrir l'escalier ou servir de grenier.

Le pauvre Claudillon, avant que de mourir, avait, paraît-il, rentré ses raisins et les avait étendus sur les ais[1] de la soupente, en un lit de feuilles de vigne. Lorsqu'il fut mort, les rats mangèrent les raisins et, les rai-

sins finis, ces lurons, toutes les nuits, venaient fureter sous les feuilles, pour y ronger les grains qu'il pouvait y avoir encore.

FRÉDÉRIC MISTRAL.

(*Mémoires et récits.* — Plon-Nourrit et Cie, édit.)

---

[1] *Ais*, planches.

Questions et Exercices.

**I.** — **Expressions à expliquer :** une *rumeur étrange ;* — *fureter ;* — *cela ne leur faisait pas plus ;* — *il avait servi dans les dragons.*

**II.** — Qu'est-ce qui faisait dire que la maison était « hantée »? — Comment raisonnent les gens de Maillane qui parlent de la maison hantée? — A quelles conclusions ridicules arrivent-ils en raisonnant mal?

**III.** — Quelle leçon faut-il tirer de ce récit?

**IV.** — **Conjuguer :** *Dès qu'on allumait la lampe, on n'entendait plus rien,* à toutes les personnes du même temps, et en mettant le premier verbe au passé antérieur.

---

# La Fausse Bienveillance.

Le bon — ou plutôt le féroce — bourgeois vient d'entrebâiller sa porte au fils de l'un de ses amis, mort récemment.

« Ah! jeune homme. Comment! c'est vous?... Ah! sapristi!... restez là!... ne bougez pas!... Comme vous ressemblez à votre père!..

— Monsieur... je venais...

— Ah!... non, ne bougez pas!... ne parlez pas!... C'est frappant!... c'est lui-même!... Il me semble qu'il est devant moi. Entrez donc, vous verrez ma femme. Vous déjeunerez avec nous!... Ah! sapristi! comme vous ressemblez à votre père!... c'est lui, c'est tout à fait lui!

— Vraiment, monsieur, je suis confus...

— Non! non! ne soyez pas confus. Entrez donc! C'est-à-dire non, n'entrez pas. Nous avons là les ouvriers;

mais je vais faire venir ma femme. Vous la verrez...
C'est-à-dire non... Justement elle a un peu la migraine
aujourd'hui, sans cela vous déjeûneriez avec nous ; mais
ce sera pour un autre jour. Quel malheur de ne pouvoir
vous recevoir !

— Peu importe, monsieur, je reviendrai un autre jour.

— Comment donc ! Mais certainement. Ah ! un instant... Voyons... Nous partons après-demain pour la
campagne, nous y passons la belle saison. Plus tard
nous irons dans le Midi. Enfin nous nous reverrons...
Ne vous en allez pas encore. Dites-moi : un jeune homme
n'a pas toujours sa bourse bien garnie. Rappelez-vous
qu'à toute heure la mienne est à votre service

— Ah ! monsieur...

— Pas tout de suite, malheureusement. Vous savez,
je fais faire des travaux à ma maison. Je vous ai dit que

j'avais les ouvriers. Après cela je m'occuperai de ma villa... J'ai bien d'autres projets en tête ; mais enfin, quand je serai débarrassé de tout cela...

— Mais, monsieur, je ne demande rien.

— Ne répétez pas cela, vous allez me froisser !... Moi, un vieil ami de votre père !... Et, dites-moi, — mille pardons si je vous reçois sur le carré, — vous faites votre droit ?

— Oui, monsieur.

— Quand il s'agira de vos examens, pensez à moi. Je suis l'intime de toute la Faculté, étant moi-même ancien magistrat.

— Que de bonté !... Justement j'aurais grand besoin...

— Pas en ce moment. Je suis un peu en froid avec le recteur,... tout à fait brouillé même,... brouillé à mort pour une bêtise, une histoire de couturière entre ces dames. Mais c'est égal, comptez absolument sur moi pour cela comme pour le reste. Je suis à vous, tout à vous, ma maison, ma bourse, mon crédit... Au revoir, cher monsieur ! Votre main... Ah ! mon Dieu ! je vous en supplie, arrêtez-vous ! Restez là... comme cela... Ah ! c'est vraiment étonnant comme vous ressemblez à mon vieil ami, à défunt votre père ! A bientôt ! à bientôt !... Rappelez-vous bien mon adresse, vous me trouverez toujours comme cela ! »

Eugène Vivier.

## Questions et Exercices.

**I.** — **Expressions à expliquer :** vous ressemblez à votre père, *c'est frappant ;* — un jeune homme n'a pas toujours sa *bourse bien garnie ;* — j'ai *bien d'autres projets en tête ;* — je suis *en froid.*

**II.** — Par quels mots le bourgeois met-il en relief l'intérêt qu'il prétend porter au fils de son ami défunt ? — Qu'offre-t-il à son jeune visiteur ? — Que lui donne-t-il ? — Trouvez-vous bonne celte manière d'agir ? — Expliquez le titre de ce récit : *fausse bienveillance.*

**IV.** — Relevez les verbes du dernier alinéa et indiquez pour chacun d'eux son sujet et ses divers compléments.

**V.** — **Rédaction** : Composez un récit où apparaîtra la véritable bienveillance.

---

## Le Ventriloque.

Arrivé devant l'auberge du *Lion-Rouge,* le bateleur[1] s'arrêta ; il fit faire le cercle autour de lui, ordonna à Bruin, son ours, de se mettre debout ; puis, brandissant son bâton sur la tête de l'animal, il commença à danser avec lui, à la grande joie des habitants du village.

Un ventriloque[2] de joyeuse humeur, qui se trouvait alors au *Lion-Rouge,* regardait ce spectacle bouffon. Arrivé depuis le matin, il avait déjà été à même de reconnaître la crédulité et l'ignorance des habitants ; l'idée lui vint en conséquence de se servir de son adresse pour s'amuser à leurs dépens.

Il s'approcha du bateleur.

« Votre ours parle, sans doute ? » lui dit-il sérieusement.

---

[1] *Bateleur,* celui qui fait des tours dans les foires.

[2] *Ventriloque,* personne qui, sans remuer les lèvres, prononce des paroles semblant venir de loin.

Le bateleur haussa les épaules et répondit avec brusquerie :

« Ma foi, interrogez-le, et vous le verrez. »

C'est ce que le ventriloque attendait. Il fit un pas vers Bruin et dit à l'ours d'une voix goguenarde :

« De quel pays es-tu, mon *gentleman*[1]*?* »

Une voix qui semblait sortir de la gueule de l'ours répondit :

« Des Alpes, en Suisse. »

Nous n'essaierons point de dépeindre le saisissement de la foule.

« Tu as l'air triste, observa le ventriloque avec intérêt.

— Les brouillards de l'Angleterre m'ont donné le *spleen*[2], » répliqua l'animal.

Ici la foule commença à s'éloigner de quelques pas. Le ventriloque continua :

« Y a-t-il longtemps que tu appartiens à ton maître ?

— Assez longtemps pour que j'en sois ennuyé.

— Est-ce qu'il n'est pas bon avec toi, Bruin ?

— Oui, comme le forgeron avec son enclume.

— Et que veux-tu faire pour te venger ?

— Un de ces matins, je le mangerai comme une rave à mon déjeuner. »

A ces mots, la foule effrayée laissa un large espace entre elle et l'ours. Le bateleur, éperdu, voulut tirer à lui la chaîne de Bruin ; mais l'animal, ennuyé, fit entendre un sourd grognement. Le ventriloque prit sa course vers l'auberge, la foule épouvantée se dispersa. Le soir même, le ventriloque, se trouvant à la porte de l'auberge où beaucoup d'habitants s'étaient réunis,

---

[1] *Gentleman*, mot anglais signifiant gentilhomme, titre de noblesse employé ici par ironie.

[2] *Spleen*, mot anglais signifiant dégoût de la vie, grand ennui sans motif.

expliqua en riant comment la chose s'était passée. On l'écouta d'abord avec curiosité ; mais, lorsqu'il eut fini, les anciens secouèrent la tête d'un air incrédule.

Le ventriloque insista et voulut donner la preuve de ce qu'il avançait ; mais la foule s'éloigna avec défiance, persuadée qu'il voulait la tromper.

Bien souvent, il ne dépend plus de celui qui a répandu dans le public une opinion absurde ou dangereuse de la détruire, même en faisant connaître la vérité.

Frédéric Soulié.

## Questions et Exercices.

**I.** — **Expressions à expliquer :** *spectacle bouffon ;* — dépeindre *le saisissement* de la foule ; — la foule *épouvantée ;* — une opinion *absurde ou dangereuse.*

**II.** — L'ours parlait-il ? — Pourquoi, cependant, le bateleur permet-il au ventriloque d'interroger son ours ? — L'animal était-il aussi méchant qu'on pourrait le croire ? — Pourquoi le ventriloque prête-t-il à l'ours des paroles aussi menaçantes ? — La foule ne croit pas le ventriloque quand il explique comment la chose s'est passée réellement. Pourquoi ? — Quelle leçon pouvons-nous tirer de ce récit ?

**III.** — Relevez les *adjectifs possessifs* dans la lecture.

**IV.** — Quelle différence entre : *crédulité* et *croyance ?*

**V.** — **Rédaction :** Les animaux savants. Vous avez été à la ville un jour de foire ; vous avez pénétré dans un cirque. Racontez les différentes attractions qui vous ont intéressé, et faites à ce sujet vos réflexions.

# Le Loup et l'Agneau.

La raison du plus fort est toujours la meilleure :
Nous l'allons montrer tout à l'heure.

Un agneau se désaltérait
Dans le courant d'une onde pure.
Un loup survient à jeun, qui cherchait aventure,
Et que la faim en ces lieux attirait.

« Qui te rend si hardi de troubler mon breuvage?
Dit cet animal plein de rage :
Tu seras châtié de ta témérité.
— Sire, répond l'agneau, que Votre Majesté

Ne se mette pas en colère ;
Mais plutôt qu'elle considère
Que je me vas désaltérant
Dans le courant,
Plus de vingt pas au-dessous d'elle,
Et que, par conséquent, en aucune façon,
Je ne puis troubler sa boisson.
— Tu la troubles ! reprit cette bête cruelle ;
Et je sais que de moi tu médis l'an passé.
— Comment l'aurais-je fait si je n'étais pas né ?
Reprit l'agneau ; je tette encor ma mère.
— Si ce n'est toi, c'est donc ton frère.
— Je n'en ai point. — C'est donc quelqu'un des tiens,
Car vous ne m'épargnez guère,
Vous, vos bergers et vos chiens.
On me l'a dit : il faut que je me venge. »
Là-dessus, au fond des forêts
Le loup l'emporte, et puis le mange,
Sans autre forme de procès[1].

La Fontaine.

## Questions et Exercices.

**I.** — **Expressions à expliquer :** *à jeun ; — qui cherchait aventure ; — mon breuvage ; — tu médis.*

**II.** — Pourquoi l'agneau appelle-t-il le loup : Sire ? et : Votre Majesté ?

**III.** — Résumez le débat entre le loup et l'agneau : 1° Accusations portées par le loup ; 2° réponses de l'agneau ; 3° motifs de la condamnation. — Appréciez-les. — Est-il vrai que la raison du plus fort soit toujours la meilleure ? Comment faut-il l'entendre ?

**IV.** — Donnez le sens du mot *médire* ; citez quelques mots de la famille de *dire*, et quelques composés du **préfixe** *mé*.

**V.** — **Analyse logique :** *Un loup survient à jeun, qui cherchait aventure, et que la faim en ces lieux attirait.*

**VI.** — **Récitation :** Apprendre et réciter cette fable.

---

[1] C'est-à-dire sans plus d'explications, sans être sûr que l'agneau fût réellement coupable.

# Un Enfant courageux.

QUAND Gottlieb Fichte[1] avait sept ou huit ans, son père, pour le récompenser d'avoir bien appris à lire, lui acheta un livre qui contenait de belles images et des histoires plus jolies que la réalité[2].

Ce livre, qui avait été acheté en récompense du travail, passionna tellement Gottlieb Fichte qu'il en oublia de travailler. Ses études s'en ressentirent. Mieux que cela : un jour, il se risqua même à emporter ce livre à l'école. Le maître crut qu'il apprenait consciencieusement sa leçon ; en réalité, il s'amusait à lire. Un jour, ce livre ensorcelé[3] le poussa encore plus loin. Il avait eu une récitation à apprendre chez lui, mais il n'avait pas eu le temps, car il avait lu. Il arriva à l'école sans savoir le premier mot de sa leçon. Le maître l'interroge. Il se lève, prêt à tout avouer, lorsqu'il aperçoit ouvert le livre de son voisin.

Fichte lut sa leçon en entier. Le maître, qui n'avait rien vu, le félicita et le montra en exemple.

Gottlieb Fichte fut très mal à son aise. Il sentit un poids sur sa conscience. Aussitôt sorti de l'école il alla

---

[1] *Fichte* est un philosophe allemand du commencement du xixe siècle.
[2] *Réalité*, ce qui existe réellement, véritablement.
[3] *Ensorceler*, jeter, par de prétendus sortilèges, le trouble dans l'esprit. Sens figuré : charmer, inspirer une violente passion.

sur un petit pont, prit son livre, l'embrassa et le jeta
à l'eau. Il cria : « Adieu! » tant qu'il put. L'écho de sa
propre voix lui revint aux oreilles et il éclata en sanglots.

Quand il fut de retour à la maison, son père s'étonna
de ne pas le voir lire comme il faisait tous les jours et
lui demanda ce qu'il avait fait de son livre.

« Je l'ai noyé, » dit-il.

A ces mots, son père se mit en colère, alla chercher
le fouet et le corrigea. Gottlieb Fichte endura tout et
se sentit plus joyeux qu'avant : il avait la conscience
plus légère.

## Questions et Exercices.

**I.** — **Expressions à expliquer :** des histoires *plus jolies que la
réalité;* — ce livre... le *passionna tellement;* — il sentit *un poids sur sa
conscience.*

**II.** — A quelles fautes la passion de Gottlieb pour son livre l'en-
traîna-t-elle?

**III.** — Comment se montra-t-il courageux? — Ne le fut-il pas de
plusieurs manières? — N'aurait-il pas pu l'être autrement?

**IV.** — Écrire à la première personne du pluriel du passé simple le
passage : *Il sentit un poids... éclata en sanglots.*

---

# La Colère a toujours tort.

J'allai un matin faire visite au général Bouvier,
mon ami et mon compatriote.

Je le trouvai parcourant son appartement d'un air
agité, et froissant dans ses mains un écrit que je pris
pour une pièce de vers.

« Prenez, dit-il en me le présentant, et dites-moi votre avis : vous vous y connaissez. »

Je reçus le papier et, l'ayant parcouru, je fus fort étonné de voir que c'était une note de médicaments fournis; de sorte que ce n'était pas en ma qualité de poète que j'étais requis[1], mais comme pharmacopole[2].

« Mon ami, dis-je en lui rendant son papier, les prix ont été peut-être exagérés; mais pourquoi avez-vous mis un habit brodé, trois ordres[3], un chapeau de cérémonie? Voilà trois circonstances aggravantes[4], et vous vous en tirerez mal.

— Taisez-vous donc, me dit-il avec humeur; cette note est épouvantable. Au reste, vous allez voir mon écorcheur[5] : je l'ai fait appeler; il va venir, et vous me soutiendrez. »

Il parlait encore quand la porte s'ouvrit. Nous vîmes un homme d'environ cinquante ans, vêtu avec soin; il avait la taille haute, la démarche grave, et toute sa physionomie aurait paru sévère, si le rapport de sa bouche à ses yeux[6] n'y avait exprimé quelque chose de sardonique[7].

Il s'approcha de la cheminée, refusa de s'asseoir, et j'entendis le dialogue suivant, que j'ai fidèlement retenu :

Le général. — Monsieur, la note que vous m'avez envoyée est un véritable compte d'apothicaire, et...

---

[1] *J'étais requis,* c'est-à-dire j'étais nécessaire, on me demandait.

[2] *Pharmacopole,* apothicaire, vendeur de drogues (ancien terme).

[3] *Ordres,* décorations, distinctions honorifiques.

[4] Quelles étaient ces *circonstances?* et pourquoi étaient-elles *aggravantes?*

[5] *Mon écorcheur,* celui qui me fait payer trop cher.

[6] *Le rapport de sa bouche à ses yeux,* c'est-à-dire le pli, la ride, ou encore la contraction des muscles.

[7] *Quelque chose de sardonique,* c'est-à-dire une expression de pensée moqueuse.

L'homme noir. — Monsieur, je ne suis point apothicaire.

Le général. — Et qu'êtes-vous donc, monsieur?

L'homme noir. — Monsieur, je suis pharmacien.

Le général. — Eh! bien, monsieur le pharmacien, votre garçon a dû vous dire...

L'homme noir. — Monsieur, je n'ai point de garçon.

Le général. — Qu'était donc ce jeune homme?

L'homme noir. — Monsieur, c'est un élève.

Le général. — Je voulais dire, monsieur, que vos drogues...

L'homme noir. — Monsieur, je ne vends point de drogues.

Le général. — Que vendez-vous donc, monsieur?

L'homme noir. — Monsieur, je vends des médicaments.

Là finit la discussion. Le général, honteux[1], se troubla, oublia ce qu'il avait à dire, et paya tout ce qu'on voulut.

Brillat-Savarin.

## Questions et Exercices.

**I.** — **Expressions à expliquer :** *compatriote ;* — *air agité ;* — pièce *de vers ;* — démarche *grave.*

**II.** — Quels sont les acteurs de cette scène ? — Quel est le motif de la discussion ? — Quel est le sentiment éprouvé par le général ? — Comment formule-t-il sa déclaration ? — Comment lui répond le pharmarcien ? — Comment finit la discussion, et pourquoi finit-elle ainsi ?

**III.** — Quelle leçon peut-on tirer de ce récit ?

**IV.** — **Analyse grammaticale :** *Prenez, dit-il en me le présentant.*

---

[1] Pourquoi *honteux ?*

# Pierrot.

J'avais en lui une confiance aveugle depuis long-temps. Nous nous aimions. C'était un chien mouton.

Il était blanc, avec une culotte brune. Je l'avais appelé Pierrot.

Pierrot grimpait aux arbres, aux échelles. Fils de bateleur[1] peut-être, il exécutait des tours de force ou d'adresse inattendus. Il était amoureux d'une boule de bois grosse comme une bille de billard; il nous l'avait

---

[1] *Bateleurs*, ceux qui font des tours en plein air.

apportée un jour et, assis sur son derrière, il avait dit :

« Lance-la-moi bien loin, dans la broussaille... Je la retrouverai, tu verras ! »

On le fit. Il réussit à merveille dans son projet. Il devint alors très ennuyeux ; il disait toujours :

« Jouons à la boule ! »

Il entrait dans le cabinet de travail de son maître, brusquement, quand il pouvait, avec sa boule entre les dents, se mettait debout, les pattes de devant sur la table, au milieu des paperasses, des lettres précieuses, des livres ouverts.

« Voilà la boule... Jette-la par la fenêtre, j'irai la chercher. Ça sera très amusant, tu verras, bien plus amusant que tes papiers et tes journaux !... »

On lançait la boule par la fenêtre. Il sortait... Mais non, on l'avait trompé, le bon Pierrot ! Et à peine était-il dehors, que la boule prenait place sur la table, en serre-papier. Pierrot, au dehors, cherchait, cherchait... Puis, revenant sous les fenêtres :

« Eh ! là-haut ! l'homme aux papiers ! Ouah !... ouah !... Voilà qui est un peu fort, je ne trouve rien ! C'est donc qu'elle n'y est pas. Si un passant ne l'a pas prise, alors, pour sûr, tu l'as gardée. »

Il remontait, fouillait du nez dans les poches, sous les meubles, dans les tiroirs entr'ouverts. Puis tout à coup, de l'air d'un homme qui se frappe le front, il vous lorgnait[1] :

« Je parie qu'elle est sur la table ! »

On se gardait bien de parier, puisqu'elle était, en effet, sur la table. D'un coup d'œil intelligent, il avait

---

[1] *Lorgnait*, regardait du coin de l'œil.

suivi votre regard. Il apercevait sa boule. Pour la cacher encore, on l'enlevait d'une main brusque, et alors, oh! alors, bonsoir le travail! C'étaient des parties de gaieté extravagantes[1]. Il sautait après la boule, voulait l'avoir à tout prix, suivait vos moindres mouvements, ne vous quittait plus, toujours riant de la queue.

JEAN AICARD.

## Questions et Exercices.

**I.** — **Expressions à expliquer** : il *avait dit;* — il *fouillait du nez dans les poches;* — *l'homme aux papiers;* — *bonsoir le travail!* — *riant de la queue.*

**II.** — Relevez les traits qui montrent le mieux l'intelligence de Pierrot.

**III.** — Relevez les expressions où l'auteur parle du chien comme d'une personne humaine.

**IV.** — Relevez les verbes contenus dans le dernier paragraphe. Mettez-les à l'infinitif, et dites à quels groupes ils appartiennent.

---

## Le Pêcheur stoïque[2].

En 1871, je parvenais à pénétrer dans Paris trois jours après l'entrée des troupes à Versailles, au moment où la lutte redoublait de fureur. Une voiture nous avait déposés devant la barrière des Bonshommes. Mon permis visé[3], j'obtins l'autorisation de franchir le pont de madriers qui avait été jeté sur le fossé et, après une

---

[1] *Extravagantes,* folles.
[2] *Stoïque,* qui est brave, calme au milieu du danger.
[3] *Visé,* vu et signé par les fonctionaires ou soldats de **garde**.

première contemplation des deux lignes de ruines qui s'allongeaient parallèlement devant moi, je pris sur la droite et je longeai les fortifications, afin de voir de plus près les dégâts du viaduc du Point-du-Jour.

En arrivant au bord de l'eau, j'aperçus, assis sur

l'herbe verte de la berge, un brave homme dont toute l'attention était concentrée sur le bouchon d'une ligne qu'il tenait à la main. La quiétude[1] de ce personnage, au milieu d'une aussi effroyable mise en scène, était curieuse à observer. Je m'approchai et j'entamai la conversation par la formule consacrée :

« Eh ! bien, cela mord-il ? »

---

[1] *Quiétude,* le calme, l'absence absolue de soucis, **de peur.**

L'homme haussa imperceptiblement les épaules et, avec un accent rempli d'amertume, il me dit :

« Comment diable voulez-vous que ça morde, avec le satané tapage qu'ils font là-bas ! »

*Ils*, c'étaient les batteries de Versailles et de la Commune qui échangeaient bordées sur bordées.

Rien n'émeut le pêcheur, rien ne le trouble, rien, si ce n'est cependant la rupture du crin qui doit lui ramener son butin.

G. DE CHERVILLE.

## Questions et Exercices.

**I.** — **Expressions à expliquer :** la lutte *redoublait de fureur ;* — le pont de madriers... *jeté sur le fossé ;* — une *effroyable mise en scène ;* — *entamer la conversation ;* — la *formule consacrée ;* — le *satané tapage.*

**II.** — Dans quelles circonstances historiques se ploie ce récit ? — Pourquoi entrait-on difficilement dans Paris en 1871 ? — Quelle formalité fallait-il remplir ?

**III.** — Il y a dans ce récit *un contraste.* Lequel ? Quel parti en tire l'auteur ?

**IV.** — **Analyse logique** de la dernière phrase de la lecture.

**V.** — **Rédaction :** Vous avez vu un pêcheur au bord de la rivière. Parlez de son installation, montrez-le agissant ; faites ressortir les qualités du bon pêcheur.

---

# Le Départ du Petit-Fils.

C'est par le train du soir qu'elle s'en était allée. Pour économiser, ils s'étaient rendus à pied à la gare ; lui portant son carton de voyage et la soutenant de son bras fort, sur lequel elle s'appuyait de tout son poids. Elle était fatiguée, fatiguée, la pauvre vieille ; elle n'en

pouvait plus de s'être surmenée[1] pendant trois ou quatre
jours. Le dos tout courbé sous son châle brun, ne trouvant plus la force de se redresser, elle n'avait plus rien
de jeune dans la tournure et sentait bien toute l'accablante lourdeur de ses soixante-seize ans. A l'idée que

c'était fini, que dans quelques minutes il faudrait le
quitter, son cœur se déchirait d'une manière affreuse.
Et c'était en Chine qu'il s'en allait, là-bas, à la tuerie[2]!
Elle l'avait encore là, avec elle; elle le tenait encore de
ses deux pauvres mains,... et cependant il partirait; ni
toute sa volonté, ni toutes ses larmes, ni tout son désespoir de grand'mère ne pourraient rien pour le garder!...

---

[1] *Surmenée*, fatiguée par trop de travail.
[2] Nous avons fait, au cours du siècle passé, plusieurs expéditions militaires en Chine. En rappeler les dates.

Embarrassée de son billet, Je son panier de provisions, de ses mitaines, agitée, tremblante, elle lui faisait ses recommandations dernières, auxquelles il répondait tout bas par de petits oui bien soumis, la tête
penchée tendrement vers elle, la regardant avec ses
bons yeux doux, son air de petit enfant.

« Allons! la vieille, il faut vous décider, si vous voulez partir[1]! »

La machine sifflait. Prise de la frayeur de manquer
le train, elle lui enleva des mains son carton, puis le
laissa retomber à terre pour se pendre à son cou dans
un embrassement suprême.

On les regardait beaucoup dans cette gare ; mais ils
ne donnaient plus envie de sourire à personne. Poussée
par les employés, épuisée, perdue, elle se jeta dans le
premier compartiment venu, dont on lui referma brusquement la portière sur les talons, tandis que lui, prenant sa course légère de matelot, décrivait une courbe
d'oiseau qui s'envole, afin de faire le tour et d'arriver
à la barrière, dehors, à temps pour la voir passer.

Un grand coup de sifflet, l'ébranlement bruyant des
roues, la grand'mère passa. Lui, contre cette barrière,
agitait avec une grâce juvénile son bonnet à rubans
flottants et elle, penchée à la fenêtre de son wagon de
troisième, faisait signe avec son mouchoir pour être
mieux reconnue. Si longtemps qu'elle put, si longtemps
qu'elle distingua cette forme bleu-noir qui était encore
son petit-fils, elle le suivit des yeux, lui jetant de toute
son âme cet « au revoir » toujours incertain[2] que l'on
dit aux marins quand ils s'en vont.     Pierre Loti.

(*Pêcheurs d'Islande.* — Calmann-Lévy, édit.)

---

[1] Ce sont des employés du train qui disent cela à la grand'mère.
[2] Pourquoi *incertain ?*

## Questions et Exercices.

**I.** — **Expressions à expliquer** : l'*accablante lourdeur* de ses soixante-seize ans ; — un *embrassement suprême ; — une courbe d'oiseau qui s'envole ; — une grâce juvénile.*

**II.** — Où se passe cette scène ? — Quel est le sujet de ce récit ? — Est-il gai ou triste ? — Relevez les expressions qui montrent bien la douleur de la pauvre vieille.

**III.** — A quoi vous font penser ces adieux ?

**IV.** — Relevez *sept participes* **passés** employés sans auxiliaire et se rapportant à la grand'mère.

**V.** — **Rédaction :** Racontez le départ d'un membre de votre famille.

---

# Conseils à une jeune Fille.

Laisse-toi conseiller par l'aiguille ouvrière
Présente à ton labeur, présente à ta prière,
Qui dit tout bas : « Travaille ! » Oh ! crois-la ! Dieu, vois-tu,
Fit naître du travail, que l'insensé[1] repousse,
Deux filles : la vertu, qui fait la gaîté douce,
Et la gaîté, qui rend charmante la vertu.

Sois pure sous les cieux comme l'onde et l'aurore[2],
Comme le joyeux nid, comme la tour sonore,
Comme la gerbe blonde, amour du moissonneur,
Comme l'astre incliné, comme la fleur penchante,
Comme tout ce qui rit, comme tout ce qui chante,
Comme tout ce qui dort dans la paix du Seigneur !

---

[1] *Insensé*, celui qui a perdu le sens, qui ne raisonne pas.
[2] *Aurore*, lumière rose orangé qui précède le lever du soleil.

Sois calme. Le repos va du cœur au visage ;
La tranquillité fait la majesté[1] du sage.
Sois joyeuse. La foi vit sans l'austérité[2] ;
Un des reflets du ciel, c'est le rire des femmes ;
La joie est la chaleur qui jette dans les âmes
Cette clarté d'en haut qu'on nomme Vérité.

Sois bonne. La bonté contient les autres choses.
Le Seigneur indulgent sur qui tu te reposes,
Compose de bonté le penseur fraternel.
La bonté, c'est le fond des natures augustes[3].
D'une seule vertu Dieu fait le cœur des justes
Comme d'un seul saphir la coupole du ciel.

Ainsi tu resteras, comme un lis, comme un cygne,
Blanche entre les fronts purs marqués d'un divin signe,

---

[1] *La majesté*, air de grandeur qui inspire le respect.
[2] *L'austérité*, c'est la grande sévérité envers soi-même.
[3] Natures *augustes*, natures nobles, élevées.

Et tu seras de ceux qui  sans peur, sans ennuis,
Des saintes actions amassant la richesse,
Rangent leur barque au port[1], leur vie à la sagesse,
Et, priant tous les soirs, dorment toutes les nuits!

VICTOR HUGO.

## Questions et Exercices.

**I.** — **Expressions à expliquer** : comme la *tour sonore ;* — un des *reflets* du ciel; — la *bonté contient les autres choses;* — le Seigneur *indulgent,* — comme *d'un seul saphir la coupole du ciel;* — des *saintes actions amassant la richesse.*

**II.** — A qui s'adresse le poète? — Énumérez les conseils qu'il donne.

**III.** — Que recommande t-il particulièrement à la jeune fille? et pourquoi? — Dans la dernière strophe, que promet-il à la jeune fille vertueuse? — Pourquoi la compare t-il à un lis, à un cygne?

**IV.** — **Rédaction** : Faites le portrait d'une jeune fille en train de coudre, et qui s'applique à son travail.

---

[1] *Rangent leur barque au port,* c'est-à-dire vivent tranquilles, heureux, à l'abri des tracas, comme la barque, au port, est à l'abri des tempêtes.

# TABLE DES MATIÈRES



## LECTURE COURANTE

### " Il était quatre petits Enfants. "



## LECTURE EXPLIQUÉE

39 691. — Tours, impr. Mame.